KB189601

1분
철학 사전

TETSUGAKU YOUGO ZUKAN

© Masato Tanaka 2015

Original Japanese edition published by PRESIDENT Inc.
Korean translation rights arranged with PRESIDENT Inc.
through The English Agency(Japan) Ltd. and Eric Yang Agency, Inc

이 책의 한국어판 저작권은 Eric Yang Agency를 통해
저작권자와 독점 계약한 ㈜알에이치코리아가 소유합니다.
저작권법에 의하여 한국 내에서 보호를 받는 저작물이므로 무단 전재 및 복제를 금합니다.

일러스트로 만나는

3천 년 서양 철학 로드맵

1분
철학 사전

다나카 마사토 지음 | 이소담 옮김

RHK
알에이치코리아

차 례

근대

현대

이 책의 사용법

이 책을 읽으면 탈레스로부터 시작한 서양철학의 역사가 어떤 변화를 거쳐 오늘에 이르렀는지 큰 줄기를 알 수 있다. 권말 색인은 용어 사전처럼 사용할 수 있다. 용어를 찾을 때 용어와 관련한 페이지들을 함께 살펴보면 더 깊은 지식을 얻을 수 있다.

인물
주요 철학자 72인의 일러스트

활약한 무대
철학자가 주로 활약한 나라의 오늘날 국기

대사
철학자를 대표하는 명언과 해설

아이템
철학자와 관계 깊은 상징물과 해설

프로필
철학자에 관한 소개

연대
철학자의 생몰년

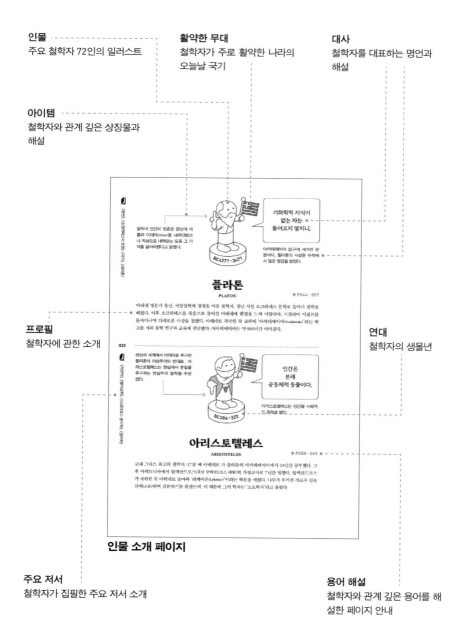

인물 소개 페이지

주요 저서
철학자가 집필한 주요 저서 소개

용어 해설
철학자와 관계 깊은 용어를 해설한 페이지 안내

타이틀
주요 철학 용어 소개

인물 소개
철학자를 소개한 페이지 안내

인물
타이틀 용어와 관계 깊은 철학자의 일러스트

자료
타이틀 용어의 이해를 돕는 정보. 용어에 따라 다음 항목으로 구성
[의미]
용어를 알기 쉽게 한 문장으로 설명
[어원]
어떤 단어에서 유래했는지 풀이
[구체적 예]
구체적으로 어떤 카테고리 또는 그룹에 속하는지 보여주는 예시
[상대어]
용어와 대립하는 개념이나 사상 소개

[시초]
용어가 처음 등장한 문헌
[출처]
어디서 인용했는지 명기
[영향]
용어의 영향 관계를 설명
[문헌]
용어를 중요하게 다룬 문헌
[관련]
타이틀 용어와 관련된 용어
[메모]
유용한 추가 정보

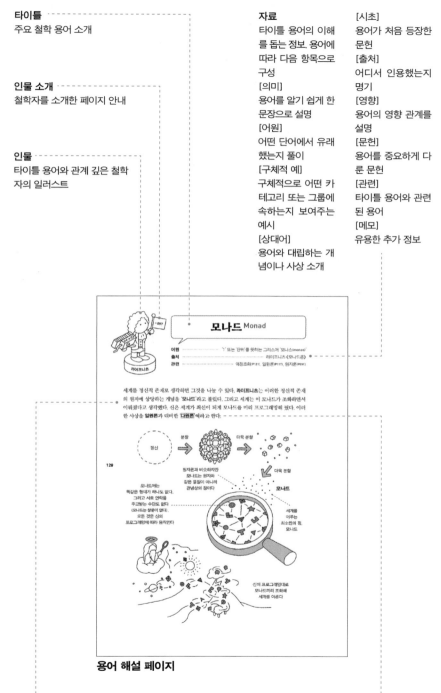

용어 해설 페이지

본문
타이틀 용어에 대한 해설

기타 중요 용어
타이틀 용어와 별개로 알아야 할 철학 용어

고대

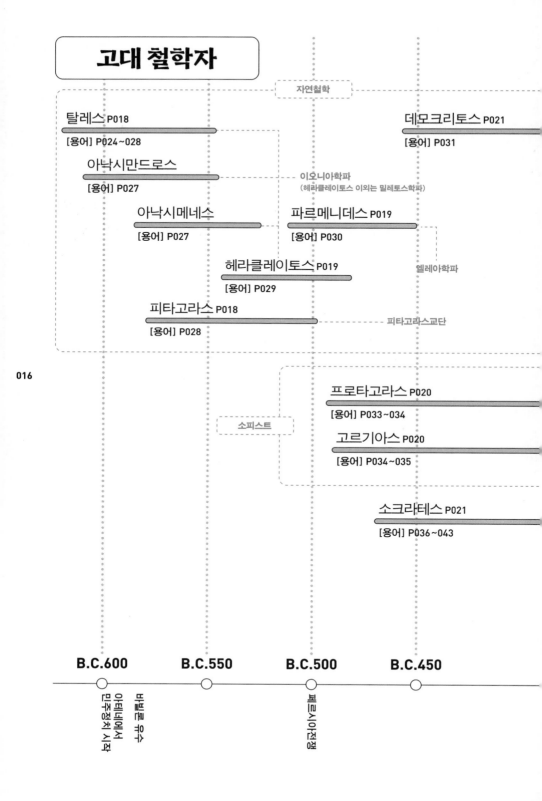

고대 철학자

자연철학

탈레스 P018
[용어] P024~028

데모크리토스 P021
[용어] P031

아낙시만드로스
[용어] P027

이오니아학파
(헤라클레이토스 이외는 밀레토스학파)

아낙시메네스
[용어] P027

파르메니데스 P019
[용어] P030

엘레아학파

헤라클레이토스 P019
[용어] P029

피타고라스 P018
[용어] P028

피타고라스교단

016

프로타고라스 P020
[용어] P033~034

소피스트

고르기아스 P020
[용어] P034~035

소크라테스 P021
[용어] P036~043

B.C.600   B.C.550   B.C.500   B.C.450

바빌론 유수
아테네에서
민주정치 시작

페르시아전쟁

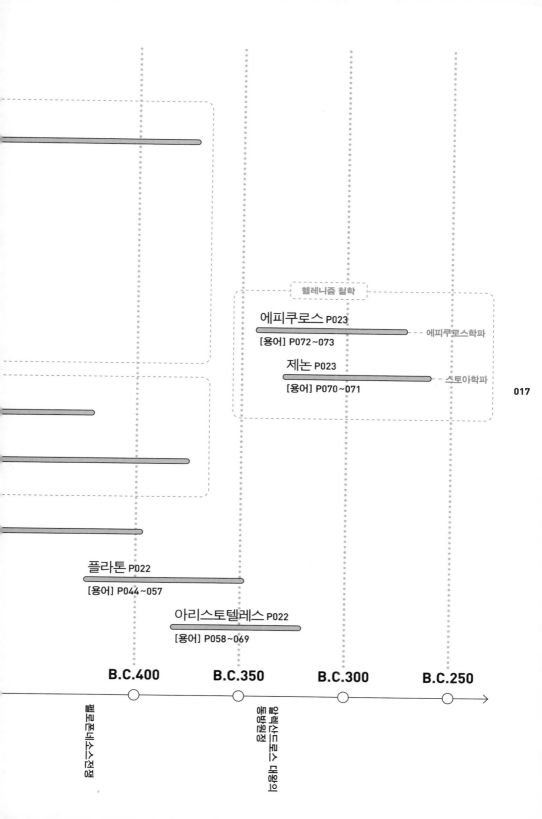

헬레니즘 철학

에피쿠로스 P023

[용어] P072~073   - - - 에피쿠로스학파

제논 P023

[용어] P070~071   - - 스토아학파

플라톤 P022

[용어] P044~057

아리스토텔레스 P022

[용어] P058~069

B.C.400　　**B.C.350**　　**B.C.300**　　**B.C.250**

펠로폰네소스전쟁

알렉산드로스 대왕의
동방원정

탈레스의 저서는 현재 남아 있지 않다. 아리스토텔레스가 "탈레스는 만물의 근원(Arche, 아르케)을 물이라 말했다"라고 소개하면서 철학의 창시자로 불렀다.

만물의 근원은 물이다.

인간과 세계에 대한 근본 원리를 합리적으로 밝히는 '철학'은 탈레스로부터 시작되었다.

BC624?~546?

밀레투스의 탈레스
THALES OF MILETUS

▶ P024~028

그리스 식민지 밀레투스 출신의 자연철학자. 그리스 7현인 중 한 명이다. 아리스토텔레스는 탈레스를 '철학의 창시자'라고 칭했다. 정치와 기상(氣象), 치수공사, 항해술, 기하학 등 다양한 분야에서 활약했다. 기후를 예측한 탈레스가 올리브 풍작을 예상하고 올리브 짜는 기계를 사들인 뒤 비싼 값에 빌려주어 큰돈을 벌었다는 일화가 전해진다. 천문학에도 정통해서 기원전 585년 일식을 예측했다고 한다.

피타고라스의 정리, 삼각형의 세 내각의 합은 180도라는 명제, 음계 이론 등을 주장하며 기하학과 음악 분야에서 활약했다. 플라톤에게 많은 영향을 미쳤다.

만물의 근원은 수(數)다.

피타고라스의 이 격언은 제자 필롤라오스(Philolaos)에 의해 전해졌다.

BC582~496?

피타고라스
PYTHAGORAS

▶ P028

사모스섬 출신의 철학자이자 수학자. 고국에서 정치 개혁에 실패한 후 남이탈리아로 이주해 종교와 정치, 철학을 아우르는 철학공동체를 결성했다. 영혼의 불사(不死)와 윤회를 믿었고, 제자들과 함께 금욕적인 삶을 살았다. 1은 이성, 2는 여성성, 3은 남성성으로 보는 숫자에 사변적 의미를 두는 철학을 펼쳤다. 숫자가 만물의 근원이라고 주장했다.

헤라클레이토스는 불을 태우면 불이 딱 그만큼 다시 생긴다고 했다. 이렇게 무한히 생기고 사라지는 불을 우주의 근원으로 보았다.

같은 강물에 두 번 발을 담글 수 없다.

"만물은 끊임없이 변한다"라고 주장한 헤라클레이토스는 세계의 본질을 '변화'로 보았다.

헤라클레이토스
HERACLEITOS
▶ P029

이오니아 지방 에페소스 출신의 자연철학자. 왕족의 혈통을 이어받은 것으로 전해지지만 정확하지는 않다. 붙임성이 없고 무뚝뚝해서 고독한 삶을 살았다고 한다. 독설과 이해하기 어려운 말투 때문에 '어두운 철학자', '수수께끼를 내는 사람'이라고 불렸다. 대립과 다툼이야말로 세계의 실상이라고 보고 대립하는 것들의 균형 위에서 만물을 지배하는 로고스(Logos)의 작용을 발견했다.

파르메니데스는 자신의 사상을 그리스 서사시 형식으로 표현했다. 일부분만 남아 있는 《자연에 대하여》는 존재의 유무를 여신의 진리로 풀어 썼다.

존재하는 것은 존재한다. 존재하지 않는 것은 존재하지 않는다.

감각적인 논의를 거부하고 철저히 이성적 사고로 유무의 관계를 파악했다.

파르메니데스
PARMENIDES
▶ P030

남이탈리아의 엘레아 출신. 명문가에서 태어난 그는 조국을 위해서 법률을 제정했다. 플라톤에 따르면 파르메니데스는 아테네에서 젊은 소크라테스를 만났다고 한다. 헤라클레이토스와 대조적으로 만물을 지배하는 근본 원리 아르케를 영원히 변화하지 않는 '부동의 유일한 존재'라고 말했다. '아킬레스와 거북이의 역설'로 유명한 엘레아의 제논이 파르메니데스의 제자다.

일설에 따르면 프로타고라스의 수업료가 군함 2척을 살 수 있을 정도로 비쌌다고 한다.

인간은 만물의 척도다.

프로타고라스는 진리를 상대적인 것으로 봤다. 절대적 진리를 추구한 소크라테스와 대립했다.

프로타고라스
PROTAGORAS

▶ P032~033

트라키아 아브데라 출신으로 아테네에서 활동한 최초의 소피스트(Sophist). 아테네의 유명한 정치가 페리클레스(Pericles)와 친교를 나눴다. "프로타고라스와 어깨를 나란히 할 자는 없다"라는 칭송을 들을 정도로 지명도가 높은 철학자였다. 개개인에 따라 사물에 대한 판단이나 기준이 다르다는 상대주의 입장에서 모든 문제는 한 견해와 그에 반대되는 견해, 이렇게 두 가지 견해가 존재한다고 주장했다.

수사학은 배울 필요가 있는 유일한 전문 지식이다.

고르기아스는 제자 1명당 사례금으로 100무나*를 받았다. 당시 하층 시민의 1년 생활비가 약 1.2무나였다.

고르기아스의 수사학은 《헬레네 찬가》, 《파라메데우스의 변명》 등에서 찾아볼 수 있다.

고르기아스
GORGIAS

▶ P034~035

시칠리아의 그리스 식민시 레온티노이 출신. 기원전 427년 시라쿠사로부터 핍박받던 조국을 대표한 외교사절로 아테네를 방문해 탁월한 연설로 이름을 알렸다. 프로타고라스와 함께 손꼽히는 소피스트로, 특히 대중에게 받은 어떤 질문에도 막힘없이 대답해 인기가 높았다. 플라톤의 대화편 《고르기아스》는 그의 현학적인 모습을 조소적으로 그렸다.

* 고대 그리스의 화폐 단위.

사형 판결을 받은 소크라테스는 "악법도 법이다"라고 말하며 탈옥을 거부했다. 결국 독당근즙을 마시고 죽었다.

너 자신을 알라.

소크라테스는 자기 자신이 누구인지 아는 것을 철학의 최대 과제라고 생각했다.

소크라테스
SOCRATES

▶ P036 ~ 043

아테네 출신. 아버지는 조각가, 어머니는 조산사였다. 아내 크산티페는 '세계 3대 악처' 중 한 명으로 꼽힌다. 펠로폰네소스 전쟁에 병사로 세 번 종군했다. 괴이한 용모의 소유자로, 느닷없이 명상에 빠지곤 했다고 한다. 소피스트를 비판하며 문답을 통해 보편적 진리를 찾을 수 있다고 주장했다. 그러다 위험인물로 고발되어 민중 재판을 거쳐 사형당했다.

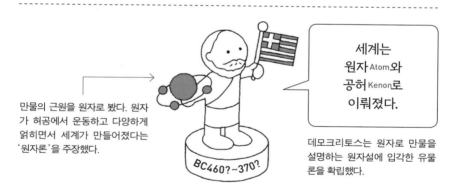

만물의 근원을 원자로 봤다. 원자가 허공에서 운동하고 다양하게 얽히면서 세계가 만들어졌다는 '원자론'을 주장했다.

세계는 원자Atom와 공허Kenon로 이뤄졌다.

데모크리토스는 원자로 만물을 설명하는 원자설에 입각한 유물론을 확립했다.

데모크리토스
DEMOCRITUS

▶ P031

트라키아 아브데라 출신. 페르시아, 이집트, 인도 등지를 여행했다고 한다. 철학 외에도 윤리학, 천문학, 수학, 지리학, 생물학 등 다양한 분야에 정통했다. 성격이 쾌활해 '웃는 철학자'로 불렸다. 물체는 물론 인간의 영혼도 원자로 이뤄졌다고 생각하고 이상적 삶은 원자가 흐트러지지 않고 평온한 상태라고 봤다.

일찍이 인간의 영혼은 천상에 머물며 이데아(Idea)를 내려다봤으나 지상으로 내려오는 도중 그 기억을 잃어버렸다고 말했다.

기하학적 지식이 없는 자는 들어오지 말지니.

아카데메이아 입구에 새겨진 문장이다. 플라톤의 사상은 수학에서 많은 영감을 받았다.

BC427?~347?

플라톤
PLATON

▶ P044~057

아테네 명문가 출신. 서양철학에 정점을 이룬 철학자. 청년 시절 소크라테스 문하로 들어가 철학을 배웠다. 이후 소크라테스를 죽음으로 몰아간 아테네에 환멸을 느껴 이탈리아, 시칠리아, 이집트를 돌아다니며 다채로운 사상을 접했다. 아테네로 귀국한 뒤 교외에 '아카데메이아(Academeia)'라는 학교를 세워 철학 연구와 교육에 전념했다. 아카데메이아는 약 900년간 이어졌다.

천상의 세계에서 이데아를 추구한 플라톤의 이상주의와 반대로, 아리스토텔레스는 현실에서 본질을 추구하는 현실주의 철학을 주장했다.

인간은 본래 공동체적 동물이다.

아리스토텔레스는 인간을 사회적인 존재로 봤다.

BC384~322

아리스토텔레스
ARISTOTELES

▶ P058~069

고대 그리스 최고의 철학자. 17살 때 아테네로 가 플라톤의 아카데메이아에서 20년간 공부했다. 그후 마케도니아에서 알렉산드로스(훗날 알렉산드로스 대왕)의 가정교사로 7년간 일했다. 알렉산드로스가 즉위한 뒤 아테네로 돌아와 '리케이온(Lykeion)'이라는 학원을 세웠다. 나무가 우거진 가로수 길을 산책(소요)하며 강론하기를 즐겼는데, 이 때문에 그의 학파는 '소요학파'라고 불렸다.

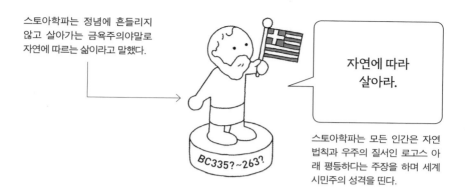

스토아학파는 정념에 흔들리지 않고 살아가는 금욕주의야말로 자연에 따르는 삶이라고 말했다.

자연에 따라 살아라.

스토아학파는 모든 인간은 자연 법칙과 우주의 질서인 로고스 아래 평등하다는 주장을 하며 세계 시민주의 성격을 띤다.

키프로스의 제논
ZENO OF CITIUM

▶ P070~071

키프로스섬 키티온의 상인 가정에서 태어났다. 청년이 되어 무역상으로 출항했다 배가 난파해 우연히 아테네에 도착했다. 아테네의 한 서점에서 크세노폰의 《소크라테스의 추억》을 읽고 감명해 철학을 공부하게 되었다. 이후 아테네의 스토아 포이킬레(벽화가 있는 주랑)에서 철학을 강의했다. 제논이 창시한 이 학파를 '스토아학파'라고 부른다.

에피쿠로스는 정치나 사회의 속박을 피해 개인적 영혼의 평안을 추구했다. 그러한 의미에서 아리스토텔레스와 대조적으로 개인주의적 성격이 강하다.

죽음은 두려워할 대상이 아니다.

살아 있는 동안 우리는 죽지 않고, 죽은 뒤에는 존재하지 않는다. 따라서 죽음을 고민할 필요가 없다.

에피쿠로스
EPICOUROS

▶ P072~073

사모스섬 출신. 아테네 교외의 정원이 딸린 집에서 학교를 열고 에피쿠로스학파를 창시했다. 데모크리토스의 원자론에 영향을 받아 '죽음이란 영혼을 이루는 원자가 흩어지는 것'이므로 나쁘거나 두려운 것이 아니라고 봤다. 이것을 '쾌락주의'라고 한다. 이때 쾌락은 영혼의 평안이자 죽음에 대한 공포로부터의 해방이다.

탈레스 등

미토스 Mythos

의미	신화, 허구의 이야기(그리스어)
어원	'이야기로 전해진 것'이라는 뜻
구체적 예	그리스신화, 이솝우화
상대어	로고스

옛날 사람들은 자연(세계)을 **'신화**(미토스)**'**로 이해했다. 예를 들어 자연재해는 '신의 분노' 라고 여겼다.

탈레스 등

로고스 Logos

의미 ···································· 언어, 논리, 법칙, 이성(그리스어)
어원 ···················· '주워 모으다'라는 뜻의 동사 'legein'에서 파생
상대어 ···································· 미토스, 파토스(Pathos, 정념)

논리

언어

이성

법칙

로고스

철학자들은 자연을 **미토스**가 아닌 '**합리적 사고**(로고스)'로 이해했다.

탈레스 등

자연철학

의미 ·····································	자연의 본성을 합리적으로 탐구하려는 철학
문헌 ·····································	아리스토텔레스《형이상학》
구체적 예 ·····························	탈레스, 아낙시만드로스, 아낙시메네스
메모 ·····································	'자연학'도 같은 뜻

옛날 사람들은 신이 자연(세계)을 만들었다고 믿었고 **신화**로 자연의 성립을 이해했다.

다양한 기술이 발달하면서 삶이 풍족해졌다. 인구가 늘어났고 다른 지역과 교류가 활발해졌다.

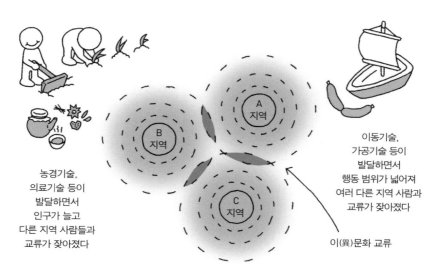

농경기술, 의료기술 등이 발달하면서 인구가 늘고 다른 지역 사람들과 교류가 잦아졌다

이동기술, 가공기술 등이 발달하면서 행동 범위가 넓어져 여러 다른 지역 사람과 교류가 잦아졌다

이(異)문화 교류

그러다 지역에 따라 자연의 성립을 설명하는 신화가 다르다는 것을 알게 되었다.

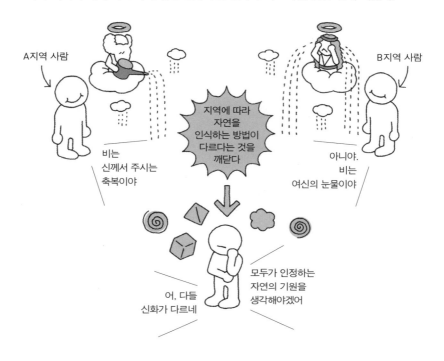

A지역 사람

비는
신께서 주시는
축복이야

지역에 따라
자연을
인식하는 방법이
다르다는 것을
깨닫다

B지역 사람

아니야.
비는
여신의 눈물이야

어, 다들
신화가 다르네

모두가 인정하는
자연의 기원을
생각해야겠어

그래서 누구나 인정할 만한 만물의 근원을 생각하게 되었다. **탈레스**는 만물의 근원이 **물**이라고 했고 **아낙시메네스**는 **공기**라고 했다. 이때 근원이 물인지 공기인지는 중요하지 않다. 만물의 근원을 신화로 설명하지 않고, 이성적으로 생각해 자연에서 근원을 찾으려는 새로운 사고방식이 중요하다. 이것이 **자연철학**의 시작이다.

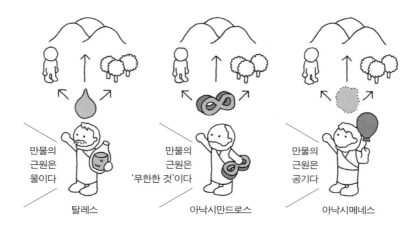

만물의
근원은
물이다

탈레스

만물의
근원은
'무한한 것'이다

아낙시만드로스

만물의
근원은
공기다

아낙시메네스

탈레스 등

아르케 Arche

의미	시작, 근원, 원리(그리스어)
시초	아낙시만드로스가 처음 사용했다고 전해진다
구체적 예	탈레스의 물, 데모크리토스의 원자
상대어	테로스(Telos, 완성, 목적)

자연철학자는 신화나 전설이 아니라 합리적인 사고를 통해 **만물의 근원**(아르케)을 탐구했다.

만물의 아르케는 물

탈레스는 아르케를 물이라고 했다

만물의 아르케는 공기

아낙시메네스는 아르케를 공기라고 했다

만물의 아르케는 원자

데모크리토스는 아르케를 원자라고 했다

만물의 아르케는 수

피타고라스는 아르케를 수라고 했다

만물은 변화한다 Panta rhei
판타 레이

의미 ·· 이 세상의 모든 것이 변화한다는 뜻
문헌 ···················· 플라톤의 저작을 통해 알려졌다. 헤라클레이토스 스스로
"만물은 변화(유전)한다"라는 말을 하지는 않았다
메모 ···················· 헤겔은 헤라클레이토스를 '변증법의 시조'라고 불렀다

헤라클레이토스는 **"사람은 같은 강물에 두 번 발을 담글 수 없다"**고 말했다. 어떤 의미일까?

어제 들어간 강

오늘 들어간 강

흐르는 강은 물론이고 사람도 사물도 이 세계도 끝없이 **변화**한다. **헤라클레이토스**는 아르케뿐 아니라 '**만물은 변화한다**(판타 레이)'는 **원리**를 발견했다.

헤라클레이토스는 만물에
'변화'라는 원리가 있다고 생각했다

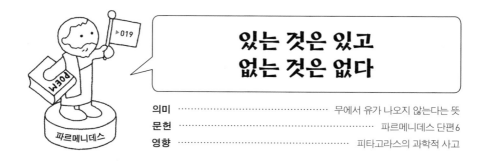

있는 것은 있고
없는 것은 없다

의미	무에서 유가 나오지 않는다는 뜻
문헌	파르메니데스 단편6
영향	피타고라스의 과학적 사고

파르메니데스는 헤라클레이토스와 반대로, **세계는 변화하지 않는다**고 말했다. 파르메니데스는 "변화란 물질이 유에서 무가 되거나 무에서 유가 되는 것이다"라고 정의하고 논리적으로 불가능한 일이라고 주장했다. 존재의 유무를 외형이 아닌 **이성**으로 파악했기에 **합리주의의 시초**로 여겨진다.

있다
(존재한다)

있다

있다

있다

항상 '있다'
달라지는 것은 외형일 뿐이다.
아르케는 영원히
변화하지 않는다.
있던 것이 사라지거나
없던 것이 생기지 않기
때문이다

있다

있다

있다

있다

그는 존재의 이치를 "있는 것은 있고 없는 것은 없다"라고 말했다. 이 사상은 훗날 존재한다는 것이 인간에게 어떤 의미인지 생각하는 '**존재론**(P256)'으로 이어진다.

원자론

의미 ·············· 우주는 원자들이 흩어지고 모이는 것으로 설명된다는 사상
문헌 ·· 데모크리토스 단편125
관련어 ······································· 아토몬(Atomon, 불가분한 것)

사물을 잘게 자르면 더는 나눌 수 없는 알갱이가 된다. **데모크리토스**는 이 나눌 수 없는 것을 '**원자**'라고 부르고 만물은 원자로 이뤄진다고 생각했다. 이것이 **원자론**이다.

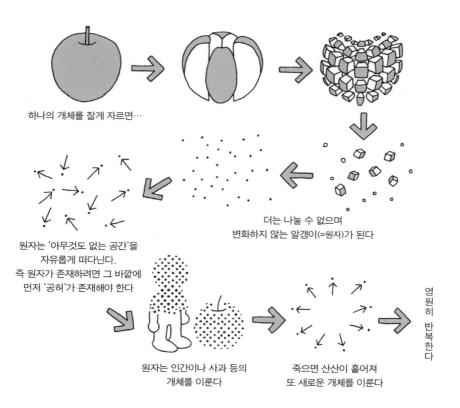

하나의 개체를 잘게 자르면…

더는 나눌 수 없으며
변화하지 않는 알갱이(=원자)가 된다

원자는 '아무것도 없는 공간'을
자유롭게 떠다닌다.
즉 원자가 존재하려면 그 바깥에
먼저 '공허'가 존재해야 한다

원자는 인간이나 사과 등의
개체를 이룬다

죽으면 산산이 흩어져
또 새로운 개체를 이룬다

영원히 반복한다

031

데모크리토스의 **원자론**에서 **유물론**(P205)과 비슷한 사고를 엿볼 수 있다. 원자가 존재하려면 원자가 부유하는 아무것도 없는 공간, 즉 '공허'가 전제되어야 한다. 데모크리토스는 파르메니데스의 사상(P030)과 달리 '**없는 것도 있다**'라고 생각했다.

인간은 만물의 척도

의미	···	보편적 판단 기준은 없다는 뜻
문헌	···	프로타고라스 단편1
영향	···	상대주의
관련	···	소피스트(P034)

일본은 일본보다 추운 나라 사람에게는 덥고, 더운 나라 사람에게는 춥다.

가치관은 사람에 따라 다르다. 소피스트인 프로타고라스는 이 세상 모두에게 공통인 절대적 진리는 없다고 생각하고 **"인간은 만물의 척도다"**라는 말을 남겼다. 이러한 사상을 '**상대주의**'라고 한다. 현대에는 상대주의가 일반적인 사상이다. 근대에는 서구중심주의에 근거해 식민지 지배를 정당화했다. 그에 대한 반성으로, 현대에는 문화와 문화 사이에 우열이 없다는 '**문화상대주의**'라는 사상이 생겼다.

다른 예를 들어보자.

A도 B도
진실을 말하고 있다

A도 B도
진실을 말하고 있다

이처럼 만인에게 공통인 진리(가치)는 존재하지 않는다. 독단에 빠지지 않는 **상대주의** 사상은 관용적인 정신으로 이어졌다. 그런데 무엇이 선이고 무엇이 악인지는 사람에 따라 달라서 '남에게 피해를 주지 않는 한 무슨 짓을 해도 좋다'는 생각도 만연했다.

고르기아스 등

▶020

소피스트

의미 ····· '현명한 사람'이라는 뜻이지만 후에 직업교사를 이르는 말이 되었다.
플라톤의 저작에서는 '궤변을 늘어놓는 인물'로 그려진다

구체적 예 ···································· 프로타고라스, 고르기아스

관련 ·································· 인간은 만물의 척도(P032), 상대주의(P032)

고대 아테네에서는 시민이라면 누구나 정치에 참여할 수 있었다. 따라서 시민의 관심은 **자연**(Physis, 피시스)에서 **법률과 규칙**(Nomos, 노모스)으로 자연스레 옮겨갔다. 정치가가 되려는 청년들은 철학자에게 비싼 돈을 내고 변론술(辯論術)을 배웠다. 청년들에게 변론술을 가르친 철학자들을 '**소피스트**'라고 부른다.

소피스트의 일

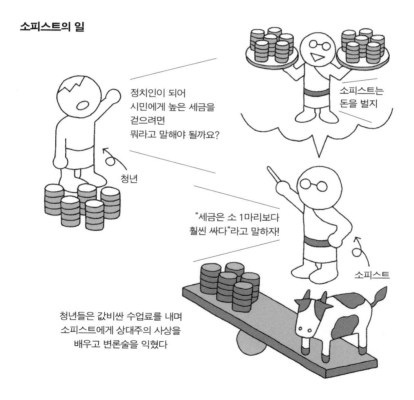

정치인이 되어 시민에게 높은 세금을 걷으려면 뭐라고 말해야 될까요?

청년

소피스트는 돈을 벌지

"세금은 소 1마리보다 훨씬 싸다"라고 말하자!

소피스트

청년들은 값비싼 수업료를 내며 소피스트에게 상대주의 사상을 배우고 변론술을 익혔다

청년들은 소피스트에게 **상대주의** 사상을 배웠다. 또한 사리사욕을 위한 정책일지라도 이를 들키지 않게 연설하는 방법도 배웠다.

대표적인 소피스트 **고르기아스**는 청년들에게 "**진리는 존재하지 않으며 존재하더라도 그것이 진리인지 알 수 없다**"라고 가르쳤다.

소피스트는 누구에게나 공통되는 **진리나 정의**는 존재하지 않는다고 봤다. 예를 들어 아테네의 **법률과 규칙**은 자연에 존재한 것이 아니며 아테네 시민에게만 해당하는 정의다. 다른 **폴리스**(Polis, 공동체)에는 또 다른 법과 규칙이 있는 것이다.

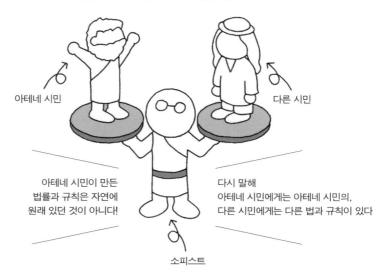

따라서 독선적인 의견은 제지 당했다. 동시에 말로 구워삶는 자가 이긴다는 태도 또한 만연했다. 그러한 상황에서 **소크라테스**(P021)가 등장했다.

소크라테스

무지의 지

의미	자신의 무지를 안다는 뜻
문헌	플라톤《소크라테스의 변명》
관련어	너 자신을 알라
메모	소크라테스 철학의 출발점

어느 날, 아폴론 신전의 무녀가 "이 세상에서 가장 현명한 자는 **소크라테스다**"라고 말했다.

소크라테스가 가장 현명하다

나는 정의나 선이나 미의 의미도 모르는데 어째서?

아폴론 신전 기둥에 '너 자신을 알라'라는 말이 새겨져 있다. 소크라테스는 이것을 두고 '자신이 아무것도 모른다는 것을 인정해야 한다'고 해석했다

델포이의 무녀

소크라테스

소크라테스는 왜 무녀가 아무것도 알지 못하는 자신을 현명하다고 했는지 이해할 수 없었다.

정의를 아시오?

당연히 알고 있지! 대답은 할 수 없지만…

소크라테스는 수많은 현자에게 선과 정의의 의미를 물었으나 다들 안다고 말만 할 뿐 몰랐다

현자?

소크라테스는 '모르면서 안다고 생각하는 사람'보다 자신처럼 '자신이 모른다는 것을 아는 사람'이 현명하다고 생각하게 되었다. 이를 **무지의 지**라고 한다.

036

▶021

지덕합일

소크라테스

의미 ························· 덕을 알고 행할 때 올바르게 살 수 있다는 사상
문헌 ························· 플라톤《소크라테스의 변명》등
관련 ························· 아레테(P042)

소크라테스는 사람이 **덕**(Arete, 아레테)으로 살면 마음의 평안을 유지할 수 있다고 설명했다.

사람은 본래 도덕적인 생명체.
도덕적인 행동을 할 때
가장 행복하다(복덕일치)

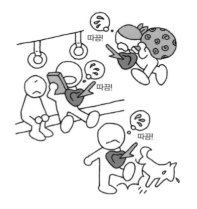

도덕적이지 않은
행동을 할 때 내심 상처받는다.
결국 불행하다

037

만약 마음이 평안하지 않다면 그것은 덕을 모르기 때문이라고 소크라테스는 생각했다.

소크라테스는 무엇이 선이고 무엇이 악인지를 배워 올바른 덕의 지식을 갖추고 실행하면 행복하다고 믿었다. 그에게 지식은 덕과 같은 것이었다. 이를 '**지덕합일**(知德合一)'이라고 한다.

문답법

의미 ·········· 대화로 스스로가 무지하다는 것을 상대에게 자각시키는 방법

문헌 ············· 플라톤《크리톤》,《고르기아스》등

메모 ·········· 질문을 던져 상대에게 자신이 무지하다는 것을 자각시키는
소크라테스의 방법을 '에이로네이아(Eironeia, 아이러니)'라고 한다

소크라테스

소피스트(P034)에게 **상대주의**(P032) 변론술을 배운 정치가들은 자기 이익을 정당화하기
위해 궤변만 늘어놓았다. **소크라테스**는 그들과 **문답**하면서 개혁을 시도했다.

038

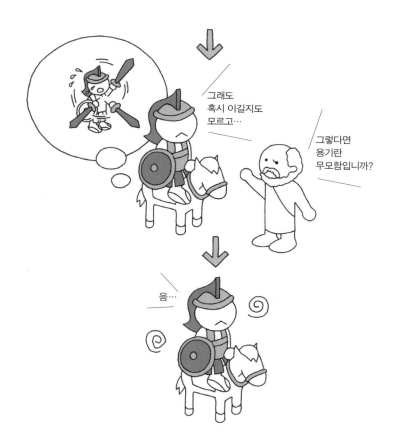

정치가들은 소크라테스와 문답을 나누면서 지금까지 안다고 생각했던 정의나 용기 등의
의미를 사실은 몰랐다는 것을 깨달았다. 그제야 '올바른 지식을 배우려는 마음'이 생겼다.

이처럼 문답을 나누며 상대방에게 <u>스스로의 무지함을 깨우치게 하고 진정한 지식을 탐
구하게 하는 것</u>을 '**문답법**(問答法)'이라고 한다. 또 상대방이 지식을 낳도록 도와준다는 의
미로 '**산파술**(産婆術)'이라고도 한다.

소크라테스

영혼 ᵖˢʸᶜʰᵉ프시케에 대한 배려

의미 ················· 행복하려면 뛰어난 영혼(정신)을 지녀야 한다는 뜻
문헌 ································· 플라톤《소크라테스의 변명》
메모 ················· 소크라테스에게는 '선하게 사는 것' 과 같은 뜻이다

부, **건강**, **명예**만으로는 마음의 평안을 얻을 수 없다.

부

건강

이것만으로는 안 된다

명예

소크라테스는 뛰어난 영혼이 부와 건강, 명예를 올바로 사용할 때 진정한 행복을 얻을 수 있다고 생각했다.

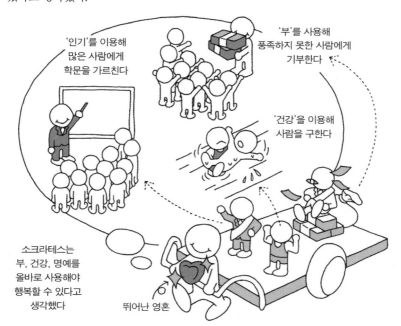

'인기'를 이용해 많은 사람에게 학문을 가르친다

'부'를 사용해 풍족하지 못한 사람에게 기부한다

'건강'을 이용해 사람을 구한다

소크라테스는 부, 건강, 명예를 올바로 사용해야 행복할 수 있다고 생각했다

뛰어난 영혼

당시 아테네 사람들

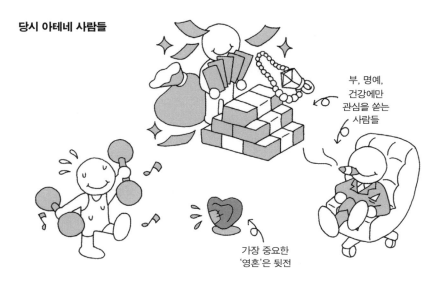

부, 명예,
건강에만
관심을 쏟는
사람들

가장 중요한
'영혼'은 뒷전

그러나 당시 아테네 사람들은 가장 중요한 영혼은 무시하고 부, 명예, 건강에만 관심을
쏟았다. 소크라테스는 이러한 현상을 '영혼(프시케)에 대한 배려 부족'이라고 표현했다.

주지주의

선

악

진

위

미

추

소크라테스는
'진선미'를 올바로 알면
영혼이 훌륭해진다고 생각했다

그는 무엇이 선이고 무엇이 악인가, 무엇이 아름답고 무엇이 추한가를 올바로 알면 자신
의 영혼을 갈고닦을 수 있다고 주장했다. '지'를 중요하게 보는 이러한 사상을 **주지주의
(主知主義)**'라고 한다.

▶021

소크라테스

아레테 Arete

의미 ···	영혼에 훌륭한 성질이 갖춰진 것
어원 ···	어떤 것이 지닌 본래 능력, 탁월성
문헌 ···	플라톤《고르기아스》,《메논》등
메모 ···	지덕합일(P037)

모든 사물에는 고유한 **성질**이 있다. 예를 들어 '신발'에는 여러 성질이 있지만 그중 신는 물건이라는 점이 가장 중요하다. 이것이 바로 **아레테**(덕)다. 즉 신발의 아레테는 '**신는 것**' 이다.

패션으로써

아레테

신는
물건으로써

개의
장난감으로써

신발에는 다양한 성질이 있지만 신을 수 없으면 신발이 아니다.
'신는다'는 성질이 가장 중요하다.
따라서 신발의 아레테는 '신는 것'이다

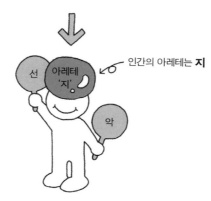

인간의 아레테는 **지**

선 / 아레테 '지' / 악

소크라테스는 선과 악을 이성적으로 판단하는 '**지**(知)'를 인간의 아레테라고 생각했다.

그냥 사는 것이 아니라
선하게 산다

▶ 021

소크라테스

의미 ···	욕망에 이끌려 사는 것이 아니라 덕을 알고 올바르게 사는 것이 중요하다는 뜻
출처 ···	플라톤 《크리톤》

소크라테스는 "국가의 신들을 인정하지 않고 대중을 현혹했다"는 죄목으로 재판에 회부되었다. 그는 재판에서 목숨을 구걸하지 않고 자신의 주장을 관철하려다 배심원의 미움을 샀고 결국 사형당했다.

사형에 처하라!

제자들은 국외로 도망치라고 권유했으나 소크라테스는 "**그냥 사는 것이 아니라 선하게 사는 것이 중요하다**"라고 말하며 사형을 받아들였다. 설령 재판이 부정하더라도 자신은 탈옥이라는 부정을 저지르지 않겠다고 생각한 것이다. 소크라테스에게 **선**은 **보편적인** 것이었다. 그는 "**악법도 법이다**"라고 말하며 독당근즙을 들이켰다.

스승님, 도망치세요!

악법도 법이다!

독사 Doxa

의미 ·· 확신, 억측
문헌 ·· 플라톤《국가》등
상대어 ······································· 에피스테메(Episteme, 플라톤 철학)
메모 ········ 독사와 에피스테메의 구별은 파르메니데스에게서도 볼 수 있다

플라톤

감각기관(오관)을 통해 들어온 정보를 거르지 않고 그대로 받아들인 **생각**을 **플라톤**은 **독사**(억견)라고 불렀다.

오관을 통해 들어온 정보를
거르지 않고 그대로 믿으면 독사가 된다

반대로 정보를 이성적으로 판단해 얻은 객관적 지식(모두가 납득하는 지성)은 '**에피스테메**'라고 불렀다.

▶022

플라톤

에피스테메 Episteme

의미 ··	객관적 지식, 학문적 지식
문헌 ··	플라톤《국가》등
상대어 ···	독사(P044)
메모 ·········	아리스토텔레스 철학에서는 진정한 지식의 인지능력을 가리킨다

독사와 반대로 이성을 통해 얻은 객관적 지식을 '에피스테메'라고 한다.

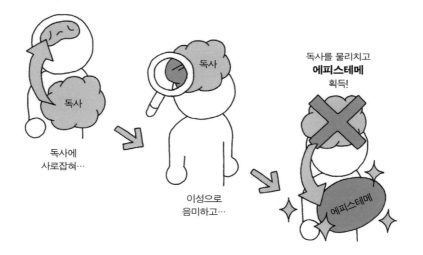

독사에
사로잡혀…

이성으로
음미하고…

독사

독사를 물리치고
에피스테메
획득!

에피스테메

플라톤은 선하게 살려면 독사를 멀리하고 이성을 통해 에피스테메(객관적 지식)를 얻어야
한다고 생각했다.

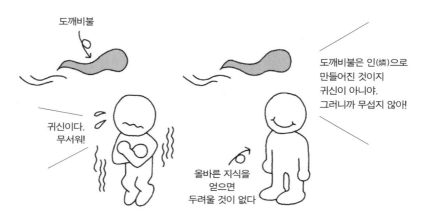

도깨비불

귀신이다.
무서워!

올바른 지식을
얻으면
두려울 것이 없다

도깨비불은 인(燐)으로
만들어진 것이지
귀신이 아니야.
그러니까 무섭지 않아!

이데아 Idea

의미	영원불변한 실재
문헌	플라톤《파이돈》,《파이드로스》,《국가》등
상대어	현상(P048)
메모	'idea(관념)', 'idee(이념)'의 어원

▶022

플라톤

우리는 완전한 삼각형을 만든 적도 그린 적도 본 적도 없다.

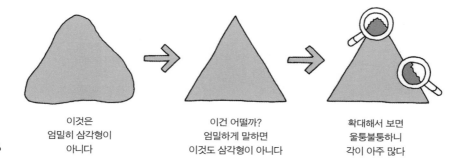

이것은
엄밀히 삼각형이
아니다

이건 어떨까?
엄밀하게 말하면
이것도 삼각형이 아니다

확대해서 보면
울퉁불퉁하니
각이 아주 많다

046

그런데도 우리는 완전한 삼각형이 어떤 것인지 이해한다. 우리 머릿속에만 있는 이 완전한 삼각형을 '삼각형의 **이데아**'라고 부른다. 플라톤은 꽃에는 꽃의 이데아, 나무에는 나무의 이데아가 있다고 생각했다.

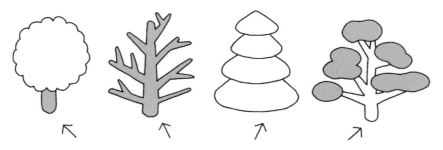

형태가 전혀 다른데 어째서 모두 나무라고 할까?

예를 들어 위의 그림 네 가지는 전부 나무 그림이다. 형태가 제각각인데, 우리는 어째서 이 모두를 나무라고 할까?

그것은 나무에 **공통된 형태**(나무의 이데아)가 있기 때문이다. 이 형태는 눈이 아닌 이성의 눈으로 볼 수 있다고 플라톤은 생각했다.

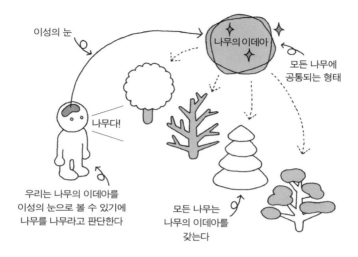

이 밖에도 다양한 예를 들 수 있다.

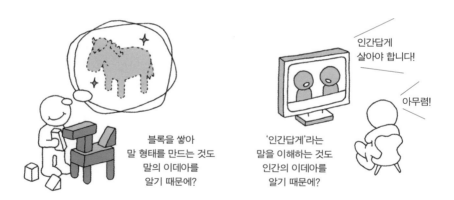

플라톤은 정의, 선 등에도 이데아가 있다고 생각했고 그중 **선의 이데아**가 최고의 이데아라고 말했다.

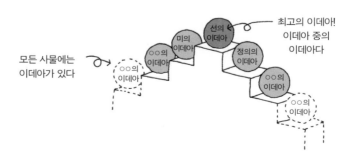

플라톤

▶022

이데아계 | 현상계

문헌 ··	플라톤《국가》등
관련 ··	상기설(P050), 동굴의 비유(P052)
메모 ··	플라톤은 예술 작품을 이데아의 모방인 자연을
	다시 모방한 것으로 생각했다

플라톤은 **이데아**가 머릿속에만 있는 것이 아니라 실존한다고 생각했다. 그는 이데아가 존재하는 세계를 **이데아계**, 우리가 사는 세계를 **현상계**, 현상계에 존재하는 사물을 **현상**이라고 불렀다.

048

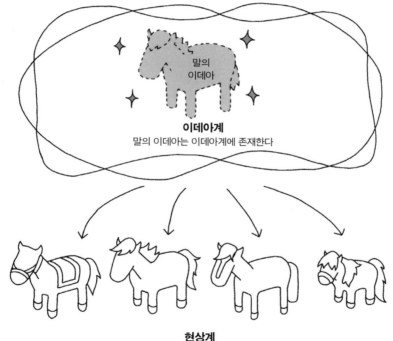

이데아계
말의 이데아는 이데아계에 존재한다

현상계
보거나 들을 수 있는 경험의 세계.
모든 현상계의 말은 말의 이데아를 지닌다

현상계에 사는 말의 형태는 다양하다. 하지만 플라톤에 따르면 이 세계의 모든 말은 말의 이데아를 지닌다. 그래서 우리는 말을 다른 동물과 구별할 수 있다.

현상계의 말은 태어나 여러 형태로 변화하다가 마침내는 소멸한다.

현상계의 말은
끊임없이 변화한다

그러나 이데아계의 말은 변화하지 않는다. 플라톤은 변화하지 않는 절대적 형태를 진정한 모습으로 봤다. 항상 변화하는 현상계의 말은 **말의 이데아**의 **모조품**(Mimesis, 미메시스)에 불과한 것이다.

변화하지 않는 말의 이데아
-진정한 모습

변화하는 현상계의 말
-모조품

플라톤은 현상계의 선이나 미, 정의 또한 이데아계에 있는 그것들을 모조한 것이라고 설명했다. 진정한 선, 미, 정의를 알려면 그것들의 이데아를 탐구해야 한다고 생각했다.

나무의
이데아

정의의
이데아

선의
이데아

인간의
이데아

미의
이데아

새의
이데아

플라톤은
진정한 지식이란
이성을 움직여 이데아를
탐구하는 것이라고
생각했다

이데아는
시대와 환경에 따라
변화하지 않는
절대적인 것이다

플라톤

상기설 Anamnesis
아남네시스

의미 ·· 인간은 태어나기 전 천상계에서 보았던
이데아를 떠올리면서 현상계의 진리를 인식한다는 사상
문헌 ·· 플라톤《메논》,《파이돈》,《파이드로스》
관련 ·· 이데아계 | 현상계(P048), 생득관념(P112)

정확한 원이나 완전하다는 개념, 사랑이나 정의를 이해할 수 있는 것은 우리의 영혼이 태어나기 전 천상계에서 본 그것들의 이데아를 떠올리기 때문이라고 플라톤은 생각했다. 이것을 '**상기설**(아남네시스)'이라고 한다.

상기설

아직
완성하려면
멀었어!

인간은 태어나기 전에
'완전'을 봤기에
그것을 떠올릴 수 있다

먹을 수 있으면
아무래도 좋아!

개에게는
'완전'이나 '불완전'의
개념이 없다

상기설은 인간은 태어날 때부터 이성을 지녔다는 **데카르트**의 '**생득관념**'이라는 사상으로 이어졌다.

에로스 Eros

문헌 ··· 플라톤《파이드로스》
관련 ··· 상기설(P050)
메모 ·································· 플라토닉러브(Platonic love, 정신적인 사랑)의 어원은
플라톤의 에로스 이론에서 왔다

플라톤

플라톤은 우리의 영혼이 태어나기 전에 이데아를 봤으나 태어나는 순간 대부분 잊어버린다고 생각했다. 아름다운 것을 보거나 들었을 때 감동하는 것은 영혼이 태어나기 전 봤던 이데아의 모습을 떠올리기 때문이라고 주장했다.

아름다워…
헉! 예전에
본 것 같은데…

우리가
아름다운 풍경을 보고
감동하는 것은
영혼이 이데아를
기억하기 때문이다

또한 플라톤은 우리가 완전함을 선호하고 선을 추구하는 것은 우리의 영혼이 항상 이데아를 동경하기 때문이라고 주장했다. 영혼이 순수하게 이데아를 동경하는 것을 '에로스'라고 하고 에로스는 '순애'를 의미한다.

그리스어에서
'사랑'으로 번역되는 단어는
총 세 가지다

에로스
순애, 남녀 간의 사랑,
결핍에 대한 사랑

필리아(P067)
우애, 우정,
서로 간의 교감

아가페(P080)
무조건적인 사랑,
신의 사랑

플라톤

동굴의 비유

문헌 ·· 플라톤《국가》
관련 ····························· 이데아계 l 현상계(P048), 철인정치(P056)
메모 ················· 현실 세계와 이데아 세계를 이분하는 플라톤의 사상은
피타고라스의 신비주의를 이어받았다

감각기관을 통해 들어온 정보를 생각 없이 그대로 받아들여 믿으면 안 된다고 **플라톤**은 주장했다. 그에게는 사물의 이데아를 탐구하는 것이 그 무엇보다 중요했다. 플라톤은 이데아에 무관심한 사람들을 동굴에서 손발이 묶인 채 횃불에 드리워진 그림자 형상만 바라보는 죄인에 비유했다. 이것을 '**동굴의 비유**'라고 한다.

동굴의 비유

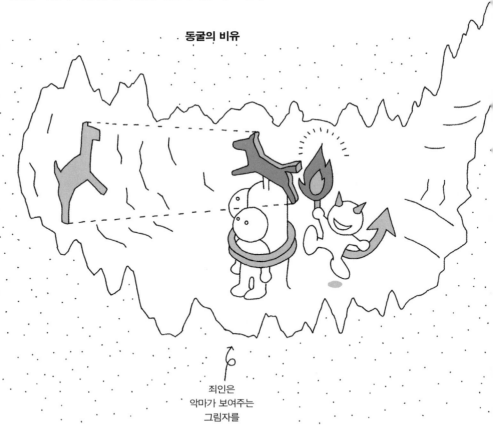

죄인은
악마가 보여주는
그림자를
진짜라고 믿는다

동굴 안에서 그림자가 진짜라고 믿는 사람들에게 동굴 바깥 세계를 보여줘야 한다. 그 바깥 세계가 바로 **이데아**의 세계다.

감각만으로 사물을 보는 사람에게 이성의 눈으로 이데아를 보라고 다그칠 수 있는 존재, **플라톤**은 다름 아닌 **철학자**가 그러한 사람이라고 보았다. 플라톤은 철학자가 통치자가 되어야 한다고 생각했다(철인정치).

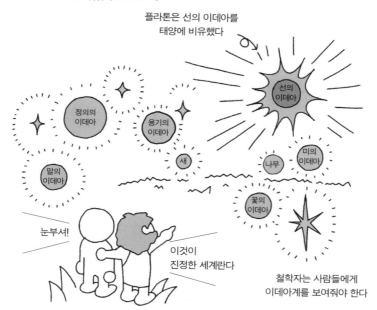

플라톤

> 022

영혼삼분설

문헌 ································· 플라톤《파이드로스》,《국가》
관련 ················· 사원덕(P055), 철인정치(P056), 이상 국가(P057)
메모 ·························· 플라톤은 영혼의 마땅한 모습을
국가의 마땅한 모습에 적용해 이상 국가를 구상했다

플라톤은 인간의 영혼이 **이성·의지·욕망**으로 이뤄진다고 봤다. 이것을 **영혼삼분설**이라고
하고 각각은 **두부·흉부·복부**에 깃든다고 생각했다.

영혼삼분설

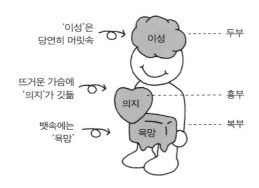

'이성'은
당연히 머릿속

뜨거운 가슴에
'의지'가 깃듦

뱃속에는
'욕망'

이성 ----- 두부

의지 ----- 흉부
----- 복부
욕망

그리고 **이성**이라는 마부가 **의지**라는 백마를 몰아, **욕망**이라는 흑마를 누르며 마차를 앞
으로 몰아야 한다고 말했다.

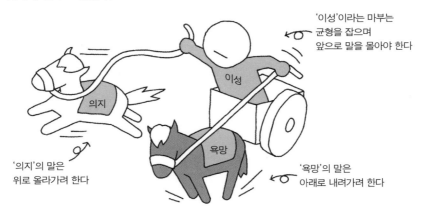

'이성'이라는 마부는
균형을 잡으며
앞으로 말을 몰아야 한다

'의지'의 말은
위로 올라가려 한다

'욕망'의 말은
아래로 내려가려 한다

이성

의지

욕망

사원덕

문헌 ·· 플라톤《국가》
관련 ·· 영혼삼분설(P054)
메모 ······················· 중세 기독교는 사원덕에 '신앙', '희망', '사랑'을 더해
칠원덕을 성립했다

영혼은 이성·의지·욕망으로 이뤄진다(영혼삼분설). 이것이 올바로 작동하면 각각 **지혜·용기·절제의 덕**이 된다. 그리고 이 세 가지가 조화를 이루면 **정의의 덕**이 된다고 플라톤은 생각했다.

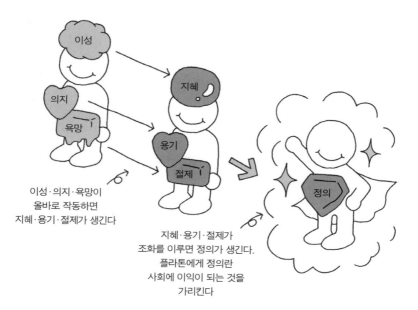

이성·의지·욕망이
올바로 작동하면
지혜·용기·절제가 생긴다

지혜·용기·절제가
조화를 이루면 정의가 생긴다.
플라톤에게 정의란
사회에 이익이 되는 것을
가리킨다

지혜·용기·절제에 정의를 더한 네 가지 덕을 고대 그리스의 **사원덕**(四元德)이라고 한다.

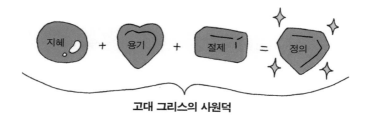

고대 그리스의 사원덕

플라톤

▶022

철인정치

의미 ································· 선의 이데아를 인식한 철학자가
국가를 운영해야 한다는 플라톤의 국가론
문헌 ································· 플라톤《국가》
관련 ································· 영혼삼분설(P054), 이상 국가(P057)

사람의 영혼은 이성·의지·욕망으로 이뤄진다(영혼삼분설). 그중에서 **이성**의 비율이 가장
높은 사람, 바로 철학자가 통치자에 가장 어울린다고 **플라톤**은 생각했다. 그러한 정치를
'**철인정치**'라고 한다.

056

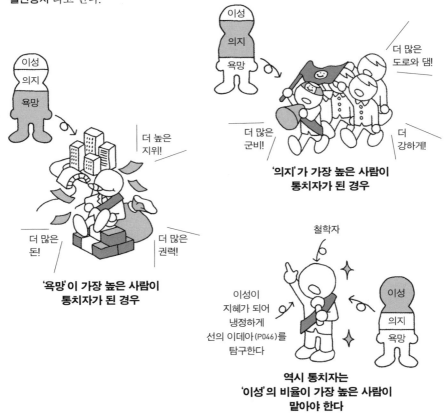

이성
의지
욕망

더 높은
지위!

더 많은
돈!

더 많은
권력!

'**욕망**'이 가장 높은 사람이
통치자가 된 경우

이성
의지
욕망

더 많은
군비!

더 많은
도로와 댐!

더
강하게!

'**의지**'가 가장 높은 사람이
통치자가 된 경우

철학자

이성이
지혜가 되어
냉정하게
선의 이데아(P046)를
탐구한다

이성
의지
욕망

역시 통치자는
'**이성**'의 비율이 가장 높은 사람이
맡아야 한다

플라톤은 "철학자가 국가의 통치자가 되거나 통치자가 철학자가 되지 않는 한, 이상적인 국가
는 실현되지 않는다"라는 말까지 남겼다.

플라톤

▶022

이상 국가

문헌 ··· 플라톤《국가》
관련 ······················· 영혼삼분설(P054), 철인정치(P056), 사원덕(P055)
메모 ············· 플라톤의 이상 국가는 민주제가 아니라 귀족제로 분류된다

정의 = 이상 국가

'이성'에서
만들어진 덕 → 지혜

'의지'에서
만들어진 덕 용기

'욕망'에서
만들어진 덕 절제

통치자 계급　　**수호자 계급**　　**생산자 계급**

통치자 계급의 '지혜'와 수호자 계급의 '용기'와
생산자 계급의 '절제'가 모이면
'정의'가 생겨 '이상 국가'가 탄생한다

플라톤은 국가를 사람의 사원덕의 확장형으로 생각했다. 국가는 통치자 계급·수호자 계급·생산자 계급으로 이뤄진다. 각 계급이 지닌 이성·의지·욕망이 지혜·용기·절제를 만들 때 **정의**가 생겨서 **이상 국가**가 탄생한다.

아리스토텔레스

형상 Eidos 에이도스 | 질료 Hyle 힐레

의미 ·········· 형상=사물이나 생물의 본질 | 질료=개체의 소재
문헌 ··· 아리스토텔레스《형이상학》
관련 ·· 가능태 | 현실태(P060)
메모 ················· 그리스어 '에이도스'에는 '종자'라는 의미도 있다

아리스토텔레스는 야생동물을 연구하다가 **플라톤**의 **이데아**(P046)론에 의문을 품었다.

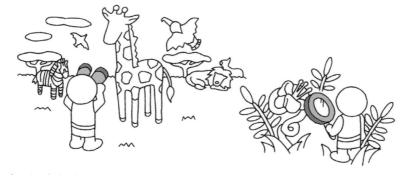

058

플라톤은 현실 세계에 있는 것은 전부 **이데아**의 **모조품**(P049)이라고 했으나 아리스토텔레스는 현실의 말이나 꽃, 새 등을 도저히 모조품이라고 생각할 수 없었다.

히히~힝

너는 모조품 따위가 아니야.
이렇게 살아 있잖아!

아리스토텔레스는 사물이나 생물의 **본질**은 눈에 보이지 않는 이데아가 아니라 각각의 **개체** 안에 있다고 생각했다.

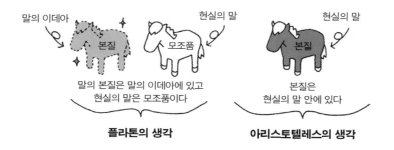

말의 이데아 → 본질

현실의 말 → 모조품

말의 본질은 말의 이데아에 있고
현실의 말은 모조품이다

플라톤의 생각

현실의 말 → 본질

본질은
현실의 말 안에 있다

아리스토텔레스의 생각

그리고 사물이나 생물의 본질은 그것이 무엇인지를 표현하는 **형태**에 있다고 생각했다. 이것을 '**형상**(에이도스)'이라고 불렀다.

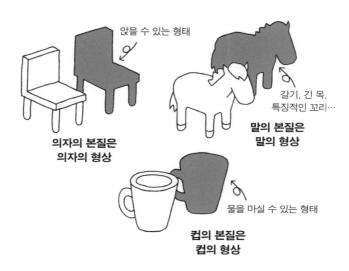

앉을 수 있는 형태

의자의 본질은 의자의 형상

갈기, 긴 목, 특징적인 꼬리…

말의 본질은 말의 형상

물을 마실 수 있는 형태

컵의 본질은 컵의 형상

또한 그 개체의 **소재**를 '**질료**(힐레)'라고 불렀다.

유리컵의 질료는 유리

나무컵의 질료는 목재

만물은 형상과 질료 두 가지로 이뤄진다고 생각했다.

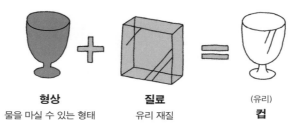

형상
물을 마실 수 있는 형태

질료
유리 재질

(유리)
컵

아리스토텔레스는 플라톤의 독단적이고 추상적인 이데아론과 달리 현실주의적인 사상을 펼쳤다고 볼 수 있다.

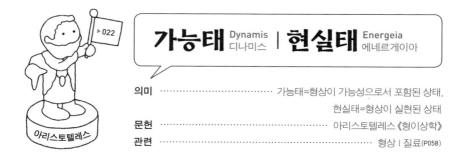

가능태 Dynamis 디나미스 | 현실태 Energeia 에네르게이아

의미 ································· 가능태=형상이 가능성으로서 포함된 상태,
현실태=형상이 실현된 상태
문헌 ································· 아리스토텔레스《형이상학》
관련 ································· 형상 | 질료(P058)

아리스토텔레스는 질료와 형상의 관계를 '**가능태**(디나미스)'와 '**현실태**(에네르게이아)'로 설명
했다.

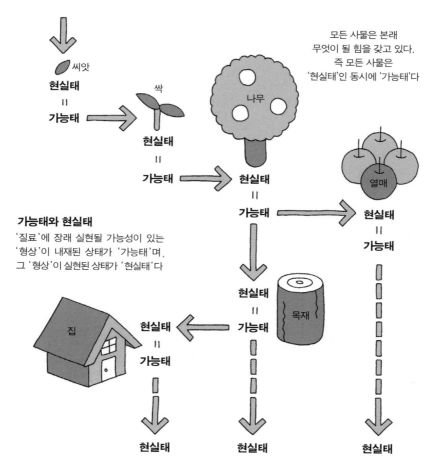

모든 사물은 본래
무엇이 될 힘을 갖고 있다.
즉 모든 사물은
'현실태'인 동시에 '가능태'다

가능태와 현실태

'질료'에 장래 실현될 가능성이 있는
'형상'이 내재된 상태가 '가능태'며,
그 '형상'이 실현된 상태가 '현실태'다

아리스토텔레스는 현실 세계를 관찰하여 마침내 이러한 원리를 고안했다.

사원인설

문헌 ·· 아리스토텔레스《자연학》
관련 ·· 형상 | 질료(P058)
메모 ··························· 자연의 사물은 존재하는 목적이 있다는 견해를
'목적론적 자연관'이라고 한다

아리스토텔레스는 이 세상의 모든 사물은 네 가지 요인(❶ 형상인, ❷ 질료인, ❸ 목적인, ❹ 작용인)으로 이뤄진다고 생각했다. 이것을 '**사원인설**(四原因説)'이라고 한다.

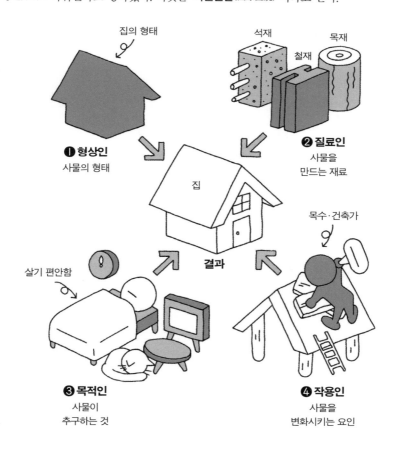

아리스토텔레스에게 이 세계를 안다는 것은 세계의 구성을 아는 것이며, 세계의 구성을 안다는 것은 다양한 사물을 구성하는 '**사원인**'을 아는 것이다.

형이상학 Metafisica
메타피지카

문헌 ··· 아리스토텔레스《형이상학》
메모 ·············· '메타피지카'는 '자연학(피지카)의 다음(메타)'이라는 뜻으로,
후세에 붙여진 명칭이다. 아리스토텔레스가 사용한 용어는 아니다

아리스토텔레스는 **형이상학**을 자연학보다 우위 학문이라고 평가했다. 예를 들어 '사슴의 뿔은 어떤 역할을 할까?'나 '뿔은 무엇으로 이뤄졌을까?'를 조사하는 것이 자연학이라면 형이상학은 '뿔은 무엇인가?', '뿔을 포함한 세계는 왜 존재하나?', '존재한다는 것은 무엇인가?' 등을 생각하는 학문이다.

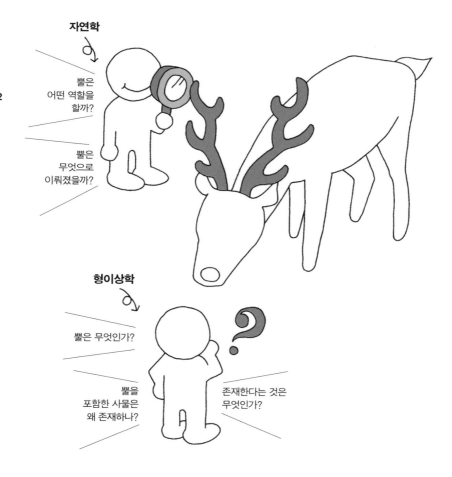

아리스토텔레스에게 '뿔이란 무엇인가?'라는 문제는 뿔의 실체(P132)를 탐구하는 것이었다. 플라톤에게는 이데아가 실체였지만 아리스토텔레스는 구체적인 개체가 실체였다. 그러니 아리스토텔레스에게는 눈앞에 있는 뿔이 바로 실체였다. 이러한 개체는 형상과 질료가 어우러져 성립한다는 것이 아리스토텔레스의 사상이다.

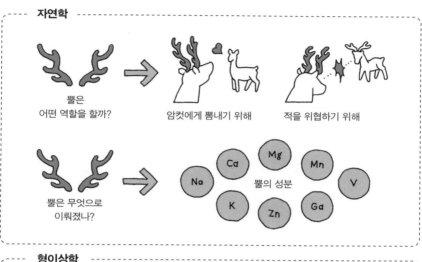

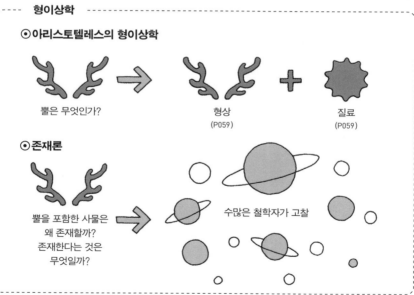

인간이 오관을 통해 보고 들을 수 있는 사물의 한계를 뛰어넘어 '사물을 고찰하는' 형이상학은 종종 '철학'과 동의어로 쓰인다.

테오리아 Theoria

의미 ································· 관조·관상(진리를 순수하게 고찰하는 것)
문헌 ································· 아리스토텔레스《형이상학》
메모 ································· 'Theoria'는 'Theory(이론)'의 어원이다.
아리스토텔레스는 이것을 인생 최고의 활동이라고 생각했다

어떤 것이 가장 행복한 상태는 그것이 지닌 고유 기능을 충분히 발휘할 때라고 아리스토텔레스는 생각했다.

새 고유의 기능은 '날기'다.
즉 자유롭게 날 때
새는 가장 행복하다

지저귀고 있을 때

걷고 있을 때

지금이
제일
행복해!

날고 있을 때

이성이 인간 고유의 기능이라고 생각한 아리스토텔레스는 이성을 움직여 사물을 탐구할 때 인간은 가장 행복하다고 주장했다. 이 상태를 **테오리아**라고 불렀다.

인간
고유의 기능은
이성이야

그렇다면 이성을 사용해서
무언가를 탐구할 때가
가장 행복하겠네.
단, '이데아'를
탐구하는 것이 아니라
현실적인 '사원인'을
탐구해야 해

아리스토텔레스

지성적 덕 | 윤리적 덕

의미 ·· 지성적 덕=교육을 통해 획득한 덕,
윤리적 덕=습관을 통해 획득한 덕
문헌 ·· 아리스토텔레스 《니코마코스 윤리학》
관련 ·· 중용(P066), 필리아(P067)

아리스토텔레스는 인간이 행복해지기 위해서 덕을 갖춰야 한다고 생각했다. 그는 덕을
지성적 덕과 윤리적 덕으로 나눠 고찰했다. **지성적 덕은 사물을 이해하는 지혜**(Sophia, 소피
아), **판단하는 사려**(Phronesis, 프로네시스), **만드는 기술**(Techne, 테크네)이다. **윤리적 덕은 용기와
절제**를 말한다.

지혜 　　　　사려 　　　　기술

지성적 덕

사장님!
그건 아닙니다!

이 정도면
충분해

용기 　　　　절제

윤리적 덕

아리스토텔레스는 윤리적 덕을 갖추기 위해서 **중용**을 선택하는 **습관**을 지녀야 한다고 생
각했다.

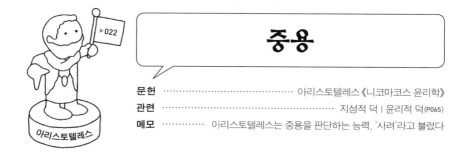

중용

아리스토텔레스

문헌	·······································	아리스토텔레스《니코마코스 윤리학》
관련	·······································	지성적 덕	윤리적 덕(P065)
메모	···········	아리스토텔레스는 중용을 판단하는 능력, '사려'라고 불렀다

사람이 행복하기 위해서는 윤리적 덕을 갖춰야 한다고 아리스토텔레스는 말했다. 윤리적 덕을 갖추려면 올바른 지식과 뛰어난 기술을 갖춘 것만으로 부족하기에 항상 중용을 선택하는 습관(Ethos, 에토스)을 가져야 한다고 주장했다.

행복하려면 중용의 정신이 중요하다

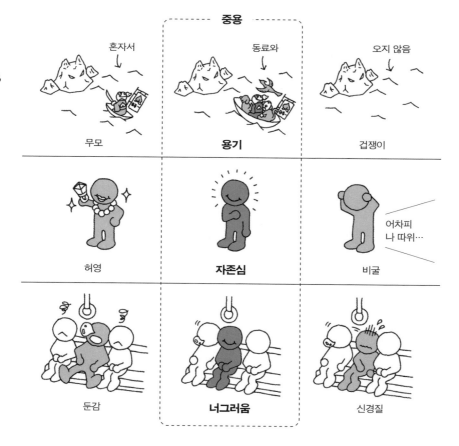

아리스토텔레스

필리아 Philia

문헌 ································ 아리스토텔레스《니코마코스 윤리학》
관련 ································ 지성적 덕 I 윤리적 덕(P065), 에로스(P051)
메모 ································ 아리스토텔레스는 필리아를
'이익', '쾌락', '인품의 선'이라는 3단계로 나눴다

아리스토텔레스는 공동체를 유지하기 위해서 정의 이상으로 **필리아**(우애)가 중요하다고 생각했다. 그는 "**만약 사람들에게 우애가 있다면 정의는 필요없다. 하지만 정의로운 사람들이 더라도 우애는 더욱 필요하다**"라는 말로 우애의 중요성을 표현했다.

우애란
상대방에게 호의를
갖는 것

우애란
상대방이 행복해지기를
바라는 것

우애란 상대방이
좀 더 선해지길 바라는 것.
플라톤의 에로스처럼
일방적이지 않다

철학에서 사랑을 표현하는 단어는 세 가지다. **플라톤의 에로스**는 상대방을 일방적으로 생각하는 사랑이므로 자신을 위한 행위라고 할 수 있다. **아리스토텔레스의 필리아**는 서로 상대방이 행복해지기를 바라는 사랑이다.

그리스어에서
'사랑'으로
번역되는 단어는
세 가지다.
필리아는 그중 하나

필리아
우애, 우정,
서로 간의 교감

에로스(P051)
순애, 남녀 간의 사랑,
결핍에 대한 사랑

아가페(P080)
무조건적 사랑,
신의 사랑

022

정의

문헌	아리스토텔레스 《니코마코스 윤리학》
관련	필리아(P067)
메모	아리스토텔레스는 필리아와 정의를 공동체를 가능하게 하는 덕이라고 생각했다

아리스토텔레스는 "**인간은 공동체**(폴리스)**적 동물이다**"라고 말했다. 공동체를 위해서는 '**정의**(공정)'를 유지해야 한다. 그는 정의를 크게 **전체적 정의**와 **부분적 정의**로 나누고 부분적 정의를 **배분의 정의**와 **조정**(교정)**의 정의**로 나눴다.

068

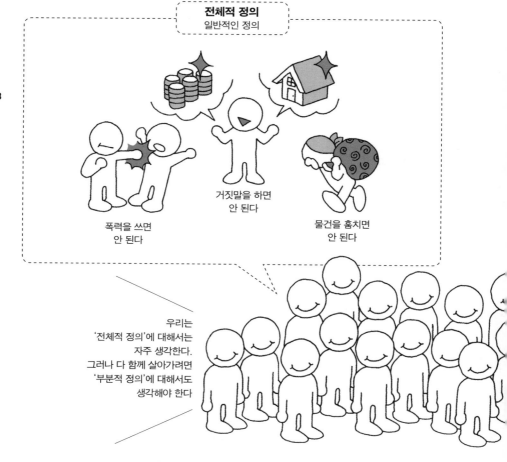

전체적 정의
일반적인 정의

폭력을 쓰면
안 된다

거짓말을 하면
안 된다

물건을 훔치면
안 된다

우리는
'전체적 정의'에 대해서는
자주 생각한다.
그러나 다 함께 살아가려면
'부분적 정의'에 대해서도
생각해야 한다

부분적 정의
공동체 내부의 규정

배분의 정의

능력이나 노동량에 따라 보수를 나누는 것.
아리스토텔레스에게는 이것이 정의였다

좋은
아이디어를
냈다면
'많이'

많이
일했다면
'많이'

게으름을 피웠다면
'조금'

조정의 정의

죄를 저지른 사람에게는 벌을, 피해자에게는 보상을 주는 것.
아리스토텔레스에게는 이것도 정의였다

피해자에게는
보상을

죄를 저지른 자에게는
벌을

그리고 공동체는 이러한 배분의 정의와 조정의 정의를 시행할 필요가 있다고 주장했다.

제논

▶023

스토아학파

어원 ·········· 제논이 아테네의 스토아 포이킬레에서 학원을 연 것에서 유래
구체적 예 ··· 제논, 마르쿠스 아우렐리우스
메모 ·· '스토익(stoic. 금욕적)'의 어원

고대 그리스는 아테네, 스파르타 등 **폴리스**라고 불리는 소규모 공동체로 분열되어 있었다. 각 폴리스는 자신들의 규칙을 직접 결정했다. 따라서 그리스인은 자신이 소속한 폴리스에 대단한 자긍심을 가졌다.

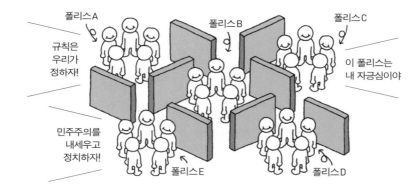

그러나 알렉산드로스 대왕(Alexandros the Great)이 제국을 세우려고 폴리스를 해체했다. 폴리스를 자신의 정체성으로 여겼던 그리스인은 마음 둘 곳을 잃고 말았다.

폴리스와 폴리스를 구분하던 벽이 사라지고 하나의 제국이 되었다

이러한 까닭에 헬레니즘 시대(알렉산드로스 대왕~로마제정)의 철학은 '어떻게 마음에서 불안을 몰아낼 것인가?'를 주제로 삼았다. 먼저 제논이 창설한 **스토아학파**는 정념(파토스)에 휘둘리지 않는 **무정념**(Apatheia, 아파테이아)을 추구하는 삶을 제시했다.

스토아학파적 삶이란?

돈을 더
갖고 싶어!

맛있는 걸
더 많이
먹고 싶어!

좀 더
편하고 싶어!

인간에게는
다양한 욕망이 있지만

감정적이면
안 돼

욕망을 이성(로고스)으로 제한해
금욕적으로 살면
자연과 조화를 이룰 수 있고

욕망에서 벗어나
'아파테이아'에 도달할 수 있다.
이것이야말로 불안이 없는 최고의 행복이라고 제논은 생각했다

023

에피쿠로스학파

구체적 예 ·························· 에피쿠로스, 루크레티우스(Lucretius Carus)

메모 ·························· 스토아학파가 로마제국 공인 도덕이 된 것과 달리
에피쿠로스학파는 스토아학파와 기독교의 비난을 받으며
로마제정 시대에 쇠퇴했다

스토아학파보다 조금 늦게 **에피쿠로스학파**가 등장했다. 에피쿠로스학파가 평정심을 유지하는 방법으로 주장한 것은 스토아학파처럼 금욕적이지 않았다. 오히려 쾌락을 긍정했다. 그들이 말한 쾌락은 탐욕적인 것이 아니라 마음이 안정된 상태였다.

에피쿠로스학파의 쾌락은
이것이 아니다

에피쿠로스학파는 **평안한 마음의 경지**(Ataraxia, 아타락시아)에 도달하는 조건으로 ❶ 죽음에 대한 공포를 없앨 것, ❷ 최소한의 욕망을 채울 것, ❸ 우정을 소중히 여길 것, 이 세 가지를 제시했다.

❶
죽음에 대한
공포를 없애다

❷
최소한의
욕망을 채우다

❸
우정을
소중히 여기다

**에피쿠로스학파적
삶이란?**

작은 일에도 기쁨을 느끼는
평안한 마음의 경지인
아타락시아에 도달한다

그렇게 하면

에피쿠로스는 죽으면 이미 존재하지 않으므로 죽음에 두려움을 느낄 필요가 없다고 생각함으로써 죽음에 대한 공포에서 벗어났다.

살아 있을 때
죽음은 존재하지 않는다

죽으면
우리가 존재하지 않는다

죽음을
두려워할 필요가 없다

최소한의 욕망이란 굶주리지 않고 목마르지 않고 춥지 않은 세 가지라고 에피쿠로스는 말했다. 다른 것에 집착하지 않고 이것만 채우면 된다.

굶주리지 않기

목마르지 않기

춥지 않기

집착하지 않고
이 세 가지에 만족하면
사람은 행복하게 살 수 있다

073

그러나 유혹이 많은 세상이다. 에피쿠로스는 정치나 사회의 소음으로부터 몸을 피해 친구들과 정원에서 우정을 소중히 여기면서 조용히 살 것을 제안했다. 에피쿠로스는 "숨어서 살자"라고 말했다.

숨어서 살자

에피쿠로스의 정원에는
이 세상과는 다른
가치관이 존재한다.

세상으로부터
잊힌 생활이 행복이라고
에피쿠로스는 생각했다

중세

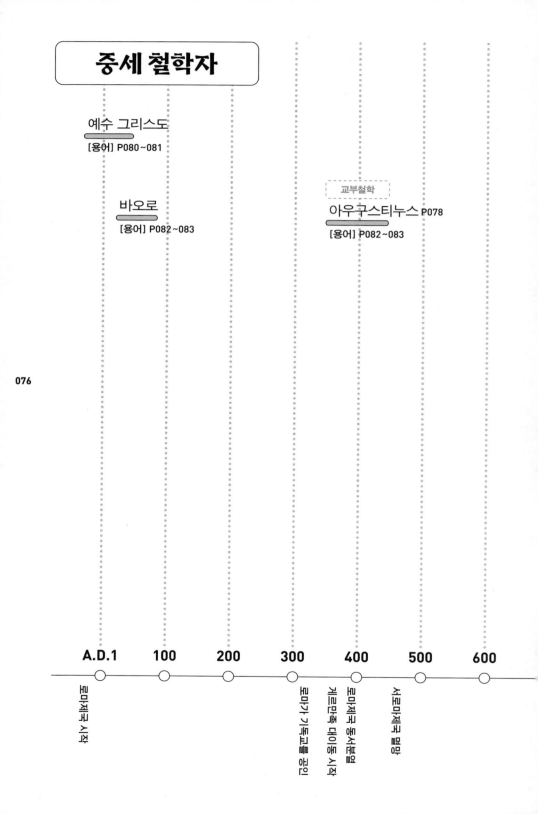

중세 철학자

예수 그리스도
[용어] P080~081

바오로
[용어] P082~083

교부철학

아우구스티누스 P078
[용어] P082~083

076

A.D.1   100   200   300   400   500   600

로마제국 시작

로마가 기독교를 안인

게르만족 대이동 시작

로마제국 동서분열

서로마제국 멸망

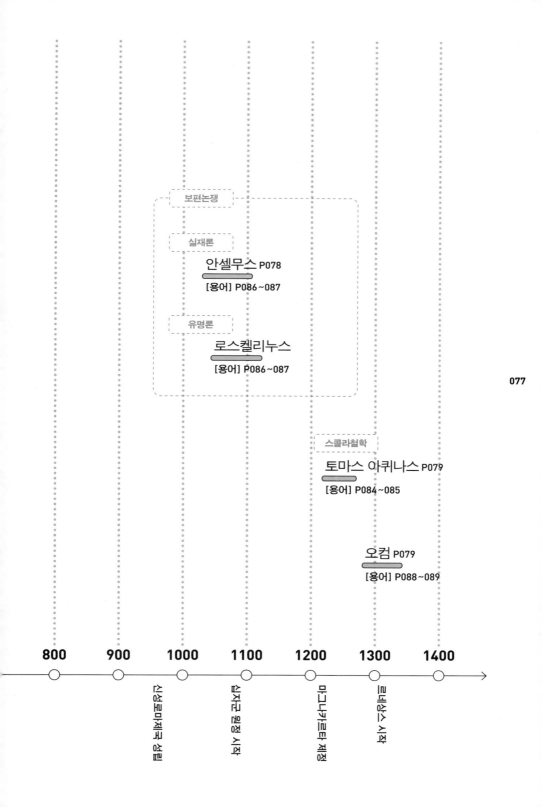

보편논쟁

실재론

안셀무스 P078

[용어] P086~087

유명론

로스켈리누스

[용어] P086~087

스콜라철학

토마스 아퀴나스 P079

[용어] P084~085

오컴 P079

[용어] P088~089

800   900   1000   1100   1200   1300   1400

신성로마제국 성립

십자군 원정 시작

마그나카르타 제정

르네상스 시작

아우구스티누스가 영향을 받은 신플라톤주의는 이데아론을 기초로, 만물은 '유일신'에게서 나왔다고 생각한 신비주의적 사상이다.

악은 선의 결여.

신은 선만 만들었다. 악은 불완전한 선이다.

아우렐리우스 아우구스티누스

AURELIUS AUGUSTINUS

▶ P082~083

기독교회의 고대 교부 가운데 최고 사상가. 북아프리카의 로마령 누미디아 출신. 청년 시절에는 성과 연극을 탐닉했다. 욕망에 따라 방종한 삶을 살면서 마니교에 심취했으나 신플라톤주의의 영향을 받아 기독교로 회심했다. 이단과 논쟁하면서 《신국론》, 《고백론》 등을 저술했다. 기독교회의 교양을 확립하려고 힘썼다.

안셀무스는 신플라톤주의의 영향을 받아 '인간'이라는 보편적 개념이 실재한다는 '실재론(실념론)'을 주장했다.

이해하기 위해서 믿는다.

믿음에서 출발해 신앙의 올바름을 이성적으로 탐구할 것을 주장했다.

캔터베리의 안셀무스

ANSELMUS OF CANTERBURY

▶ P086~087

스콜라철학의 아버지. 이탈리아 출신. 프랑스 베크 수도원에서 공부했고 수도원장이 되었다. 그 후 성직자 서임권 투쟁에 휩쓸렸다. 1093년에 영국 캔터베리 대주교에 취임했다. 국왕 윌리엄 2세, 헨리 1세와 대립하면서까지 왕권이 교회에 개입하는 것을 강력히 반대했다. 안셀무스의 '신의 존재 증명'은 근대 철학에 많은 영향을 미쳤다.

토마스 아퀴나스는 정교하고 치밀한 아리스토텔레스의 철학과 다투면서 기독교 신학 체계를 완성했다.

은총은
자연을 완성한다.

신앙의 완성은 이성(자연)만으로는 한계가 있어 신의 은총이 필요하다.

1225?~1274

토마스 아퀴나스
THOMAS AQUINAS

▶ P084~085

이탈리아 귀족 출신. 도미니크 수도원에 들어갔고 파리와 이탈리아에서 교육·저술 활동에 전념했다. 13세기 십자군의 영향으로 이슬람 세계에서 들어온 아리스토텔레스의 철학을 정신적으로 해석해 신학과 철학의 유기적 조화를 도모했다. 스콜라철학의 완성자로서 '스콜라철학의 제왕', '천사적 박사'로 불리며 후세에도 많은 영향을 미쳤다.

079

불필요한 설명은 잘라내야 한다는 오컴의 주장을 '오컴의 면도날'이라고 부른다.

필요도 없는데
존재의 수를 늘려선
안 된다.

오컴은 '인간', '동물'이라는 '보편'의 실재를 인정하지 않았다.

1285?~1347?

오컴의 윌리엄
WILLIAM OF OCKHAM

▶ P088~089

영국의 스콜라철학자. 프란체스코 수도회 소속으로 연구에 전념했다. 변증 능력이 뛰어나 동시대 철학자들로부터 '무적 박사'라고 불렸다. 이성과 신앙의 분리를 선언하는 동시에 보편은 실재하지 않는다는 **'유명론'**을 주장해 교회로부터 이단 취급을 받았다. 경험적 인식을 중시하는 사상은 후에 영국 경험론의 선구로 여겨진다. 영화로도 만들어진 소설 《장미의 이름(The Name of the Rose)》의 주인공 모델이기도 하다.

예수 그리스도

아가페 Agape

의미 ·· 기독교에서 말하는 '신의 사랑'
문헌 ··· 《신약성서》
메모 ·············· '신에게서 사랑받는데 왜 이 세계에 악이 존재하는가?'라는
문제가 중세 신학에서 주로 논의되었다

예수는 신이 선인도 악인도, 심지어 신(자신)에게 등을 돌린 자도 차별 없이 구원한다고 생각했다. 이같이 손해와 득실을 따지지 않는 **무상의 사랑**을 '**아가페**'라고 한다.

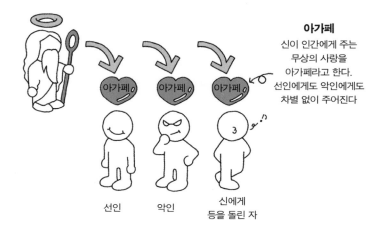

아가페
신이 인간에게 주는
무상의 사랑을
아가페라고 한다.
선인에게도 악인에게도
차별 없이 주어진다

선인   악인   신에게
등을 돌린 자

080

예수는 인간끼리의 사랑도 아가페여야 한다고 주장했다. 그는 "오른뺨을 맞으면 왼뺨을 내밀어라"라는 말에 나타나듯, '눈에는 눈 이에는 이'라는 보복주의와 다른 도덕을 내세웠다.

맞으면

돌려
준다

이것이
당연한데

예수는
"자신을 희생해서라도
적을 사랑하고
남을 생각해야 한다"고
주장했다

맞더라도

적을
사랑한다

사랑으로 번역하는 다른 말에 플라톤의 에로스(P051), 아리스토텔레스의 필리아(P067)가 있는데, 아가페는 이것들과 어떻게 다를까? 예수의 말에 그 답이 있다.

예수가 양치기에게 말했다.
"좋은 양치기는 양 1마리를 잃어버리면
남은 99마리를 두고서라도
찾으러 갑니다."

죄인을 향해 돌을 던지는 사람에게 예수가 말했다.
"그대들 중 단 한 번이라도
죄를 범하지 않은 자가 있다면
이 사람에게 돌을 던지시오."

예수는 유대교도였지만 때때로 유대교의 가르침을 어겼다. 유대교의 교리보다 아가페를 우선시한 것이다. 그는 아가페를 몸소 실천했다.

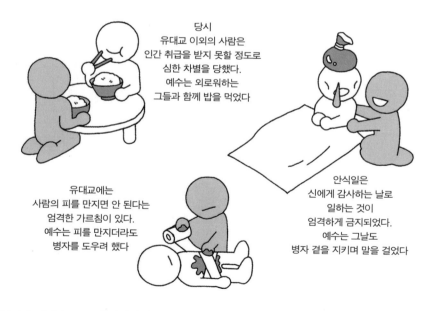

당시
유대교 이외의 사람은
인간 취급을 받지 못할 정도로
심한 차별을 당했다.
예수는 외로워하는
그들과 함께 밥을 먹었다

유대교에는
사람의 피를 만지면 안 된다는
엄격한 가르침이 있다.
예수는 피를 만지더라도
병자를 도우려 했다

안식일은
신에게 감사하는 날로
일하는 것이
엄격하게 금지되었다.
예수는 그날도
병자 곁을 지키며 말을 걸었다

그러다 이단으로 몰려 십자가형에 처했다. 하지만 아가페에 대한 그의 가르침은 바오로 (Paulus, 바울) 등에 의해 로마제국 영토 내에 전파되었다.

교부철학

문헌 ………………………………………… 아우구스티누스《신국론》등
메모 ………… 교부란 1~8세기경 초기 기독교에서 정통한 신앙을 전승하고
모범적 생애를 보냈다고 공인된 사람들을 말한다

아우구스티누스

예수 사후, 제자 바오로 등은 우직한 포교 활동을 이어갔다. 그로부터 약 300년 뒤 기독교는 로마제국의 국교가 되었다. 로마교회의 인정을 받아 기독교의 정통한 교의를 확립하기 위해 애쓴 지도자들을 '**교부**'라고 한다.

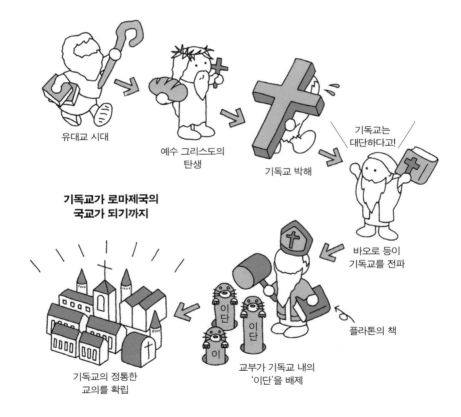

유대교 시대

예수 그리스도의
탄생

기독교 박해

기독교는
대단하다고!

**기독교가 로마제국의
국교가 되기까지**

바오로 등이
기독교를 전파

이단
이단
이

플라톤의 책

기독교의 정통한
교의를 확립

교부가 기독교 내의
'이단'을 배제

교부가 해석한 교의를 '**교부철학**'이라고 한다. 그중에서도 최대 교부라고 일컬어지는 **아우구스티누스**는 다음 두 가지 교의로 유명하다.

첫 번째, **신의 은총**과 교회의 역할. 신의 은총이 없으면 태어날 때부터 지닌 인간의 원죄는 구원받지 못한다. 그 중간다리 역할을 하는 것이 교회다.

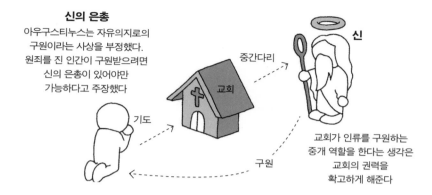

신의 은총

아우구스티누스는 자유의지로의 구원이라는 사상을 부정했다. 원죄를 진 인간이 구원받으려면 신의 은총이 있어야만 가능하다고 주장했다

신

중간다리

교회

기도

구원

교회가 인류를 구원하는 중개 역할을 한다는 생각은 교회의 권력을 확고하게 해준다

두 번째, **삼원덕 상위설**. 플라톤의 사원덕(P055)보다 기독교의 삼원덕의 가치가 높다고 주장했다.

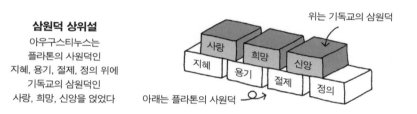

삼원덕 상위설

아우구스티누스는 플라톤의 사원덕인 지혜, 용기, 절제, 정의 위에 기독교의 삼원덕인 사랑, 희망, 신앙을 얹었다

위는 기독교의 삼원덕

사랑　희망　신앙

지혜　용기　절제　정의

아래는 플라톤의 사원덕

예수는 포교 활동의 개념이 없었으나 기독교가 전파된 배경에는 이러한 교의가 존재했다. 나아가 **아우구스티누스**는 신과 예수와 성령을 일체라고 보는 '**삼위일체설**(三位一体説)'을 명확하게 정의해 기독교 교의를 확립했다.

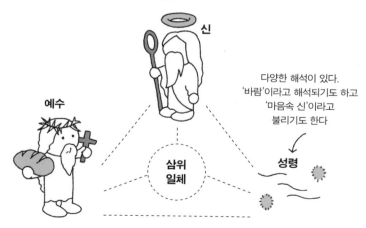

신

예수

다양한 해석이 있다. '바람'이라고 해석되기도 하고 '마음속 신'이라고 불리기도 한다

삼위 일체

성령

스콜라철학

의미 ·· 중세의 학문적 신학
문헌 ·························· 토마스 아퀴나스《신학대전》등
메모 ········ 'Schola'는 '여유'를 의미하는 'Scholē(Schole, 스콜레)'에서 유래.
예전에는 논의하는 시간이 스콜레였다

중세 초기, 유럽에서 잊힌 아리스토텔레스의 철학은 이슬람 세계에서 받아들여졌다. 그러다가 중세 중기에 들어서 십자군이 재발견함에 따라 유럽에 역수입되었다.

이성과 신앙의 모순을 파고드는 아리스토텔레스의 철학에 교회는 당황했다. 토마스 아퀴나스는 아리스토텔레스의 철학에 대항하기 위해 역으로 아리스토텔레스의 철학을 이용해 이성과 신앙의 양립을 증명하려고 했다. 이러한 신학을 가능케 한 철학이 **'스콜라철학'**이다. 그중 하나가 **'신의 존재 증명'**이다.

토마스 아퀴나스의 신의 존재 증명

아리스토텔레스는
사물이 원인과
결과로 이뤄진다고 했다.
그렇다면 최초의 원인은
누가 만들었을까?
바로 신이다.
신이 존재하지 않으면
이 세상은 존재하지 않는다

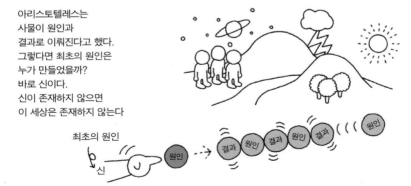

토마스 아퀴나스는 아리스토텔레스의 철학으로는 '사후 세계'나 '우주 외측' 등의 문제에 도달할 수 없다고 생각했다. 이렇게 이성으로 도달하지 못하는 문제를 진리라고 부르고 진리에 도전하는 것을 신학이라고 했다.

토마스 아퀴나스가 생각한 신학과 철학의 관계

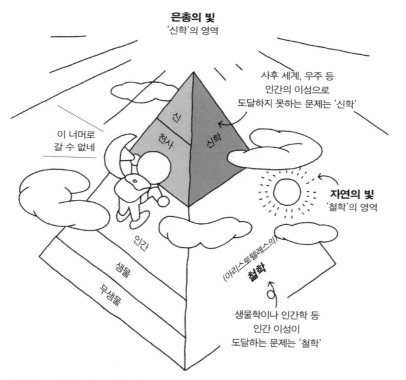

은총의 빛
'신학'의 영역

사후 세계, 우주 등
인간의 이성으로
도달하지 못하는 문제는 '신학'

신

천사   신학

이 너머로
갈 수 없네

자연의 빛
'철학'의 영역

인간

생물

무생물

(아리스토텔레스의)
철학

생물학이나 인간학 등
인간 이성이
도달하는 문제는 '철학'

이렇게 토마스 아퀴나스는 신학과 철학에 명확한 상하관계를 만들었다. 중세 **스콜라철학**은 이를 '**철학은 신학의 시녀**'라는 말로 표현했다.

너는 내 시녀!

철학과의
전쟁에서
신학이 승리!!!

아리스토
-텔레스

안셀무스

보편논쟁

▶078

의미 ·········· 보편이 실재하는지 실재하지 않는지에 대한 중세 철학의 논쟁
관련 ··· 스콜라철학(P084)
메모 ································· 토마스 아퀴나스가 이 논쟁을 중재했다.
이후 오컴이 유명론을 주장하면서 다시 불을 지폈다

양, 닭, 소 등을 통칭하는 '가축'이라는 묶음은 우리 인간이 만들어낸 말이다. 그렇다면 '동물'이라는 묶음은 어떨까? 동물이라는 보편은 이 세상에 처음부터 존재했을까? 아니면 이 말 역시 우리 인간이 필요해 만든 단순한 말에 불과할까?

'동물'이라는 보편은 존재할까?

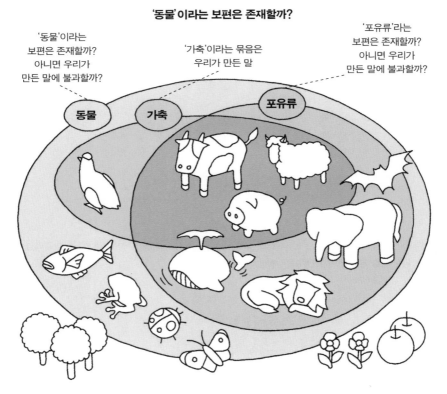

'동물'이라는
보편은 존재할까?
아니면 우리가
만든 말에 불과할까?

'가축'이라는 묶음은
우리가 만든 말

'포유류'라는
보편은 존재할까?
아니면 우리가
만든 말에 불과할까?

동물   가축   포유류

나아가 '인간'이라는 보편은 존재할까? 이 '보편이 존재하는지 존재하지 않는지'에 대한 **논쟁**(보편논쟁)은 중세 시절, 오랜 세월에 걸쳐 반복되었다. 보편이 존재한다고 생각하는 것을 **'보편 실재론**(실념론)', 보편이 존재하지 않는다고 생각하는 것을 **'유명론'**이라고 한다.

086

실재론
(실념론)

인간

먼저 '인간'이라는 보편이 존재한다.
개개인은 '인간'이 있기에 성립한다

유명론

앤
존
민호
미성

민호, 미성 등
개인이 존재할 뿐이며
'인간'이라는 묶음은
우리가 만든 말에 불과하다.
따라서 '인간 일반'이라는 보편은
존재하지 않는다

기독교의 가르침에 따르면 우리는 최초 인류인 아담과 같은 인간이기에 그의 죄를 '원죄'라는 형태로 짊어진다. 하지만 만약 '인간'이라는 보편이 존재하지 않는다면 우리는 '원죄'를 짊어질 필요가 없다. '원죄'에서 우리를 구원하는 중개 역할을 하는 교회도 필요 없다.

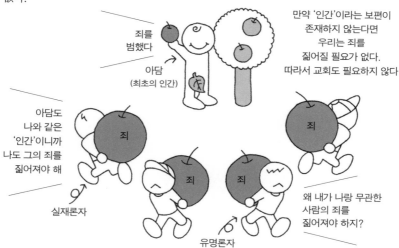

죄를
범했다

아담
(최초의 인간)

만약 '인간'이라는 보편이
존재하지 않는다면
우리는 죄를
짊어질 필요가 없다.
따라서 교회도 필요하지 않다

아담도
나와 같은
'인간'이니까
나도 그의 죄를
짊어져야 해

죄

실재론자

죄

죄

죄

유명론자

왜 내가 나랑 무관한
사람의 죄를
짊어져야 하지?

이러한 이유로 보편의 유무는 교회에서 아주 중대한 문제로 다뤄졌다.

실재론자로는 안셀무스,
유명론자로는 유명론의 창시자인
로스켈리누스가
(Roscelin of Compiegne, 1050~1125)가
유명하다

보편은
존재하지 않는다!

BATTLE

보편은
존재한다!

로스켈리누스

안셀무스

오컴

▶079

오컴의 면도날

의미 ·· 설명은 최대한 단순한 것이 좋다는 가르침
(불필요한 설명을 잘라낸다고 '면도날'이라 불린다.)

영향 ··· 보편논쟁(P086)

메모 ·························· 오컴이 많이 이용한 논법이어서 그의 이름이 붙었다

보편은 존재하지 않는다고 중세 후기 철학자 오컴은 말했다. 그는 민호나 미성이라는 하나하나의 개체가 존재하며 이것을 통칭하는 '인간'이라는 보편은 없다고 했다.

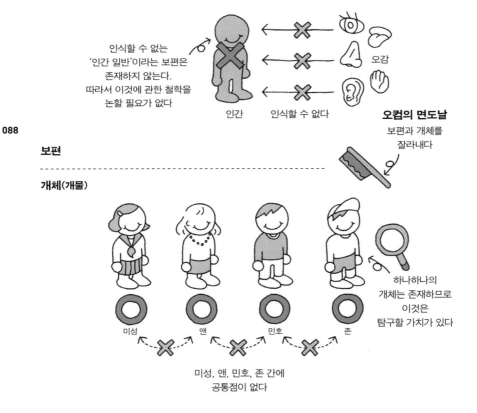

인식할 수 없는
'인간 일반'이라는 보편은
존재하지 않는다.
따라서 이것에 관한 철학을
논할 필요가 없다

인간　인식할 수 없다

오감

오컴의 면도날
보편과 개체를
잘라내다

보편

개체(개물)

미성　앤　민호　존

하나하나의
개체는 존재하므로
이것은
탐구할 가치가 있다

미성, 앤, 민호, 존 간에
공통점이 없다

오컴은 하나하나의 개체를 탐구하는 것은 중요하지만 인간이 나중에 만든 말인 '동물'이나 '인간' 같은 애초에 자연계에 존재하지 않는 것은 생각할 필요가 없다고 주장했다. 불필요한 말을 마치 면도날로 잘라내는 것 같다 하여 이 사상을 **'오컴의 면도날'**이라 부른다.

오랜 세월 '철학은 신학의 시녀(P085)'로 불리며 신학보다 아래 단계로 여겨졌다. 하지만 보편을 면도날로 깎아내린 오컴은 언제나 합리적이어야 하는 철학을 '인간'이라는 보편이 실재한다고 보는 신학과 분리해 생각해야 한다고 주장했다.

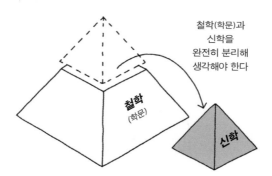

철학(학문)과
신학을
완전히 분리해
생각해야 한다

오컴의 면도날 사상은 사물을 합리적으로 생각하는 계기가 되었다.

내가
인식할 수 있는 것만을
탐구해야 한다

그리하여 생각하는 자신이 주체가 되는 근대적 철학의 막이 열렸다.

RENAISSANCE

나는 생각한다,
그러므로 존재한다

근세

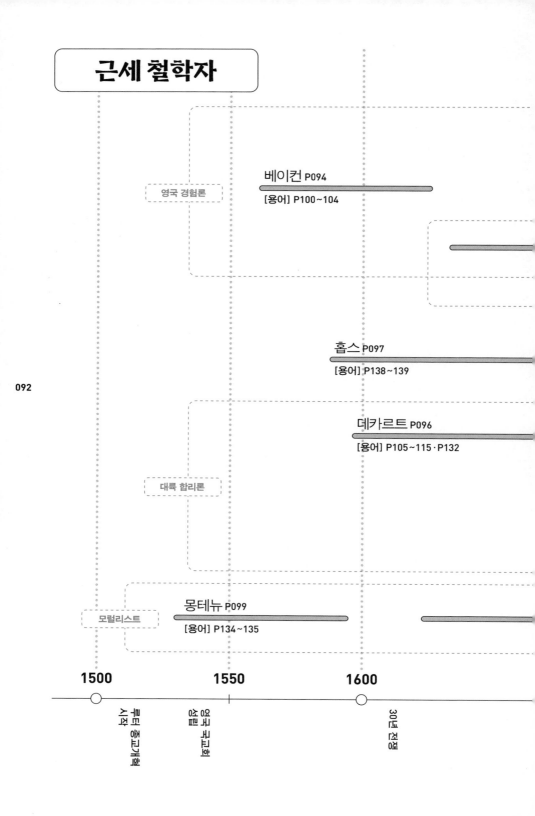

근세 철학자

영국 경험론

베이컨 P094
[용어] P100~104

홉스 P097
[용어] P138~139

데카르트 P096
[용어] P105~115·P132

대륙 합리론

몽테뉴 P099
[용어] P134~135

모럴리스트

1500   1550   1600

루터 종교개혁 시작

영국 국교회 성립

30년 전쟁

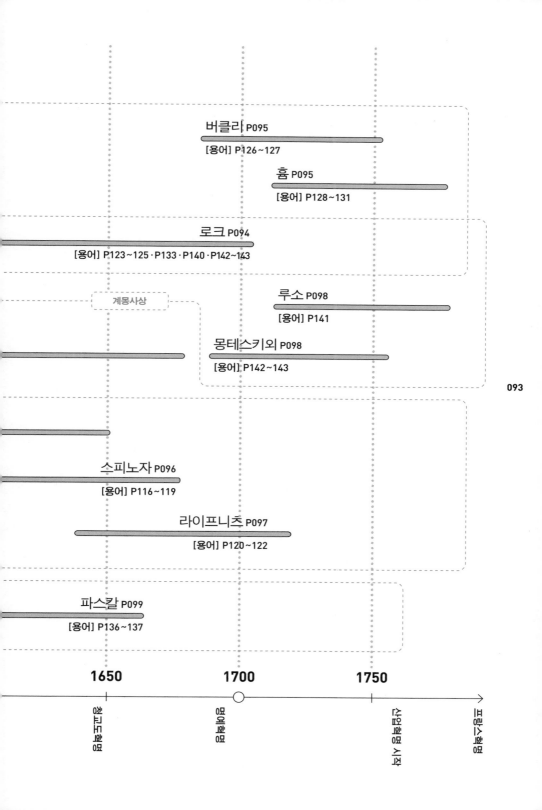

버클리 P095
[용어] P126~127

흄 P095
[용어] P128~131

로크 P094
[용어] P123~125 · P133 · P140 · P142~143

계몽사상

루소 P098
[용어] P141

몽테스키외 P098
[용어] P142~143

093

스피노자 P096
[용어] P116~119

라이프니츠 P097
[용어] P120~122

파스칼 P099
[용어] P136~137

1650   1700   1750

청교도혁명   명예혁명   산업혁명 시작   프랑스혁명

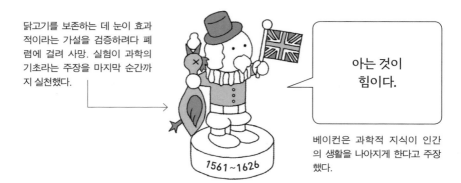

닭고기를 보존하는 데 눈이 효과적이라는 가설을 검증하려다 폐렴에 걸려 사망. 실험이 과학의 기초라는 주장을 마지막 순간까지 실천했다.

아는 것이 힘이다.

베이컨은 과학적 지식이 인간의 생활을 나아지게 한다고 주장했다.

1561~1626

프랜시스 베이컨
FRANCIS BACON

▶ P100~104

영국의 철학자이자 정치가. 영국의 고급 관리 가문에서 태어나 12살에 케임브리지대학에 입학했다. 그 후 법률을 공부해 변호사 자격을 땄다. 23살에 국회의원이 되었다. 45살 때 14살 소녀와 재혼했다. 후에 대법관이 되었으나 직권을 남용한 죄로 투옥되었다. 사변적인 스콜라철학을 비판하고 실험과 관찰을 중시한 베이컨은 영국 경험론의 시조로 여겨진다.

인간의 마음을 '백지'라고 보고 후천적 경험을 통해 지식을 획득한다는 경험론 철학을 확립했다.

시민은 혁명의 자유를 지녔다.

정부의 부정한 권력에 대항해 인민의 저항권(혁명권)을 제창했다.

1632~1704

존 로크
JOHN LOCKE

▶ P123~125 · P133 · P140

영국 경험론의 대표적인 철학자이자 정치가. 청교도 집안에서 태어나 옥스퍼드대학에서 철학과 의학을 공부했다. 네덜란드로 망명했으나 명예혁명을 계기로 귀국했다. 《인간오성론》에서 주장한 경험론과 《통치이론》에서 주장한 사회계약설은 명예혁명을 이론적으로 뒷받침하며 동시에 프랑스혁명과 미국 독립혁명에도 많은 영향을 미쳤다.

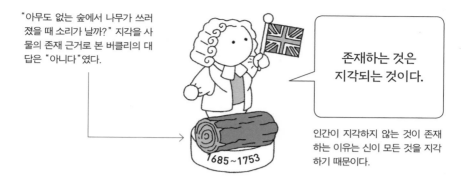

"아무도 없는 숲에서 나무가 쓰러졌을 때 소리가 날까?" 지각을 사물의 존재 근거로 본 버클리의 대답은 "아니다"였다.

존재하는 것은 지각되는 것이다.

인간이 지각하지 않는 것이 존재하는 이유는 신이 모든 것을 지각하기 때문이다.

조지 버클리

GEORGE BERKELEY

▶ P126~127

영국의 철학자이자 성직자. 아일랜드 출신. 어려서부터 신동 소리를 들었다. 더블린의 트리니티 칼리지에서 공부했고 젊은 나이에 교사가 되었다. 대표작인 《시각신설론》과 《인지원리론》은 20대에 쓴 작품이다. 성직자로서 버뮤다 제도에 대학을 건설하고자 미국으로 건너갔으나 자금이 부족해 좌절을 겪었다. 캘리포니아의 버클리라는 지명은 버클리의 이름에서 유래했다.

'열에 닿으니까 뜨겁다'라는 인과관계의 이해는 몇 번이고 경험을 거듭한 습관의 결과로 만들어진 신념에 불과하다.

인간이란 지각의 다발에 지나지 않는다.

흄은 인간의 마음도 경험을 통해 이해한 '지각의 집합'이라고 봤다.

데이비드 흄

DAVID HUME

▶ P128~131

영국의 철학자이자 역사가. 스코틀랜드 출신. 에든버러대학에서 법률을 공부했고 졸업 후 프랑스에서 체류했다. 이 시기에 집필에 전념해 《인성론》을 간행했다. 대학에서 일하길 원했으나 회의주의자라는 평가가 문제시되어 뜻을 이루지 못했다. 에든버러 도서관에서 사서로 일했던 시절에 쓴 《영국사》로 명성을 얻어 주불(프랑스) 대사 비서관, 외무차관으로 활약했다.

아리스토텔레스 이후 목적론적 자연관을 부정했다. 자연계의 사물은 모두 물질에 불과하므로 수학적 법칙에 따라 움직인다는 기계론적 자연관을 제창했다.

나는 생각한다, 그러므로 존재한다.

1596~1650

데카르트 '철학의 제1원리'다. 이것에서 근대 철학의 막이 열렸다.

르네 데카르트
RENÉ DESCARTES

▶ P105~115 · P132

프랑스의 철학자이자 자연과학자. '근대 철학의 아버지'라고 불린다. 라 프레슈의 학교에서 스콜라식 교육을 받고 군대에 지원했다. 1619년 11월 10일 독일의 겨울 야영지에서 '학문의 놀라운 기초를 발견'했다. 제대 후 유럽 각지를 여행했고 네덜란드에 정착했다. 말년에 스웨덴 여왕의 초대를 받았으나 다음 해에 병사했다. 파리 인류박물관에 그의 두개골이 전시되어 있다.

렌즈 닦이는 당시 최첨단 기술을 사용했다. 스피노자가 렌즈 닦이로 일한 것은 생계를 꾸리기 위해서만이 아니라 광학 연구를 위해서였다.

신은 즉 자연.

1632~1677

'신에 취한 철학자'로 평가 받는 스피노자는 신만을 실체로 보는 범신론을 주장했다.

바뤼흐 드 스피노자
BARUCH DE SPINOZA

▶ P116~119

네덜란드의 철학자. 포르투갈에서 네덜란드로 망명한 유대인 상인 가정에서 태어났다. 유대교단에 소속된 학교에서 교육을 받았으나 서구적 사상에 경도했다. 1656년 무신론적 경향 때문에 유대교단에서 파문당했고 교사와 렌즈 닦이로 생계를 꾸리며 집필을 계속했다. 44살 때 폐의 지병으로 사망했다. 고독한 자유사상가로서 철학에 몰두한 삶을 살았다.

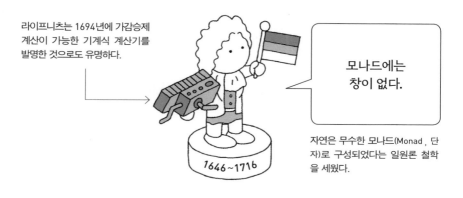

라이프니츠는 1694년에 가감승제 계산이 가능한 기계식 계산기를 발명한 것으로도 유명하다.

모나드에는 창이 없다.

자연은 무수한 모나드(Monad, 단자)로 구성되었다는 일원론 철학을 세웠다.

고트프리트 라이프니츠
GOTTFRIED WILHELM LEIBNIZ

▶P120~122

독일의 철학자이자 수학자. 소년 시절에 라틴어를 독학으로 익혀 철학서를 손에 잡히는 대로 읽었다. 라이프치히대학, 예나대학에서 철학, 법학, 수학을 공부했다. 수학자로서 미적분을 발견했고 정치가이자 외교관으로도 활약하는 등 다방면에서 재능을 발휘한 천재였다. 지적인 교류도 활발해서 생애 1천 명이 넘는 사람들과 편지를 주고받았다.

공적 권력이 없는 사회에서 '사람은 사람에 대해 늑대'가 된다고 주장했다. 사람은 육체의 타고난 강약 차이가 동물에 비해 적다. 만인이 전쟁 상태가 되는 원인이 바로 이것이라고 홉스는 생각했다.

만인의 만인에 대한 투쟁.

홉스는 인간의 자연 상태를 만인이 부나 권력을 추구해 싸우는 '전쟁 상태'로 봤다.

토마스 홉스
THOMAS HOBBES

▶P138~139

영국의 철학자이자 정치학자. 영국 국교회의 목사 가정에서 태어나 옥스퍼드대학에서 공부했고 졸업 후 가정교사로 일하며 연구를 계속했다. 프랑스, 이탈리아를 여행했고 베이컨과 데카르트, 갈릴레이와 교류했다. 영국의 동란으로 잠시 프랑스로 망명했다. 주요 저서인 《리바이어던》은 무신론적이라고 비판받으며 발행 금지 처분을 받았다.

삼권분립론은 미합중국 헌법과 프랑스 인권선언의 기본 원리로써 구체화되었다.

전제정체의 나라에는 '공포'가 필요하다.

영국 의회정치를 이상적으로 생각한 몽테스키외는 프랑스의 절대주의 왕정을 비판했다.

1689~1755

샤를 루이 드 몽테스키외
CHARLES - LOUIS DE MONTESQUIEU

▶ P142~143

프랑스의 계몽사상가이자 정치학자. 법관 귀족 출신. 법률을 공부해 보르도 고등법원의 요직에 취임했다. 재임 중 풍자소설 《페르시아인의 편지》를 집필해 프랑스의 정치·사회를 비판하며 주목받았다. 그 후 유럽 여러 나라에서 유학했고 영국에서 로크의 사상에 영향을 받아 《법의 정신》을 집필했다. 이 저서에서 주장한 삼권분립론은 근대적 민주헌법의 기초가 되었다.

루소의 민주정치론은 프랑스혁명에 많은 영향을 미쳤으나, 공포정치를 펼친 자코뱅파 로베스피에르(Maximilien François Marie Isidore de Robespierre)의 혁명사상의 주요 맥락이 되기도 했다.

자연으로 돌아가라.

자연 상태를 이상적으로 본 루소는 이성보다 감성을 우위에 두어 낭만주의의 선구를 이뤘다.

1712~1778

장 자크 루소
JEAN - JACQUES ROUSSEAU

▶ P141

프랑스혁명 전야의 급진적 계몽사상가. 스위스 제네바 출신. 도제 생활 후 방랑하며 독학으로 자신의 교양을 형성했다. 30살 때 파리로 나와 계몽주의 사상가 디드로(Denis Diderot) 등과 교제하며 《백과전서》의 음악 항목을 집필했다. 1750년에 디종 아카데미의 논문 현상 공모전에 《학문예술론》이 뽑히면서 일약 주목을 받았다. 말년에는 고뇌하며 《속죄》, 《대화》 등 자전적 작품을 썼다.

나는
무엇을 아는가.

종교전쟁의 소용돌이 속에서 집 필한 《에세(수상록)》는 관용, 중 용, 합리주의가 특색이다. 그의 인생철학은 후대 지식인들에게 많은 영향을 미쳤다.

몽테뉴의 신조. 회의주의를 무기 로 인생의 의미를 탐구했다.

미셸 드 몽테뉴
MICHEL DE MONTAIGNE

▶P134~135

프랑스의 모럴리스트. 신흥 귀족 출신. 법률을 공부해 보르도 고등법원에서 일했고 위그노전쟁 말 기에 보르도의 시장이 되었다. 38살에 법관을 사임, 남은 생애 대부분을 독서와 사색으로 보내며 《에세》를 집필했다. 회의주의 입장에서 독단과 편견을 멀리하고 중용과 관용을 주장했다. 예리하고 도 따뜻한 인간 관찰기록은 모럴리스트 문학의 최고봉으로 여겨진다.

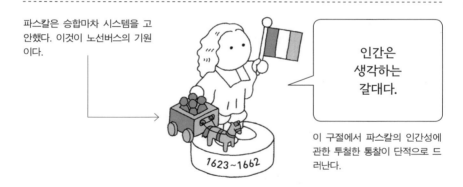

파스칼은 승합마차 시스템을 고 안했다. 이것이 노선버스의 기원 이다.

인간은
생각하는
갈대다.

이 구절에서 파스칼의 인간성에 관한 투철한 통찰이 단적으로 드 러난다.

블레즈 파스칼
BLAISE PASCAL

▶P136~137

프랑스의 과학자이자 사상가. 조숙한 천재로, 16살 때 원뿔곡선론을 발표해 데카르트를 깜짝 놀라 게 했다. 유체역학에 관한 '파스칼의 원리'를 발견했으며, 확률론과 적분론 등에서도 업적을 세웠다. 31살에 종교적 회심을 체험했고, 이후 수도원의 객원이 되어 신앙생활을 시작했다. 39살에 병사했 다. 유고 《팡세》는 실존주의의 선구로 여겨진다.

베이컨

아는 것이 힘이다

출처 ·· 《노붐오르가눔(신기관)》
관련 ··························· 영국 경험론(P101), 귀납법(P104), 이돌라(P102)
메모 ··························· 베이컨은 학문이 자연법칙을 발견하고
그 법칙에 따라 자연을 지배하는 힘을 가져야 한다고 주장했다

베이컨은 스콜라철학(P084)으로는 학문적 기초 지식을 확립할 수 없다고 생각했다. 그래서 **자연철학**과 **스콜라철학**의 역할을 명확히 나눴다.

중세

신을 믿으면
행복해집니다

학문에
도움이 될까?

베이컨은 중세 스콜라철학이 생활에 도움이 되지 않는다고 생각했다

근세

아는 것이
힘이다!

자연의 구조를
이해해야
행복해진다!

베이컨은 스콜라철학이 아니라 경험과 실험을 통해 얻은
지식과 학문이 사람을 행복하게 한다고 생각했다

베이컨은 교양이 아니라 '경험과 실험'을 통해 자연의 구조를 이해(자연을 정복)함으로써 생활의 향상을 이룰 수 있다고 생각했다. 그는 이것을 "**아는 것이 힘이다**"라고 표현했다. 이렇게 경험을 중시한 사상은 영국에 전해졌다. 태초에 진리가 있다고 여기고 그에 따라 세계를 설명하려는 중세 철학이나 신학과는 반대되는 방법이었다.

베이컨 등

▶094

영국 경험론

구체적 예 ··· 베이컨, 로크, 버클리, 흄
상대어 ······································· 대륙 합리론(P106)
메모 ··········· 프랑스에서도 로크의 영향을 받은 **콩디약**
(Etienne Bonnet de Condillac, 1715~1780)이 경험론적인 철학을 전개했다

영국에서는 지식과 관념을 모두 오감을 통해 얻은 경험에 따른 것으로 보고 타고난 지식이나 관념은 존재하지 않는다는 사상이 발전했다. 이것을 '**영국 경험론**'이라고 한다. 영국 경험론자는 귀납법(P104)을 이용해 올바른 지식을 익힐 수 있다고 생각했다.

응애

타고난 지식이나
이성이 없다

오감으로
경험(실험)하고
귀납법으로
분석하자!

내가 아는 것은
전부 경험에
근거했다

영국 경험론의 사상

올바른 지식을 익히다

101

이러한 사상은 사람이 태어날 때부터 지식과 관념을 가졌다는 대륙 합리론과 대립했다.

대륙 합리론
사람에게는
타고난 지식이나
관념이 있다는 사상

생득
관념

데카르트

BATTLE

지식은
연역법(P105)으로
익히자!

스피노자

라이프니츠

타불라
라사

로크

영국 경험론
지식은 모두
경험에 따른
것이라는 사상

지식은
귀납법으로
익히자!

버클리

흄

베이컨

이돌라 Idola

의미 ··· 라틴어로 '우상'이라는 뜻
문헌 ··· 베이컨《노붐오르가눔(신기관)》
관련 ················· 아는 것이 힘이다(P100), 영국 경험론(P101), 귀납법(P104)
메모 ··· 영어 'idle'의 어원

베이컨은 경험을 통해 지식을 얻을 수 있다고 주장했다. 하지만 억측이나 편견이 올바른 지식 습득을 방해한다. 베이컨은 억측이나 편견을 **이돌라**라고 부르며 ❶종족의 이돌라, ❷동굴의 이돌라, ❸시장의 이돌라, ❹극장의 이돌라의 네 가지로 구분해 고찰했다.

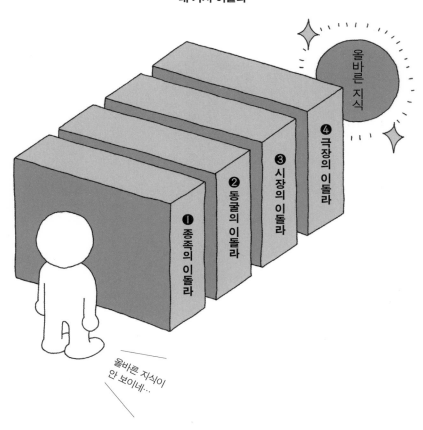

올바른 지식을 방해하는
네 가지 이돌라

올바른 지식

❶종족의 이돌라
❷동굴의 이돌라
❸시장의 이돌라
❹극장의 이돌라

올바른 지식이
안 보이네…

❶ 종족의 이돌라

인간이라는 종족이
공통으로 갖는 감각에 따른 편견

하늘이 움직이는 것 같은 감각   착시   의인관*

---

❷ 동굴의 이돌라

자란 환경에 의한 사고방식의 편견

예전에 고양이가
할퀸 적이 있어서
무서워!

가정환경이나 상황   개인적 체험   독서의 영향

---

❸ 시장의 이돌라

잘못 듣거나 소문 등을
잘못 전달해 생기는 편견

인터넷 정보   소문   대화

---

❹ 극장의 이돌라

유명인이나 훌륭한 사람의 말을
믿어버림으로써 생기는 편견

인기 방송   훌륭한 사람

---

*   신이나 자연에 대해 인간의 정신적 특색을 부여하는 경향.

▶094

귀납법

의미	개별 사실이나 경험에서 일반적인 법칙을 끌어내는 방법
문헌	베이컨《노붐오르가눔(신기관)》
상대어	연역법(P105)
관련	영국 경험론(P101)

베이컨 등

베이컨 등 영국 경험론 철학자들은 올바른 지식을 얻는 데에는 '**귀납법**'이 효과적이라고 생각했다. 귀납법이란 경험(실험)을 통해 최대한 많은 표본을 모아 일반론을 끌어내는 방법이다. 귀납법으로 얻은 지식은 경험과 실험이 뒷받침되어 독단적이지 않다. 하지만 표본이 잘못되거나 부족할 경우 잘못된 결론을 도출할 수 있다.

귀납법

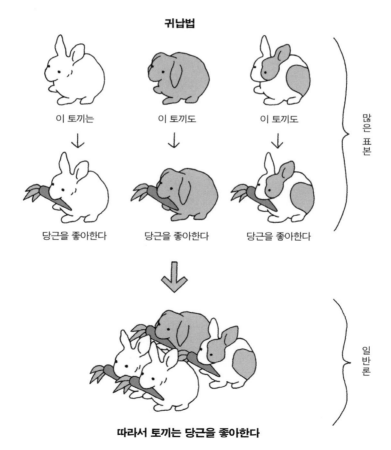

이 토끼는   이 토끼도   이 토끼도

당근을 좋아한다   당근을 좋아한다   당근을 좋아한다

많은 표본

일반론

따라서 토끼는 당근을 좋아한다

데카르트 등

연역법

의미 ···················· 일반적인 법칙이나 원리를 개별 사실에 적용하는 것
문헌 ·· 데카르트 《방법서설》
상대어 ·· 귀납법(P104)
관련 ·· 대륙 합리론(P106)

데카르트 등 대륙 합리론 철학자들은 '**연역법**'으로 올바른 지식을 끌어내려고 했다. 연역법이란 이성적 추리를 통해 일반적인 원리에서 개체의 진리를 알아내는 방법이다. 연역법에서는 전제가 진리라면 결론도 진리가 된다. 하지만 처음 전제가 잘못된 경우 결론역시 진리에 도달할 수 없다.

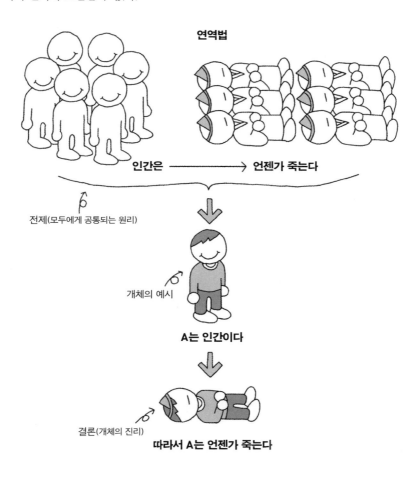

연역법

인간은 ──────→ 언젠가 죽는다

전제(모두에게 공통되는 원리)

개체의 예시

A는 인간이다

결론(개체의 진리)

따라서 A는 언젠가 죽는다

대륙 합리론

구체적 예 ································	데카르트, 스피노자, 라이프니츠
상대어 ·································	영국 경험론(P101)
관련 ····························	연역법(P105), 생득관념(P112), 이데아(P046)
메모 ··························	대륙 합리론과 영국 경험론을 칸트가 통합

데카르트, 스피노자, 라이프니츠 등 대륙 철학자들은 영국에서 발전한 영국 경험론과 다른 사상을 가졌다.

경험은
믿을 수
없다

생득
관념

BATTLE

지식은
경험으로
익히는 것이다

데카르트

베이컨

사람은 잘못 볼 수 있고 실험 결과 또한 잘못될 수 있다. 때문에 오감을 통한 경험(체험)은 믿을 수 없다.

경험에 대한 불신

실험 결과가
잘못될 수 있다

개는 무서운
동물이야!

과거 경험 때문에
오해할 수 있다

사물을
잘못 볼 수 있다

사람은 태어날 때부터 신이나 선악의 관념을 갖는다고 생각한 데카르트는 '**생득관념**'이 존재한다고 봤다. 이것은 인간이 태어나면서부터 '**이데아**'를 알고 있다는 플라톤의 사상과 연결된다. 데카르트는 이 생득관념에 의지해 연역법으로 올바른 지식을 익혀야 한다고 생각했다.

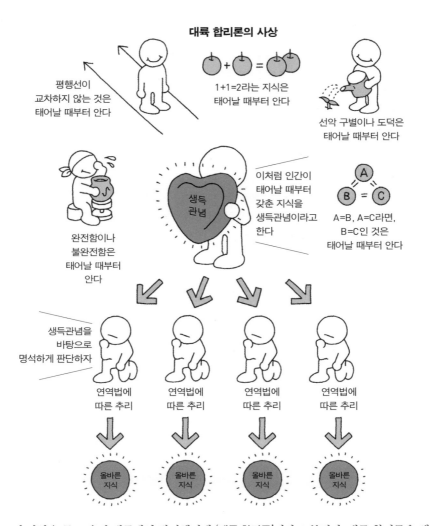

대륙 합리론의 사상

평행선이
교차하지 않는 것은
태어날 때부터 안다

1+1=2라는 지식은
태어날 때부터 안다

선악 구별이나 도덕은
태어날 때부터 안다

완전함이나
불완전함은
태어날 때부터
안다

생득
관념

이처럼 인간이
태어날 때부터
갖춘 지식을
생득관념이라고
한다

A=B, A=C라면,
B=C인 것은
태어날 때부터 안다

생득관념을
바탕으로
명석하게 판단하자

연역법에
따른 추리

연역법에
따른 추리

연역법에
따른 추리

연역법에
따른 추리

올바른
지식

올바른
지식

올바른
지식

올바른
지식

이 사상은 주로 유럽 대륙에서 발전했기에 '**대륙 합리론**'이라고 불린다. 대륙 합리론은 생득관념이 없다고 본 영국 경험론과 대립했다.

생득관념은
존재한다

대륙 합리론

영국 경험론

생득관념은
존재하지 않는다

라이프니츠   스피노자   데카르트   로크   버클리   흄

나는 생각한다, 그러므로 존재한다
Cogito ergo sum
코지토 에르고 숨

출처 ··	데카르트《방법서설》
관련 ··	신의 존재 증명(P110)
메모 ··	근대 철학의 막은 이 말로써 열렸다

예를 들어 굉장한 진리가 해명되었다고 해 보자. 그런데 "그러한 소리를 해도 어차피 이 세상은 전부 다 꿈일지도 몰라" 하고 받아치는 말에는 대꾸할 방법이 없다. 그렇게 되지 않기 위해 **데카르트**는 **이것만은 절대로 확실**하다고 할 수 있는 **원리**를 찾으려고 했다.

이 세계는 전부 꿈일지도 모른다.
그러므로 그렇지 않다는 것을 증명하지 않는 한,
앞으로 어떤 진리를 밝혀도 의미가 없을 것이다!

그래서 데카르트는 '이 세상은 꿈일지도 모른다'고 의도적으로 의심해 보기로 했다(방법적 회의). 그렇게 의심하자 눈앞에 보이는 풍경도, 책에 적힌 말도, 수학도, 자신의 육체 존재까지도 의심스러웠다. 하지만 단 한 가지 의심할 수 없는 것이 남았다. '꿈일지도 모른다'고 의심하는 자신의 **의식**이다. '꿈일지도 모른다고 의심하는 자신'을 의심해도 마지막까지 자신의 의식이 남는다.

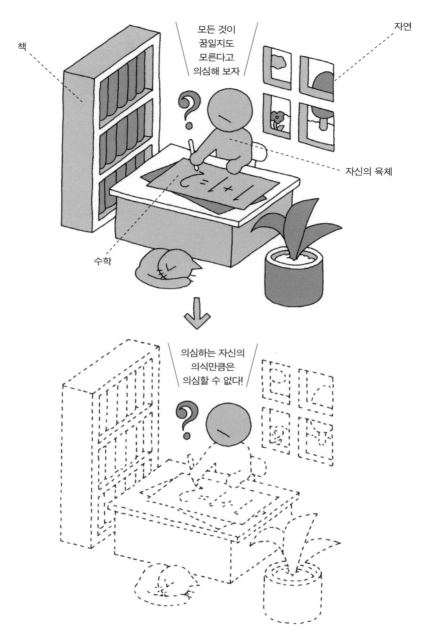

이렇게 데카르트는 자신의 의식이 존재한다는 것을 의심할 수 없다는 사실을 발견했다. 그는 이것을 '**나는 생각한다, 그러므로 존재한다**'고 표현했다. '나'라는 존재의 확정은 수학의 1+1＝2와 같은 정리에 해당하는 것으로, **데카르트 철학**의 **제1원리**다.

▶096

데카르트

신의 존재 증명

문헌 ································· 데카르트 《방법서설》, 《성찰록》
관련 ··· 대륙 합리론(P106), 나는 생각한다, 그러므로 존재한다(P108), 생득관념(P112)
메모 ··············· 중세 신학에서도 신의 존재 증명이 이루어졌으나
인식의 올바름을 보증하려는 목적은 아니었다

데카르트는 방법적 회의로 자신(의식)이 존재한다는 것을 증명했다. 그렇다면 자신을 둘러
싼 세계는 어떻게 증명했을까? 그는 먼저 '**신의 존재 증명**'을 할 필요가 있다고 생각했다.

신의 존재 증명

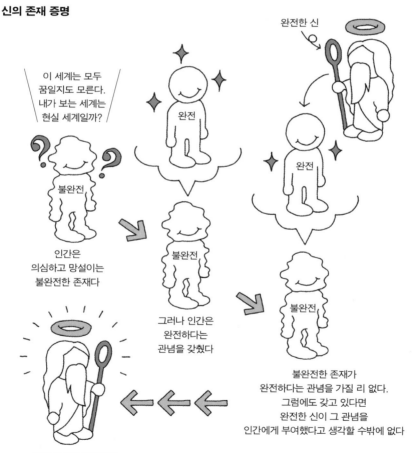

완전한 신

이 세계는 모두
꿈일지도 모른다.
내가 보는 세계는
현실 세계일까?

완전

완전

불완전

불완전

인간은
의심하고 망설이는
불완전한 존재다

불완전

그러나 인간은
완전하다는
관념을 갖췄다

불완전한 존재가
완전하다는 관념을 가질 리 없다.
그럼에도 갖고 있다면
완전한 신이 그 관념을
인간에게 부여했다고 생각할 수밖에 없다

따라서 신은 존재한다

인간은 불완전한 존재다. 불완전한 존재는 불완전함으로 완전함이 무엇인지 몰라야 한다. 그런데 인간은 완전이라는 관념을 갖췄다. 그 완전이라는 관념은 완전한 신에게 부여받은 것으로 생각할 수밖에 없다고 데카르트는 주장했다.

생득관념을
부여할 테니
이것을 사용해
올바로 판단하라!

신이 존재한다면 신에게 부여받은 인간의 인식능력은 올바른 것이다. 왜냐하면 신이 인간을 속일 리 없기 때문이다(신의 성실). 데카르트는 신에게 부여받은 이성을 올바로 사용할 수 있다면 진리를 인식할 수 있다고 결론을 내렸다.

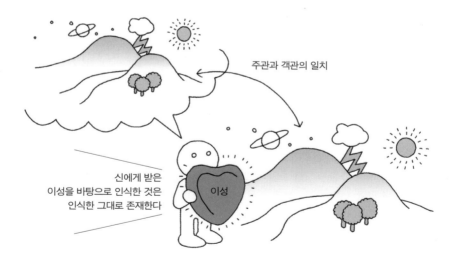

주관과 객관의 일치

신에게 받은
이성을 바탕으로 인식한 것은
인식한 그대로 존재한다

이성

이 세상이 꿈이 아니라
실재한다는 것(주관과 객관의 일치)을 증명하기란 불가능하다고 여겨진다.
이것을 증명하려고 시도한 철학자가 다수 있었으나 좋은 결과를 내지 못했다

데카르트

생득관념

▶096

의미	태어날 때부터 갖춘 관념
문헌	데카르트《방법서설》,《성찰록》
관련	대륙 합리론(P106), 신의 존재 증명(P110), 영국 경험론(P101)
상대어	습득관념

인간은 태어날 때부터 기본적인 관념을 갖춘다고 데카르트는 생각했다. 예를 들어 선악의 구별, 완전이라는 개념, 평행선이 교차하지 않는다는 것 등은 경험을 통해 배운 것이 아니라는 주장이다. 이 인간 특유의 선천적 관념을 '생득관념'이라고 한다.

생득관념 예시

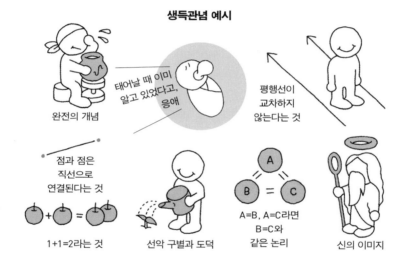

완전의 개념

태어날 때 이미 알고 있었다고, 응애

평행선이 교차하지 않는다는 것

점과 점은 직선으로 연결된다는 것

1+1=2라는 것

선악 구별과 도덕

A=B, A=C라면 B=C와 같은 논리

신의 이미지

생득관념을 인정하면 인간은 누구나 똑같은 인식능력을 갖춘 것이 된다. 하지만 인식능력은 사람에 따라 다른 것처럼 보인다. 그래서 생득관념이 있다고 생각한 '대륙 합리론'은 생득관념이 없다고 생각한 '영국 경험론'과 대립했다.

생득관념은 존재한다!

대륙 합리론

라이프니츠 스피노자 데카르트

BATTLE

영국 경험론

생득관념은 존재하지 않는다!

로크 버클리 흄

데카르트

▶096

주관 | 객관

관련 ··· 이원론(P114), 연장(P115)

메모 ······································· 영어로는 각각 'subject'와 'object'.
주체와 주관, 객체와 객관을 구분해서 사용하지 않는다

데카르트는 의식의 존재를 발견했다(P109). 이후 데카르트는 세계를 **인식하는 것**(주체)과 **인식을 당하는 것**(객체)으로 나눠 생각했다. 그리고 전자의 의식을 '**주관**', 후자를 '**객관**'이라고 불렀다. 데카르트로부터 자의식이 주체인 근대 철학이 시작되었다.

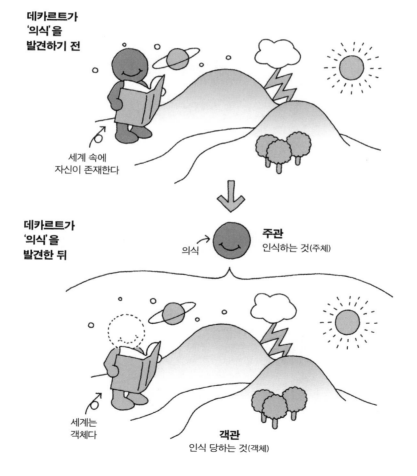

데카르트가 '의식'을 발견하기 전

세계 속에 자신이 존재한다

데카르트가 '의식'을 발견한 뒤

의식

주관
인식하는 것(주체)

세계는 객체다

객관
인식 당하는 것(객체)

이원론

문헌	데카르트《정념론》
관련	주관 | 객관(P113), 연장(P115)
메모	데카르트는 뇌의 솔방울샘*을 신체와 정신이 상호작용하는 장소라고 생각했다

데카르트는 정신과 물체를 별개로 봤다. 그리고 신체는 물체와 마찬가지로 기계적인 것으로 파악했다. 이것을 '**심신이원론**(mind-body dualism)'이라고 한다.

심신이원론

114

그는 이 해석을 발전시켜 세계를 이분하는 **이원론**을 만들었다.

이원론

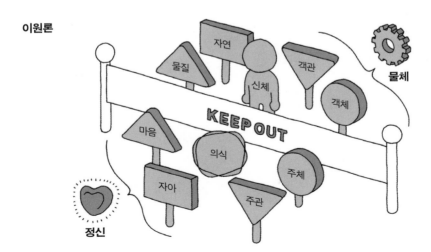

* 머리 가운데에 있는 내분비기관으로 멜라토닌을 생성하고 분비한다. 솔방울 모양으로 생겨서 '솔방울샘'이라고 부른다.

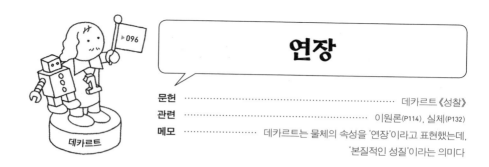

연장

문헌 ·· 데카르트《성찰》
관련 ·· 이원론(P114), 실체(P132)
메모 ···················· 데카르트는 물체의 속성을 '연장'이라고 표현했는데,
'본질적인 성질'이라는 의미다

연장이란 물질이 공간적으로 펼쳐진다는 뜻이다. 다시 말해 공간을 전위한다. 펼쳐지는 물질은 높이·폭·깊이를 물리적으로 잴 수 있다.

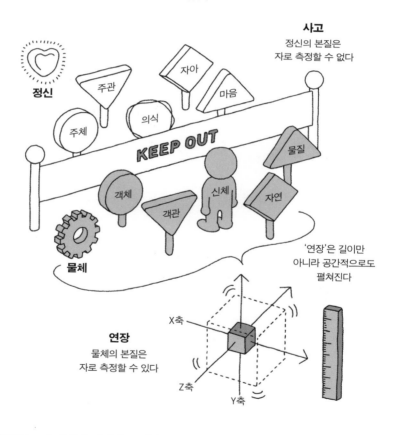

사고
정신의 본질은
자로 측정할 수 없다

정신

자아

주관

마음

의식

주체

물질

KEEP OUT

신체

객체

자연

객관

물질

물체

'연장'은 길이만
아니라 공간적으로도
펼쳐진다

연장
물체의 본질은
자로 측정할 수 있다

X축

Z축

Y축

데카르트는 이 세계가 정신과 물체라는 두 가지 '**실체**'로 이뤄진다고 생각했다. 그리고 정신의 본질은 **사고**, 물체의 본질은 **연장**이라고 규정했다. 즉 데카르트에게 감정이나 감각, 감각이 파악한 색이나 냄새 등은 정신이나 물체의 본질적 성질이 아니었다.

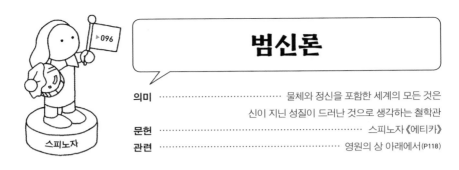

범신론

의미 ·························· 물체와 정신을 포함한 세계의 모든 것은
신이 지닌 성질이 드러난 것으로 생각하는 철학관

문헌 ······································· 스피노자 《에티카》

관련 ······························· 영원의 상 아래에서(P118)

의식을 발견한 데카르트는 의식과 신체(물체)를 별개라고 생각했다(P114). 하지만 스피노자는 이것에 의문을 품었다.

의식과 신체는
연결되어 있다고

스피노자

데카르트는
의식과 신체가 각각 별개로
존재한다고 생각했다

신체
(물체)

KEEP OUT

의식

의식과 신체가 별개라면 의식이 슬프다고 느낄 때 신체에서 눈물이 나는 것을 설명할 수 없기 때문이다.

의식과 신체의 연동

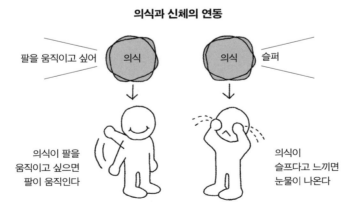

팔을 움직이고 싶어

의식

의식

슬퍼

의식이 팔을
움직이고 싶으면
팔이 움직인다

의식이
슬프다고 느끼면
눈물이 나온다

이 문제를 해결하기 위해서 스피노자는 우리 의식과 신체, 자연까지도 전부 포괄하는 **하나의 신**을 생각했다.

스피노자는 "우리는 자연의 일부다. 그리고 자연은 신이 창조한 것이 아니라 신 자체다"
라고 했다(신즉자연, 神卽自然). 즉 자연에 포함된 우리의 정신과 신체도 신의 일부인 것이
다. 이렇게 생각하면 정신과 신체가 연결되기에 슬플 때 눈물이 나는 것에 모순이 없다.

신즉자연

자연=신
우리 정신, 신체=신의 일부

따라서
의식과 신체는
연결되어 있다

신과 세계가 동일하다고 보는 이러한 사상을 '**범신론**'이라고 한다.

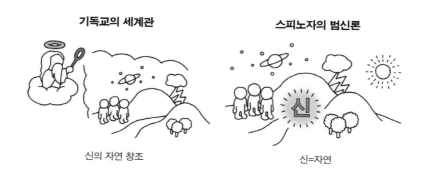

기독교의 세계관

스피노자의 범신론

신의 자연 창조

신=자연

의식과 신체가 별개라고 한 데카르트의 **이원론**과 반대로, 스피노자는 모든 것은 하나의
신이라는 **일원론**을 주장했다. 이 사상은 신을 인격적 존재로 본 기독교와 어긋나 기독교
의 공격을 받았다.

117

▶096

영원의 상 아래에서

의미 ···	신의 시점으로 세상을 본다는 뜻
문헌 ···	스피노자《에티카》
메모 ·················	신을 인식하는 것에서 기쁨을 느끼면 신을 사랑하게 된다.
	이것을 '신에 대한 지적인 사랑'이라고 한다

스피노자

스피노자는 인간에게 자유로운 의지가 없다고 생각했다. 인간은 신의 일부(범신론)이므로 신의 생각에 따라 움직인다. 우리의 행동은 스스로의 의지에 따른 것이 아니지만 그 사실을 깨닫지 못한다고 주장했다.

영원의 상 아래에서

118

행동이 자신의 의지에 따른 것이라는 생각은 누군가가 던진 돌멩이가 스스로의 힘으로 날고 있다고 믿는 것과 같다고 스피노자는 생각했다.

사실은
던져진 것인데
스스로 날고 있다고
생각한다

※의식이 행동보다 나중에 나타난다
는 것은 최신 뇌과학에서도 정설이
되었다. 자신의 행동이 마치 의지에
따른 것처럼 뇌가 생각하게 한다

몸에 일어나는 일은 자연현상의 일부로 영원 속 한 장면에 불과하다. 하지만 그 한 장면은 나 자신이 없으면 이뤄지지 않는다. **스피노자**는 이것을 '**영원의 상**(相) **아래에서**'라고 표현했다.

스피노자가
생각한 신은
나를 위해 내 자리를
비워 뒀다

그렇다면 신은 무엇을 하라고 자연의 일부에 내 자리를 내준 것일까? 스피노자는 그 무엇을 생각하는 것이 '인간의 행복'이라고 주장했다.

신은 내게
무엇을 시키려는 걸까?
내 역할은 뭐지?

분명 그거야!
좋아,
지금부터 해 보자!

신은 인간에게 어떤 역할을 부여했고 인간은 그 역할을 자각할 수 있다

모나드 Monad

▶097

라이프니츠

어원 ······················· '1' 또는 '단위'를 뜻하는 그리스어 '모나스(monas)'
출처 ·································· 라이프니츠《모나드론》
관련 ························· 예정조화(P121), 일원론(P117), 원자론(P031)

세계를 정신적 존재로 생각하면 그것을 나눌 수 있다. **라이프니츠**는 이러한 정신적 존재의 원자에 상당하는 개념을 '**모나드**'라고 불렀다. 그리고 세계는 이 모나드가 조화하면서 이뤄졌다고 생각했다. 신은 세계가 최선이 되게 모나드를 미리 프로그래밍해 뒀다. 이러한 사상을 **일원론**과 대비한 '**다원론**'이라고 한다.

120

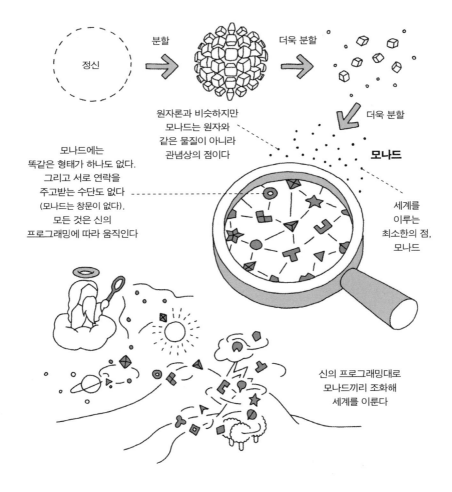

정신 → 분할 → 더욱 분할

더욱 분할

원자론과 비슷하지만 모나드는 원자와 같은 물질이 아니라 관념상의 점이다

모나드

모나드에는 똑같은 형태가 하나도 없다. 그리고 서로 연락을 주고받는 수단도 없다 (모나드는 창문이 없다). 모든 것은 신의 프로그래밍에 따라 움직인다

세계를 이루는 최소한의 점, 모나드

신의 프로그래밍대로 모나드끼리 조화해 세계를 이룬다

라이프니츠

▶097

예정조화

메모 ·················· 라이프니츠는 '시계의 비유'로 예정조화를 설명했다.
시계 2개의 시각을 맞추는 방법에는 서로 연동시키기,
매 순간 맞추기, 미리 정밀하게 만들기, 이렇게 세 가지 방법이 있다.
라이프니츠는 이 중에서 세 번째 방법을 주장했다

라이프니츠는 세계가 최선이 되도록 신이 모나드를 미리 프로그래밍해 뒀다고 생각했다. 그래서 예정대로 조화를 이루며 최선의 세계를 창조하는 것을 신의 '**예정조화**'라고 불렀다. 라이프니츠에게 이 세계는 우연으로 이뤄진 것이 아니었다.

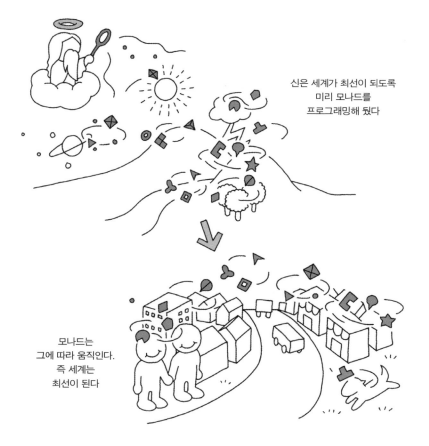

신은 세계가 최선이 되도록
미리 모나드를
프로그래밍해 뒀다

모나드는
그에 따라 움직인다.
즉 세계는
최선이 된다

이처럼 라이프니츠는 세계를 낙관적으로 바라봤다.

라이프니츠

충족이유율

▶097

의미	어떤 일이든 반드시 이유가 있다는 원리
문헌	라이프니츠《모나드론》
관련	예정조화(P121)

지금 세계는 그림 ❶처럼 보인다.

그림 ❶ ↱

122

왜 그림 ❷처럼 되지 않았을까?

그림 ❷ ↱

그것은 그림 ❶의 상태가 최선이기 때문이라고 라이프니츠는 생각했다. 라이프니츠에게
세계는 단순히 '있는' 것이 아니라 신이 최선의 상태로 만들었기에 그렇게 '된' 것이다.
모든 사물은 단순히 '있는' 것이 아니라 어떠한 이유로 그렇게 '되었다'고 생각하는 것을
충족이유율이라고 한다.

타불라 라사 Tabula rasa

▶094

의미 ·············· 라틴어로 '아무것도 적혀 있지 않은 석판'이라는 뜻
문헌 ·· 로크《인간오성론》
상대어 ····························· 생득관념(P112)
관련 ········ 영국 경험론(P101), 대륙 경험론(P107), 단순관념 | 복합관념(P124)

로크는 영국 경험론의 입장에서 대륙 합리론의 생득관념에 의문을 품었다. 그는 사람이 태어나면서 관념을 가졌다는 데 동의할 수 없었다.

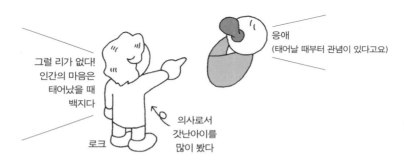

123

로크는 갓 태어난 사람의 마음은 아무것도 없는 백지(타불라 라사)와 같다고 생각했다. 살면서 경험한 것이 그 백지에 적혀 지식이나 관념이 된다는 것이다.

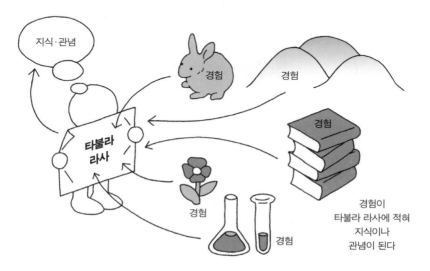

단순관념 | 복합관념

로크

문헌 ……………………………………………… 로크 《인간오성론》
메모 ……………………………………………… 로크는 경험을 '감각'과 '내성'으로 나누고
오감에 따라 단순관념을 획득하고
그것을 '내성'함으로써 '복합관념'을 만든다고 했다

생득관념(P112)을 부정한 **로크**는 경험을 통해서 지식을 얻는다고 생각했다. 그의 이론에 따르면 '빨갛다', '딱딱하다', '시다' 등 지금까지 한 경험을 조합함으로써 우리는 대상을 사과라고 인식한다. '빨갛다', '딱딱하다', '시다'처럼 오감에서 얻은 인상을 **'단순관념'**, 이를 조합해서 얻은 '사과'라는 지식을 **'복합관념'**이라고 한다.

124

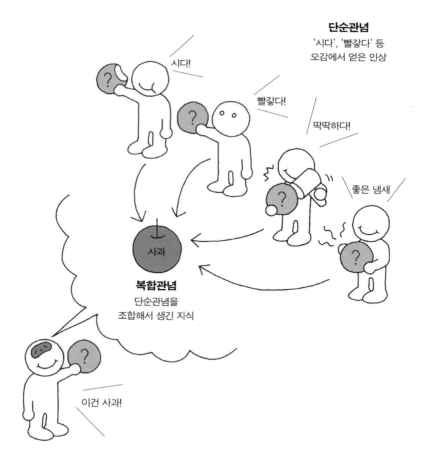

로크

▶094

일차성질 | 이차성질

의미 ·· 일차성질=물체의 객관적(양적)인 성질,
이차성질=색이나 냄새 등 물체의 주관적인 성질

문헌 ·· 로크《인간오성론》

메모 ···················· 일차성질은 데카르트의 '연장'과 비슷한 개념이다

로크는 사물의 성질을 두 가지로 나눠 생각했다. 사과의 냄새나 맛 등은 인간의 감각기관이 그렇게 포착한 것이지 사과 그 자체가 갖춘 성질은 아니다. 이것을 '**이차성질**'이라고 한다. 이와 반대로 형태나 크기 등 인간의 오감과 관계없이 사과 그 자체가 가지는 성질은 '**일차성질**'이다.

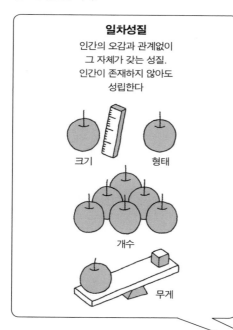

일차성질
인간의 오감과 관계없이
그 자체가 갖는 성질.
인간이 존재하지 않아도
성립한다

크기　형태

개수

무게

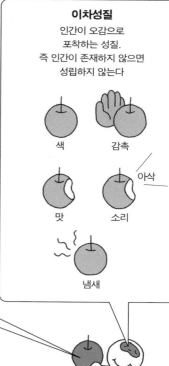

이차성질
인간이 오감으로
포착하는 성질.
즉 인간이 존재하지 않으면
성립하지 않는다

색　감촉

맛　소리

아삭

냄새

버클리(P095)는 일차성질도
인간의 감각기관이 포착한 것으로 생각했다.
사과의 존재는 배경과의 색깔(이차성질) 차이나
감촉(이차성질) 등으로써 인식할 수 있다.
즉 버클리는 인간이 존재하지 않으면
사과도 존재하지 않는다고 생각했다.
버클리에 따르면 세계는
전부 인간의 머릿속에 있는 것이다

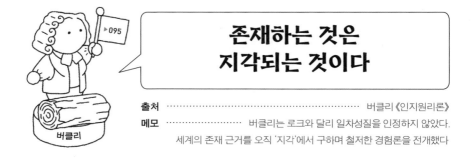

존재하는 것은
지각되는 것이다

출처 ·· 버클리 《인지원리론》
메모 ····················· 버클리는 로크와 달리 일차성질을 인정하지 않았다.
세계의 존재 근거를 오직 '지각'에서 구하며 철저한 경험론을 전개했다

우리는 보통 사과가 존재하기에 그것을 만지거나 볼 수 있다(지각할 수 있다)고 생각한다.
하지만 사실은 누군가가 지각하기 전에 사과의 존재를 인식할 수 없다. 사과의 존재 이
전에 반드시 우리의 지각이 있다. 버클리는 사물이 존재하기에 보이는 것이 아니라 보이
기에 존재한다고 주장했다.

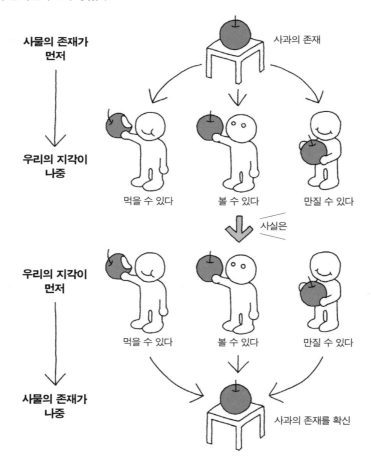

만약 버클리가 옳다면, 지각하는 우리가 존재하지 않으면 사물도 존재하지 않는다. 버클리는 이 사상을 "존재하는 것은 지각되는 것이다"라고 표현했다. 그에게 세계는 물질로써 존재하지 않고 우리의 의식 안에 있다.

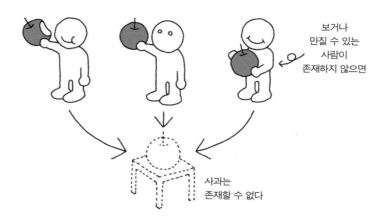

보거나
만질 수 있는
사람이
존재하지 않으면

사과는
존재할 수 없다

버클리는 누군가가 지각한다면 사과는 그 사람의 의식에 존재한다고 말했다. 그렇다면 아무도 보지 않을 때 사과는 존재하지 않나? 성직자인 버클리는 인간이 보지 않아도 신이 보고 있으므로 존재한다고 생각했다.

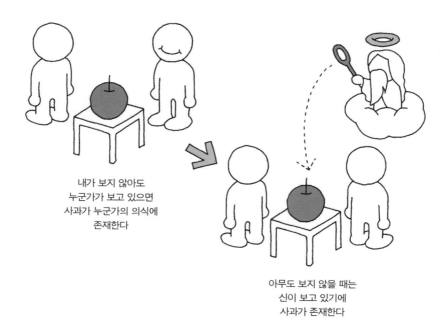

내가 보지 않아도
누군가가 보고 있으면
사과가 누군가의 의식에
존재한다

아무도 보지 않을 때는
신이 보고 있기에
사과가 존재한다

흄

▶095

지각의 다발

문헌 ·· 흄《인성론》
관련 ································ 인과관계(P130), 실체(P132)
메모 ································ 흄은 신의 실재를 부정하고
	마음이란 '인상'과 '관념'이라고 생각했다

로크는 사과의 색이나 맛, 냄새 등은 실재하지 않는다고 생각했다(이차성질). 버클리는 사과의 존재 그 자체를 부정했다(존재하는 것은 지각되는 것이다). 하지만 둘 다 사과를 보고 있는 '나'라는 존재는 의심하지 않았다. 그런데 **흄**은 **나까지 의심**했다.

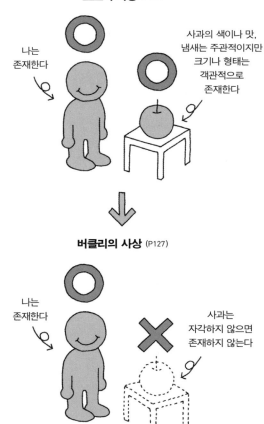

로크의 사상 (P125)

나는 존재한다

사과의 색이나 맛, 냄새는 주관적이지만 크기나 형태는 객관적으로 존재한다

버클리의 사상 (P127)

나는 존재한다

사과는 자각하지 않으면 존재하지 않는다

흄의 사상

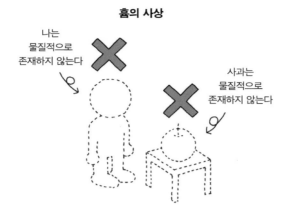

나는
물질적으로
존재하지 않는다

사과는
물질적으로
존재하지 않는다

그렇다면 흄이 생각하는 나는 어떤 것이었을까? 인간에게는 오감을 통한 '춥다', '기분 좋다', '시끄럽다' 등의 **감각**(지각)이 있다. 흄은 나는 매순간 이러한 감각(지각)이 모인 것에 불과하다고 주장했다. 그는 **"인간이란 지각의 다발이다"**라고 표현했다.

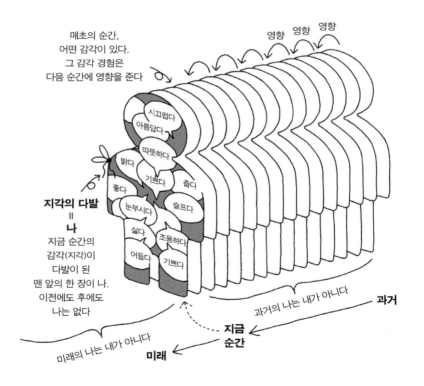

매초의 순간,
어떤 감각이 있다.
그 감각 경험은
다음 순간에 영향을 준다

영향 영향 영향

시끄럽다
아름답다
따뜻하다
밝다
기쁘다
춥다
좋다
슬프다
눈부시다
싫다
조용하다
어둡다
기쁘다

지각의 다발
=
나
지금 순간의
감각(지각)이
다발이 된
맨 앞의 한 장이 나.
이전에도 후에도
나는 없다

과거의 나는 내가 아니다 **과거**

**지금
순간**

미래의 나는 내가 아니다 **미래**

흄에게는 감각(지각)만이 존재한다. 나라는 **실체**는 없다.

흄

▶095

인과관계

문헌 ·· 흄《인성론》

관련 ·· 지각의 다발(P128)

메모 ···························· 칸트는 흄의 철학 덕분에 우리가 '독단의 잠'에서

눈을 떴다고 평가했다

자연계에는 **인과관계**(인과율)가 있다고 여겨진다. 예를 들어 철을 만지면 손에 철 냄새가 배기 때문에 우리는 '철에서 냄새가 난다'라는 인과관계를 알 수 있다. 하지만 실제로 철에서는 냄새가 나지 않는다.

첫 번째

철을 만지면… 손에 냄새가 묻는다

× 번째

몇 번을 만져도… 손에 냄새가 묻는다

철

원인

냄새

결과

철에서 냄새가 난다는 인과관계를 알 수 있다

그러나

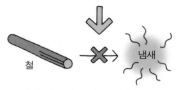

사실 철에서는 냄새가 나지 않는다!

철과 냄새의 인과관계는 습관에 따른 착각이다!

'불은 열을 낸다'라는 인과관계도 이와 같을지 모른다. 인과관계는 경험(습관)으로 인한 착각으로 자연계에는 존재하지 않는다고 흄은 생각했다. 그는 객관적인 인과관계를 부정함으로써 자연철학 그 자체에 회의적인 시선을 보냈다(회의론). 예를 들어 99번 불을 만져서 뜨거웠더라도 100번째 만졌을 때는 뜨겁지 않을지도 모른다는 것이다.

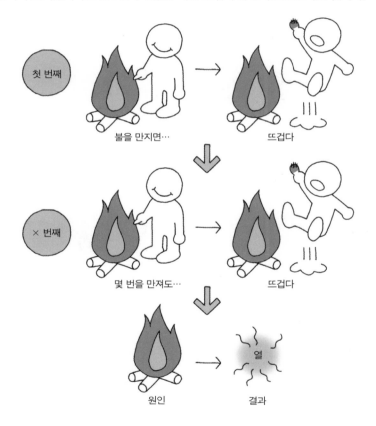

불은 열을 낸다는 인과관계를 알 수 있다

그러나 철과 냄새의 인과관계처럼
습관과 관계된 단순한 착각은 아닐까?

▶096

실체

의미 ·························· 다른 영향을 받지 않고 그 자체로 존재하는 것
메모 ·························· 현대 철학은 '실체'라는 사상에 비판적이다.
사물은 각자 관계를 맺으며 의미나 가치를 갖는다는
'관계주의'가 논의의 주류가 되었다

데카르트 등

실체란 무엇에도 의존하지 않고 그것만으로 존재하는 것을 말한다. 사물의 진정한 모습, '정체'라고도 한다. '실체란 구체적으로 무엇인가?'를 많은 철학자가 문제 삼았다.

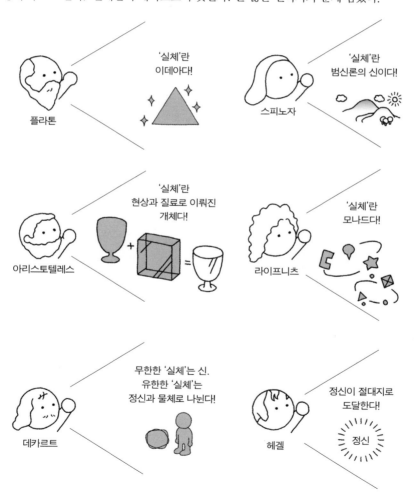

인식론

의미 ············ 인식의 기원이나 본질, 방법 등을 연구하는 철학의 한 분야로
데카르트 이래 근대 철학의 일대 조류가 되었다

메모 ······················ 인식론 자체는 고대 그리스 철학 때부터 존재했으나
데카르트에 의해 철학적 탐구의 중심이 되었다

로크 등

인식론은 '사람이 사물을 어떻게 아는가(인식하는가)?'라는 의문에서 시작했다.

그리고 생득관념이 있는지 없는지 논쟁을 거쳐

133

영국 경험론 중에서도 객관적인 실재를 인정하는 입장과 인정하지 않는 입장이 대립했다. 이것은 결국 '주관과 객관의 형상이 일치하는가?'라는 문제로 귀결된다.

A, B, C는 일치하는가?

몽테뉴

모럴리스트 Moralist

의미 ·················· 16~17세기 인간의 심리나 풍속을 날카롭게 관찰해
                        인간의 삶을 탐구한 사상가들
구체적 예 ········· 몽테뉴, 파스칼, 라로슈푸코(Francois de la Rochefoucauld)
메모 ························· 에세이, 격언 등 자유로운 표현형식을 이용했다

1492년, 콜럼버스(Christopher Columbus)가 신대륙에 상륙했다. 당시 스페인 사람은 대부
분 신대륙에 사는 사람들을 야만인으로 여겼다.

산타마리아호

신대륙

노예화

이문화 파괴

학살

종교
강요

약탈

서양 문화
강요

몽테뉴는 당시 스페인이 신대륙에 행한 약탈, 문화 강요, 학살을 슬퍼했다.

이 시기 유럽에서는 기독교도끼리 싸우는 종교전쟁이 발발했다. 몽테뉴는 이 전쟁에도 매우 슬퍼했다.

프로테스탄트

유럽 대륙

가톨릭

인디언은 야만적이지 않다.
하지만 만약 서양인과 습관이 다른 것을
'야만'이라고 한다면 이야기는 달라진다

몽테뉴

몽테뉴는 사상이나 문화가 다른 인간을 대할 때는 편견, 독단, 교만을 버리고 겸허하게 상대의 사상이나 문화를 배우는 자체가 중요하다고 주장했다. 이러한 생각을 지닌 사람을 '**모럴리스트**'라고 한다.

나의 진리가
상대에게도 진리라고
할 수 없다

몽테뉴는 '~해야 한다'는 표현을 사용하지 않았다. 자신의 체험을 **에세이** 형식으로 적어 이러한 사상을 표현했다.

파스칼

▶099

인간은 생각하는 갈대다

출처 ·· 파스칼《팡세》
관련 ·· 모럴리스트(P134)
메모 ····························· '클레오파트라의 코가 조금만 낮았더라면
세계사가 달라졌을 것이다'도《팡세》의 한 구절

근세 이후 합리주의가 보급되면서 인간의 이성이 만능이라는 사상이 퍼졌다. 이에 파스칼은 위기감을 느꼈다. '우주에서 인간은 보잘것없는 갈대처럼 무력하다'라는 사실을 이해하는 것이 중요하다고 생각했다.

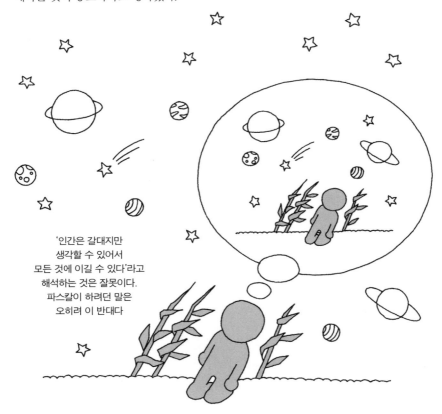

'인간은 갈대지만
생각할 수 있어서
모든 것에 이길 수 있다'라고
해석하는 것은 잘못이다.
파스칼이 하려던 말은
오히려 이 반대다

인간은 자신의 지식이나 이성에 한계를 자각할 수 있다. **파스칼**은 인간이 그러한 의미에서 위대하다고 생각했다. 그는 **"인간은 생각하는 갈대다"**라는 말을 남겼다. 파스칼은 몽테뉴와 마찬가지로 서양 지성의 폭주를 예언한 모럴리스트다.

섬세의 정신

의미	복잡한 사상 전체를 직감적으로 인식하는 유연한 정신
출처	파스칼《팡세》
상대어	기하학의 정신
관련	모럴리스트(P134), 연역법(P105)

파스칼

수학자였던 데카르트는 수학을 본보기로 삼아 철학과 도덕을 파악하려고 했다. 그는 연역법을 무기로 '공리', '정의', '증명' 등의 용어를 구사하고 사물을 순서대로 생각했다.

데카르트 기하학의 정신

도둑은 나쁜 사람이다 / A는 도둑질을 했다 / 따라서 A는 나쁜 사람이다

데카르트는 이러한 사고법으로 어떤 것이든, 예를 들어 신의 존재도 증명할 수 있다고 생각했다. 파스칼 또한 수학자였는데, 사물을 판단하는 것은 수학처럼 논리만으로 할 수 없다고 주장했다.

파스칼 섬세의 정신

A는 나쁜 사람이 아니다…

여러 가지 모순을 품은 채 직감으로 단번에 판단하는 것도 이성

사물이나 사람의 마음은 다양한 모순을 안고 있다. 그러한 모순을 포함한 채로 단번에 **직감**에 따라 판단하는 것도 **이성**이라고 파스칼은 생각했다. 이것을 기하학의 정신과 대비해 '**섬세의 정신**'이라고 한다.

리바이어던 Leviathan

▶097

사회계약설 ❶ 홉스의 경우

문헌 ·· 홉스《리바이어던》

메모 ················· 《리바이어던》은 청교도혁명 이후인 1651년에 쓰였다.
따라서 절대왕정이 아니라 혁명 후 공화제 사회를
모델로 한 것으로 보인다

홉스

근세 국왕의 권한은 신에게 부여받은 것(왕권신수설)이며, 국왕 아래 국가가 있다고 봤다.

왕의 권한은
신에게서
받은
것일지니

138

이와 반대로 홉스는 국가의 구조를 좀 더 논리적으로 파악했다. 그는 먼저 공적 권력이 없는 상태(자연 상태)에서 나라가 어떻게 될지를 생각했다. 그리고 자연 상태에서 인간들은 서로의 자유를 빼앗는 '만인을 위한 만인에 대한 전쟁'을 일으킨다고 주장했다.

자연 상태에서는
'만인을 위한 만인에 대한 전쟁'이
벌어진다

이 상태로는 개인의 자유를 보장할 수 없다. 그래서 서로 싸우지 않기 위한 계약을 맺을 필요성이 생긴다.

서로 싸우지 않게 계약을 맺자

서로 싸우지 않게 계약을 맺자

서로 싸우지 않게 계약을 맺자

이 계약을 지키지 않는 사람을 처벌하려면 절대적 힘을 지닌 공적 기관이 필요하다. 그래서 국왕이 필요하다. 이러한 **공적 권력**을 홉스는 《구약성서》의 〈욥기〉에 나오는 '**리바이어던**'이라는 무시무시한 바다괴물에 비유했다. 국왕이 리바이어던처럼 강한 힘을 지니지 못하면 나라는 기능하지 못한다고 생각했다.

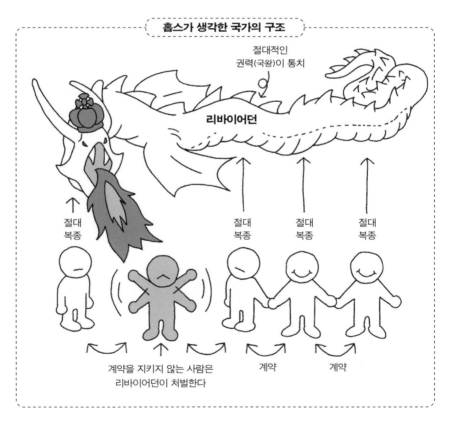

홉스가 생각한 국가의 구조

절대적인
권력(국왕)이 통치

리바이어던

절대
복종

절대
복종

절대
복종

절대
복종

계약을 지키지 않는 사람은
리바이어던이 처벌한다

계약

계약

홉스는 왕권신수설에 기대지 않고 국가의 구조를 설명했는데 오히려 절대왕정을 논리적으로 옹호하고 말았다.

저항권

사회계약설 ❷ 로크의 경우

의미 ·························· 부당한 권력 행사에 맞서 국민이 저항할 권리
문헌 ·························· 로크 《통치이론》
메모 ············· 저항권에는 새로운 정부를 수립하는 '혁명권'도 포함된다.
이것은 미국 독립전쟁과 프랑스혁명의 논리적 지주가 되었다

로크

로크는 홉스의 사상(리바이어던)과 달리, 범죄자를 처벌하거나 국민을 보호하는 권한은 공권력에 **신탁**하더라도 주권은 어디까지나 **국민**에게 있어야 한다고 생각했다(국민주권). 또 국가가 국민의 권리를 짓밟는다면 국민이 혁명을 일으켜 새로운 국가를 수립할 저항권이 있다고 주장했다.

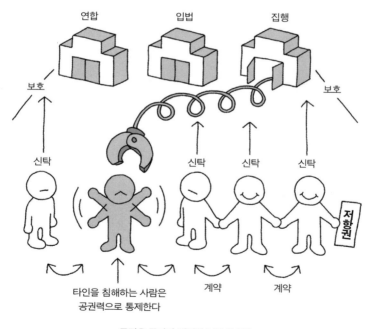

┤ 로크가 생각한 이상적 국가 ├

공권력이 독재에 이르지 않도록 '연합(외교)', '입법', '집행' 세 가지로 분립한다.
후에 몽테스키외가 '행정', '입법', '사법'으로 바꾼 것이 현대에 이른다

연합   입법   집행

보호   보호

신탁   신탁   신탁   신탁

저항권

타인을 침해하는 사람은   계약   계약
공권력으로 통제한다

국민은 국가가 권력을 남용할 경우,
'저항권'과 '혁명권'을 행사할 수 있다

루소

일반의지

사회계약설 ❸ 루소의 경우

문헌 ·· 루소《사회계약론》
메모 ·················· 루소는 개인의 사이익을 추구하는 '특수 의지'와
특수 의지의 총합인 '전체의지'와는 다른
공이익을 추구하는 인민의 의지를 '일반의지'로 규정했다

루소는 홉스와 달리 **자연 상태**(P138)야말로 인간에게 가장 이상적인 상태라고 말했다. 그는 "자연으로 돌아가라"라는 말로 이 사상을 표현했다. 공권력 없이 본래 모두가 공통으로 지닌 서로 돕는 마음(일반의지)을 확인하면서 국가가 **직접민주제**를 이뤄가는 것을 이상으로 봤다.

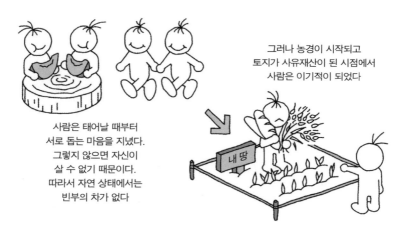

그러나 농경이 시작되고 토지가 사유재산이 된 시점에서 사람은 이기적이 되었다

사람은 태어날 때부터 서로 돕는 마음을 지녔다. 그렇지 않으면 자신이 살 수 없기 때문이다. 따라서 자연 상태에서는 빈부의 차가 없다

로크가 생각한 이상적 국가

서로 대화를 나누면서 공통 이익이 되도록 '일반의지'를 확인한다

일반의지

국왕 따위 필요 없어! 직접민주제가 최고!

이 사상이 프랑스혁명으로 이어졌다

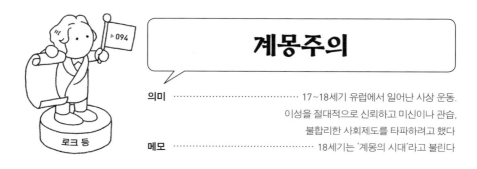

계몽주의

▶094

의미 ··· 17~18세기 유럽에서 일어난 사상 운동.
이성을 절대적으로 신뢰하고 미신이나 관습,
불합리한 사회제도를 타파하려고 했다
메모 ··· 18세기는 '계몽의 시대'라고 불린다

로크 등

17세기 후반부터 18세기 전반의 유럽은 기독교 권력이 여전히 강건했고 왕정도 절대적이었다.

142

이때 로크, 루소, 몽테스키외 등의 사상가들이 떨치고 일어났다.

그들은 국가나 사회의 모습을 좀 더 논리적으로 파악해 합리적으로 만들어야 한다고 주장했다.

계몽주의자들

로크   루소   몽테스키외

그리고 자신들이 주장한 사회계약론(P138~P141)을 보급하려고 힘쓰면서 시민혁명을 추진했다. 이것을 '**계몽주의**(사상)'라고 한다.

인간은
자유롭고 평등하다.
모두 일어나자!

그렇군!

당시
서서히 경제력을
갖추기 시작한
시민계급도 있었다

계몽주의자

계몽주의는 합리적인 사상을 절대적으로 봤다는 점에서 반성할 점이 있다. 하지만 영국의 명예혁명이나 프랑스혁명을 일으켜 절대왕정에서 시민을 해방시킨 것도 사실이다.

와아   와아   와아

근대

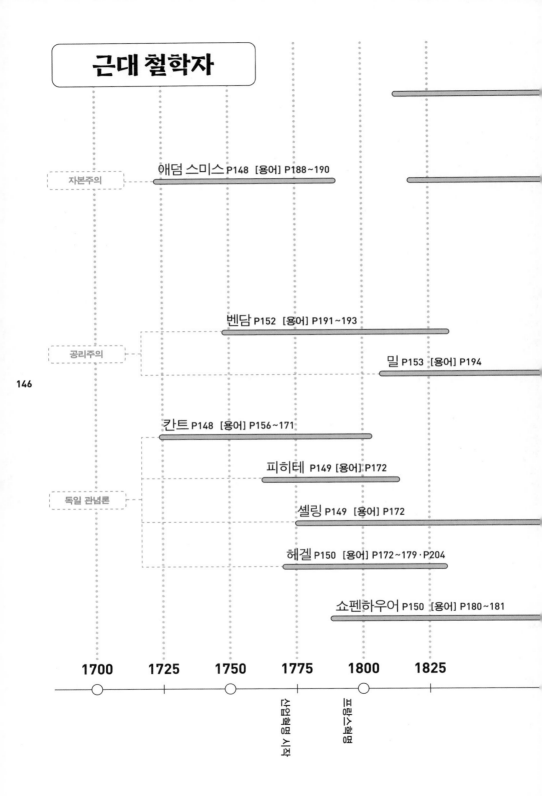

근대 철학자

자본주의 ----- 애덤 스미스 P148 [용어] P188~190

공리주의 ----- 벤담 P152 [용어] P191~193

밀 P153 [용어] P194

독일 관념론 ----- 칸트 P148 [용어] P156~171

피히테 P149 [용어] P172

셸링 P149 [용어] P172

헤겔 P150 [용어] P172~179 · P204

쇼펜하우어 P150 [용어] P180~181

1700   1725   1750   1775   1800   1825

산업혁명 시작

프랑스혁명

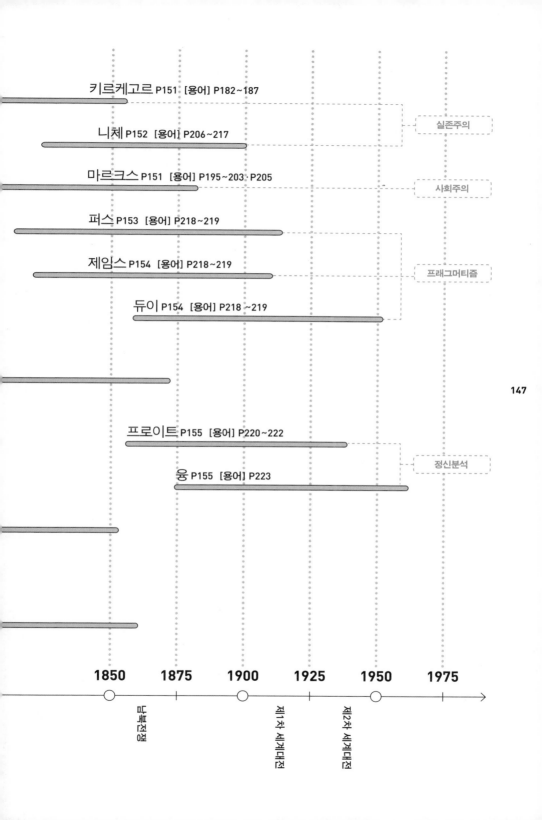

키르케고르 P151 [용어] P182~187

실존주의

니체 P152 [용어] P206~217

마르크스 P151 [용어] P195~203 P205

사회주의

퍼스 P153 [용어] P218~219

제임스 P154 [용어] P218~219

프래그머티즘

듀이 P154 [용어] P218~219

프로이트 P155 [용어] P220~222

정신분석

융 P155 [용어] P223

1850   1875   1900   1925   1950   1975

남북전쟁

제1차 세계대전

제2차 세계대전

개인의 이기심에서 나오는 행동이 (신의) 보이지 않는 손의 인도를 받아 사회 전체 이익을 증진한다는 자유방임주의를 주장했다.

레세페르.

laissez-faire.

'자유방임주의'라는 뜻. 스미스는 타인의 공감을 얻는 범위 내에서 이기심을 추구해야 한다고 한정했다.

1723~1790

애덤 스미스
ADAM SMITH

▶P188~190

스코틀랜드 출신 경제학자이자 도덕 철학자. 글래스고대학, 옥스퍼드대학에서 공부했고 28살에 글래스고대학 교수로 취임했다. 재임 중에 《도덕감정론》을 발표해 평판을 얻었다. 교수직을 사임한 뒤 귀족 가정교사로 일하며 유럽 대륙을 여행했다. 귀국 후 경제학을 체계화한 《국부론》을 집필해 자유주의경제와 자유 무역론을 주장했다.

오후 3시 30분에 산책하는 칸트를 보고 사람들은 시계를 맞췄다. 그 정도로 규칙적인 생활을 했다.

영원한 평화는 우리에게 주어진 사명이다.

《영원한 평화를 위하여》의 한 구절. 국제연합과 헌법 제9조를 예언하는, 평화에 대한 주장이 담겨있다.

1724~1804

임마누엘 칸트
IMMANUEL KANT

▶P156~171

독일 철학자. 프로이센 쾨니히스베르크(현 러시아연방 칼리닌그라드) 출신. 아버지는 마구(馬具) 장인이다. 대학 졸업 후 9년간 가정교사로 생계를 꾸렸다. 이후 쾨니히스베르크대학에서 교수, 학부장, 총장을 역임했다. 아침에 일어나 밤에 잠들 때까지 규칙적인 생활을 한 것으로 유명하다. 대륙 합리론과 영국 경험론을 종합한 철학을 확립했다.

프랑스 나폴레옹군의 지배를 받
던 베를린에서 열린 '독일 국민에
게 고함'이라는 연속 강연을 통해
민족의 정신·문화에 대한 자각을
촉구하며 국민의 애국심을 고무
했다.

자아는 단적으로
정립되었다.

피히테는 인식과 실천을 통일하
는 '자아'를 구상했다.

고틀리프 피히테

JOHANN GOTTLIEB FICHTE

▶P172

독일 관념론 철학자. 드레스덴 교외의 벽촌에서 태어나 빈곤한 와중에도 공부에 힘썼다. 청년 시절
칸트 철학에 많은 영향을 받았다. 예나대학 교수, 베를린대학 교수 등을 거쳐 동 대학 초대 총장에
취임했다. 철학적으로 칸트를 계승하면서도 실천이성의 우위사상을 완성했다. 52살에 사망했다. 헤
겔이 베를린대학의 후임이 되었고 피히테의 무덤 옆에 헤겔의 무덤이 있다.

자연에 접촉할 때 인간은 절대적
인 것을 직감한다고 셸링은 말
했다.

동일철학.

자아(인간)도 자연도 절대자인 신
의 일부라고 보는 '동일철학'을
전개했다.

프리드리히 셸링

FRIEDRICH WILHELM JOSEPH VON SCHELLING

▶P172

독일 관념론 철학자. 조숙한 천재로 15살에 튀빙겐신학교에 특례 입학(규정은 20살 이상)했다. 동 학
교에서 5살 연상인 횔덜린(Friedrich Hölderlin), 헤겔 등과 친교를 나눴다. 피히테가 예나대학을 그만
둔 후 동 대학에 철학 정교수로 취임했다. 낭만파 예술가와도 교제하며 자연과 정신의 통일을 예술
에서 찾았다. 헤겔이 사망한 뒤 베를린 대학에서 철학을 강의했다.

《법철학》 서문의 '미네르바의 부 엉이는 황혼이 저물어야 그 날개 를 편다'라는 말로 유명하다. 철 학은 역사보다 뒤늦게 그 시대의 의미를 파악한다는 뜻이다.

이성적인 것은 현실적이며 현실적인 것은 이성적이다.

헤겔은 세계에 나타나는 모든 것 이 정신(=이성)의 현현이라고 봤다.

1770~1831

게오르크 헤겔
GEORG WILHELM FRIEDRICH HEGEL

▶ P172~179 · P204

근대 철학의 완성자. 독일 슈투트가르트에서 태어났다. 예나대학의 인기 강사였지만 나폴레옹의 프 로이센 정복으로 대학이 폐쇄되었다. 그 후 신문 편집자, 김나지움 교장을 거쳐 하이델베르크대학 정교수, 베를린대학 철학 교수로 취임했다. 동 대학의 총장을 맡으며 당시 사상계에 절대적인 영향 을 주었다. 61살에 콜레라로 급사했다.

자신의 반려견에게 '세계정신'을 뜻하는 '아트마'라는 이름을 붙 였는데, 화가 나면 "너도 인간이 냐!"라고 불렀다고 한다.

이 세계의 근본을 이루는 것은 부조리하고 맹목적인 의지다.

인간의 맹목적인 욕망에 절망한 쇼펜하우어는 예술에서 구원을 찾았다.

1788~1860

아르투르 쇼펜하우어
ARTHUR SCHOPENHAUER

▶ P180~181

독일 철학자. 단치히에서 태어나 괴팅겐대학의 의학부에 진학했다가 철학부로 옮겼다. 베를린대학 에서 강사를 맡았으나 헤겔의 명성에 가려 청강자가 없어 반년 만에 사직했다. 그 후 재야 철학자로 살았다. 《의지와 표상으로서의 세계》에서 보여준 염세주의와 페시미즘은 니체에게 많은 영향을 주 었다.

진정한 기독교인이 되는 것이 키르케고르 최대 과제였다.

절망은 죽음에 이르는 병이다.

《죽음에 이르는 병》에서 '절망이란 무엇인가'를 고찰했다. 그는 '신앙'으로 살아가는 가능성을 찾았다.

1813~1855

쇠렌 키르케고르

SÖREN AABYE KIERKEGAARD

▶P182~187

덴마크 철학자. 코펜하겐에서 태어났다. 실존철학의 시조로 여겨진다. 신학을 배웠지만 22살에 실존을 깨달았다. 아버지가 결혼 전에 어머니에게 폭력적인 성관계를 요구해 자신이 태어난 것은 아닐지 고뇌했다. 27살 때 17살 소녀 레기네와 약혼하지만 스스로 파기했다. 이러한 거대한 고뇌를 양식으로 키르케고르의 사상이 형성되었다.

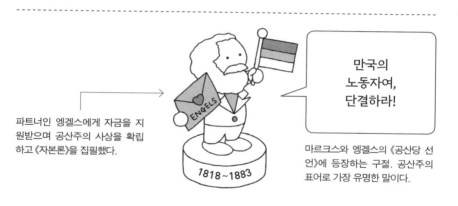

파트너인 엥겔스에게 자금을 지원받으며 공산주의 사상을 확립하고 《자본론》을 집필했다.

만국의 노동자여, 단결하라!

마르크스와 엥겔스의 《공산당 선언》에 등장하는 구절. 공산주의 표어로 가장 유명한 말이다.

ENGELS

1818~1883

카를 마르크스

KARL HEINRICH MARX

▶P195~203·P205

독일 철학자이자 경제학자. 독일 트리어에서 태어났다. 본대학, 베를린대학에서 법률, 철학, 역사를 공부했고 헤겔 좌파 지식인 그룹에도 가입했다. 〈라인 신문(Die Rheinische Zeitung)〉의 주요 필자였으나 정부를 비판했다는 이유로 실직해 파리로 이주했다. 이후 벨기에, 파리, 독일로 옮겨 다니다 1849년에 영국으로 망명했다. 영국박물관에 틀어박혀 경제학 연구에 몰두했다.

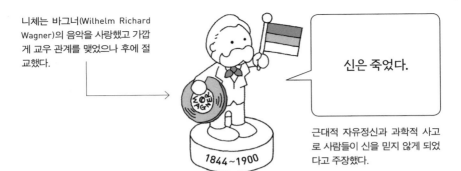

니체는 바그너(Wilhelm Richard Wagner)의 음악을 사랑했고 가깝게 교우 관계를 맺었으나 후에 절교했다.

신은 죽었다.

근대적 자유정신과 과학적 사고로 사람들이 신을 믿지 않게 되었다고 주장했다.

프리드리히 니체

FRIEDRICH WILHELM NIETZSCHE

▶P206~217

독일 철학자. 프로이센 작센에서 태어났다. 쇼펜하우어의 《의지와 표상으로서의 세계》를 읽고 충격을 받았다. 20대 후반에 바젤대학 교수가 될 정도로 성적이 우수했으나, 처음 발표한 저서인 《비극의 탄생》이 학회에서 매서운 비난을 받았다. 건강이 나빠져서 대학도 사직했다. 평생 독신으로 살며 저술에 전념했다.

152

감옥의 수용 상태 개선과 효율적 운영을 목적으로 한 팬옵티콘(Panopticon, 일망감시 시스템)을 고안했다.

최대 다수의 최대 행복.

벤담은 사회 전체의 쾌락 증대와 고통 감소를 입법 원리로 삼았다.

제러미 벤담

JEREMY BENTHAM

▶P191~193

영국 철학자이자 법학자. 공리주의의 창시자. 런던의 유복한 법률가 가정에서 태어났다. 12살 때 옥스퍼드대학에 입학했고 21살에 변호사 자격을 취득했으나 변호사 실무보다 법리론을 학문으로 연구하는 데 몰두했다. 그 후 선거권 확대를 위해 선거법 개정에 집중하는 등 자유주의에 근거한 정치 개혁 활동에 힘을 쏟았다.

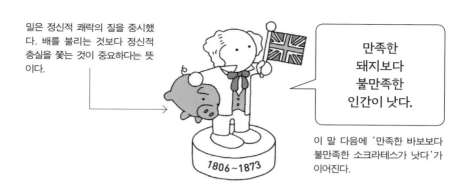

밀은 정신적 쾌락의 질을 중시했다. 배를 불리는 것보다 정신적 충실을 쫓는 것이 중요하다는 뜻이다.

만족한
돼지보다
불만족한
인간이 낫다.

이 말 다음에 '만족한 바보보다 불만족한 소크라테스가 낫다'가 이어진다.

존 스튜어트 밀
JOHN STUART MILL

▶P194

영국 철학자이자 경제학자. 벤담과 친교가 있던 아버지에게 영재교육을 받았다. 16살에 공리주의협회를 설립했고 17살에 아버지가 근무하는 동인도회사에 들어갔다. 열렬한 벤담주의자였지만 20대에 들어서 벤담식 공리주의에 비판적이게 되었고 독자적인 공리주의를 구상했다. 영국 하원에서 처음으로 부인참정권을 호소하는 등 정치가로서도 민주적 개혁을 위해 노력했다.

검증 가능한 개념이 학문적으로 의미 있다고 생각했다. 예를 들어 '딱딱하다'라는 개념은 광물로 긁어 흠이 생기는지 보면 검증할 수 있다.

애브덕션 Abduction은
설명하기 위해
가설을 형성하는
과정이다.

퍼스는 '애브덕션'이라는 가설 발견 추론법을 제창했다.

찰스 샌더스 퍼스
CHARLES SANDERS PEIRCE

▶P218~219

애브덕션을 창시한 미국 철학자. 매사추세츠 케임브리지에서 태어났다. 아버지는 대학 교수였다. 하버드대학에서 수학, 물리학을 공부했다. 졸업 후 하버드대학 천문대, 미합중국 연안 측량소에서 기사로 활약하면서 '형이상 클럽'을 창설해 수학과 철학 논문을 발표했다. 이혼과 관련한 추문으로 대학에서 일자리를 구하는 데 실패했다. 중년 이후 인생은 빈곤했다.

《실용주의》에서 나무 그림자에 가
려진 다람쥐 비유를 이용해 프래
그머티즘(Pragmatism, 실용주의)
의 의미를 설명했다.

슬퍼서
우는 것이 아니라
우니까
슬픈 것이다.

생리적 반응이 심리적 감정의 체
험보다 먼저 일어난다고 설명
했다.

1842~1910

윌리엄 제임스
WILLIAM JAMES

▶P218

프래그머티즘을 발전시킨 미국 철학자이자 심리학자. 하버드대학에서 의학을 공부하고 의학박사
학위를 받았다. 그 후 미국에서 처음으로 심리학 연구소를 설립해 심리학과 철학도 담당했다. '형이
상 클럽'에서 퍼스와 함께 활동했고 퍼스의 사상을 계승해 프래그머티즘을 확립했다.

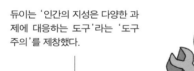

듀이는 '인간의 지성은 다양한 과
제에 대응하는 도구'라는 '도구
주의'를 제창했다.

행동을 통해
배운다.

경험을 통한 학습을 중시한 교육
운동을 견인했다. 자발적 학습이
야말로 민주주의의 근간이라고
생각했다.

1859~1952

존 듀이
JOHN DEWEY

▶P218

프래그머티즘을 발전시킨 미국 철학자이자 교육학자. 버몬트주에서 태어났다. 버몬트대학을 졸업
한 후 고등학교 교사, 초등학교 교사를 거쳐 존홉킨스대학 대학원에서 학위를 받았다. 후에 시카고
대학, 콜롬비아대학에서 철학 교수를 역임했다. '실험학교'를 설립하고 문제해결학습 실천을 주장하
는 등 교육 사상에 많은 영향력을 미쳤다.

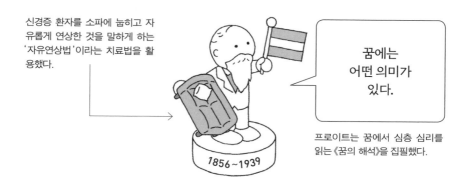

신경증 환자를 소파에 눕히고 자유롭게 연상한 것을 말하게 하는 '자유연상법'이라는 치료법을 활용했다.

꿈에는 어떤 의미가 있다.

프로이트는 꿈에서 심층 심리를 읽는 《꿈의 해석》을 집필했다.

지그문트 프로이트

SIGMUND FREUD

▶ P220~222

오스트리아 정신의학자. 오스트리아제국 모라비아 프라이베르크(현 체코)에서 태어났다. 빈대학 의학부를 졸업한 후 프랑스에서 유학했다. 신경증학의 대가 샤르코(Jean Martin Charcot)의 최면술에 심취하여 무의식의 존재에 주목, 정신분석학을 창시했다. 융을 후계자로 삼았으나 결별했다. 말년에는 나치의 박해를 피해 영국으로 망명했다.

155

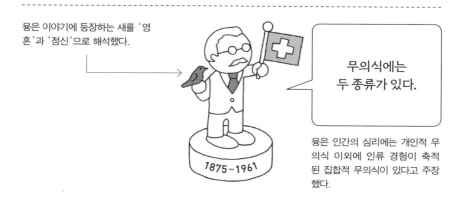

융은 이야기에 등장하는 새를 '영혼'과 '정신'으로 해석했다.

무의식에는 두 종류가 있다.

융은 인간의 심리에는 개인적 무의식 이외에 인류 경험이 축적된 집합적 무의식이 있다고 주장했다.

카를 구스타프 융

CARL GUSTAV JUNG

▶ P223

스위스의 심리학자이자 정신의학자. 아버지는 목사였다. 심약한 아버지, 강인한 어머니 사이에서 성장했다. 바젤대학에서 의학을 공부하고 1943년 바젤대학 교수에 취임했다. 프로이트의 협력자가 되어 정신분석학 발전에 이바지했으나 정신분석에 대한 견해차로 절교했다. 심리학적 유형을 '외향형', '내향형'을 분류한 것으로 유명하다.

칸트

아 프리오리 A priori

의미	··· 경험에 앞서는 것
상대어	···················· 아 포스테리오리(A posteriori, 경험으로 얻는 것)
관련	························· 카테고리(P160), 영국 경험론(P101)
메모	······························· '선천적', '선험적'으로 번역된다

칸트는 영국 경험론과 마찬가지로 경험을 통해 지식을 얻는다고 생각했다. 그렇다면 완벽하게 똑같은 경험을 한 것도 아닌데 우리는 어떻게 서로의 이야기를 이해할 수 있을까?

이럴 수는 없다!

이건 컵이야. 태어날 때부터 알고 있어요. 응애

편리한 도구로군

지식은 경험에서 얻어진다

이러쿵 저러쿵 요러쿵…

응, 응. 알아! 알아!

완벽하게 똑같은 경험을 한 것도 아닌데 어떻게 이야기가 통할까?

156

그 대답은 인간에게 공통적인 **경험 방식**과 **이해 방식**이 미리 프로그래밍되어 있기 때문이라고 칸트는 주장했다. 경험에 앞서 성립되는 것을 '**아 프리오리**'라고 한다.

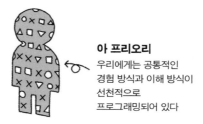

아 프리오리
우리에게는 공통적인 경험 방식과 이해 방식이 선천적으로 프로그래밍되어 있다

그리고 아 프리오리적인 인류 공통의 경험 방식을 **감성의 형식**, 이해 방식을 **오성의 카테고리**라고 한다. 칸트는 감성 형식의 특징으로 사람이 사물을 반드시 **공간적 · 시각적**으로 파악한다고 주장했다. 또 오성의 카테고리의 예로 **원인**과 **결과**를 들었다. 사람은 어떤 일이 생기면 반드시 그 원인을 파악한다고 생각했다.

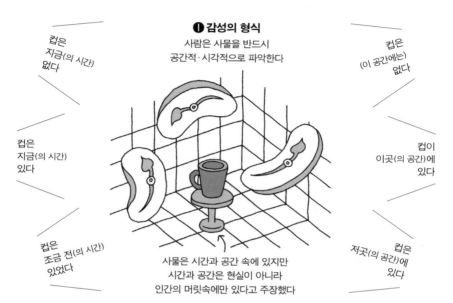

❶ 감성의 형식

사람은 사물을 반드시
공간적·시각적으로 파악한다

컵은
지금(의 시간)
없다

컵은
(이 공간에는)
없다

컵은
지금(의 시간)
있다

컵이
이곳(의 공간)에
있다

컵은
조금 전(의 시간)
있었다

컵은
저곳(의 공간)에
있다

사물은 시간과 공간 속에 있지만
시간과 공간은 현실이 아니라
인간의 머릿속에만 있다고 주장했다

❷ 오성의 카테고리

칸트는 인간의 공통적인 생각 방식에 총 12개의 카테고리가 있다고 했다.
이 예시는 그중 하나인 원인과 결과

만약 위에서
대야가
떨어진다면

우리는 위를 올려다보며
떨어진 원인을
찾으려고 한다.
이처럼 인간에게는 공통적인
사고방식이 있다

개는 분명
대야를 향해
짖는다

▶148

물자체

문헌	··· 칸트《순수이성비판》
관련	······· 카테고리(P160), 코페르니쿠스적 전환(P162), 현상계	영지계(P166)
상대어	·· 현상
메모	····························· 물자체는 상정할 수 있어도 인식할 수 없다

칸트

빨간 선글라스를 끼면 사물(세계)은 빨갛게 보인다. 만약 우리 눈이 태어나면서부터 이렇다면 우리는 진정한 사물(세계)을 볼 수 없다. 그렇다면 실제로 우리는 진정한 사물(세계)을 보고 있을까? 절대 그렇지 않다. 우리 눈의 구조가 사과는 빨갛게, 레몬은 노랗게 파악할 뿐이다. 실제 레몬이나 사과가 무슨 색인지는 알 수 없다.

인간은 진정한 세계를 볼 수 없다

빨간 선글라스

빨간 선글라스를 끼면 세계는 빨갛게 보인다.
이 빨간 세계는 진정한 세계가 아니다.
우리는 벗을 수 없는
선글라스를 끼고 태어나 살아가는 것이다.
그러므로 진정한 세계를 볼 수 없다

색만 아니라 형태도 그렇다. 술에 취하면 사물은 일그러져 보인다. 만약 취한 상태가 인간의 정상적인 인식능력이라면 우리는 일그러지지 않은 사물을 볼 수 없다. 이 경우에 만진 감촉도 일그러진 외형 그대로 인식하고 기억한다.

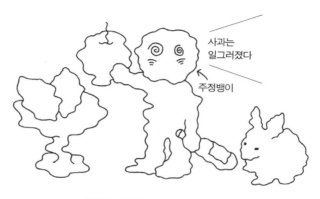

사과는
일그러졌다

주정뱅이

만약 술에 취하지 않은 상태가 이상(異常),
취한 상태가 인간의 정상적인 인식력이라면…

우리는 감각기가 파악하는 정보에 의지해 사물을 의식할 뿐이다. 그러므로 사물이 진정으로 어떤 모습인지 알 수 없다. 사람은 **물자체**에 도달할 수 없다고 칸트는 주장했다.

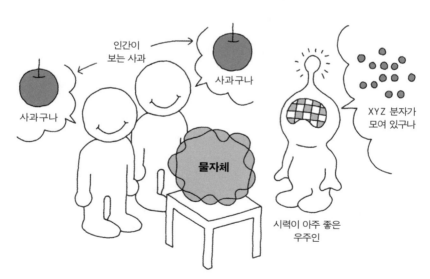

인간이
보는 사과

사과구나

사과구나

물자체

XYZ 분자가
모여 있구나

시력이 아주 좋은
우주인

우리는 대상을 사과로 보더라도
우주인이 그것을 어떻게 보고 해석할지는 알 수 없다.
또한 시간이나 공간 개념은 우리 감성의 형식에 맞춰진 것일 뿐이므로
물자체와는 관계가 없다

칸트

카테고리 Category

의미 ·· 틀, 범주
문헌 ·· 칸트《순수이성비판》
관련 ·· 아 프리오리(P156)
메모 ······························ 칸트는 12개의 카테고리를 들어 오성을 설명했다

사람이 대상을 컵이라고 인식하는 일련의 시스템을 알아보자. 먼저 오관으로써 지각된 대상을 **감성의 형식**이 공간적·시각적으로 파악한다. 다음으로 **오성의 카테고리**(범주)가 대상을 인식한다.

컵이라고 인식하는 시스템

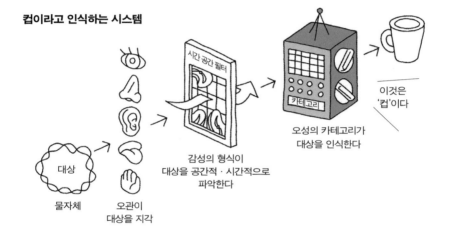

대상

물자체

오관이
대상을 지각

감성의 형식이
대상을 공간적·시간적으로
파악한다

오성의 카테고리가
대상을 인식한다

이것은
'컵'이다

사람은 총 12개의 카테고리를 가졌다고 칸트는 주장했다. 그중 하나가 원인과 결과라는 사고방식이다.

12개의 카테고리가 있다.
이번 분석에는
무엇을 사용할까?

칸트는 이러한 일련의 시스템을 이성(이론이성, P167)이라고 불렀다. 그리고 이 시스템을 선험적(아 프리오리)으로 갖추고 있다고 주장했다.

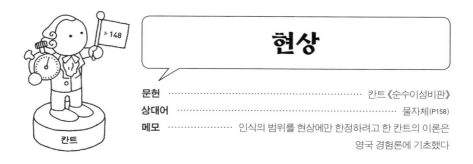

현상

문헌	·· 칸트《순수이성비판》
상대어	··· 물자체(P158)
메모	················· 인식의 범위를 현상에만 한정하려고 한 칸트의 이론은 영국 경험론에 기초했다

칸트

사람이 공간적·시각적으로 파악하고 카테고리가 분석한 대상의 모습을 칸트는 '**현상**'이라고 불렀다. 달리 표현하면 **물자체**가 인간에게 인식되어 사과가 된 상태가 현상이다.

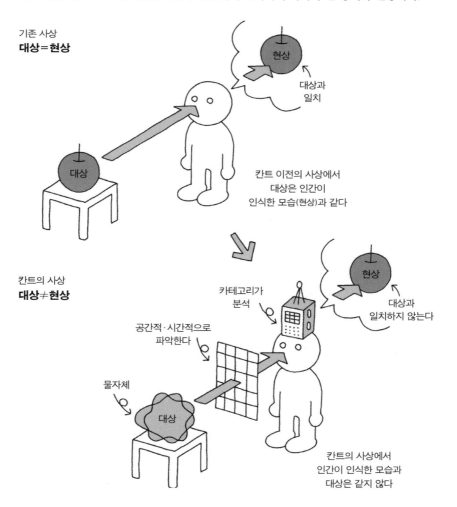

기존 사상
대상＝현상

현상

대상과
일치

대상

칸트 이전의 사상에서
대상은 인간이
인식한 모습(현상)과 같다

칸트의 사상
대상≠현상

카테고리가
분석

공간적·시간적으로
파악한다

물자체

대상

현상

대상과
일치하지 않는다

칸트의 사상에서
인간이 인식한 모습과
대상은 같지 않다

▶148

코페르니쿠스적 전환

칸트

문헌	··· 칸트《순수이성비판》
관련	································· 아 프리오리(P156), 카테고리(P160)
메모	··············· 기존의 사상이 180도 바뀐 것을 의미하는 말로 쓰인다

컵이 있기 때문에 사람이 그것을 컵이라고 인식하는 것이 아니다. 실제로는 사람의 감성이나 이해의 구조가 대상을 질서화해 컵이라는 인식을 구성하는 것이다(카테고리).

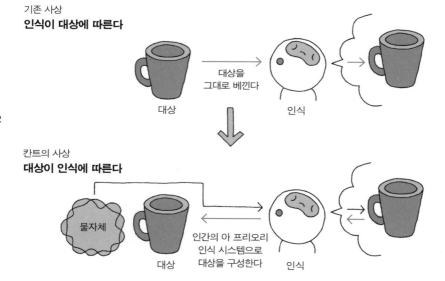

기존 사상
인식이 대상에 따른다

대상을
그대로 베낀다

대상

인식

칸트의 사상
대상이 인식에 따른다

물자체

인간의 아 프리오리
인식 시스템으로
대상을 구성한다

대상

인식

칸트는 이 사상을 "**인식이 대상에 따르는 것이 아니라 대상이 인식에 따른다**"고 표현했다. 그리고 코페르니쿠스의 지동설에서 따와 이 발상을 '**코페르니쿠스적 전환**'이라고 불렀다.

코페르니쿠스적 전환

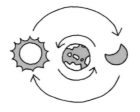

칸트는
인식과 대상의 관계를
하늘과 땅의 움직임이 역전된
코페르니쿠스의
지동설에서 따와
'코페르니쿠스적 전환'이라고
불렀다

칸트

이성의 이율배반 Antinomy
안티노미

문헌 ………………………………………………… 칸트《순수이성비판》
메모 ………………………………… 칸트의 이율배반 이론의 목적은
전통적인 형이상학을 비판하는 것이었다.
즉 세계 창조나 신의 존재를 인식할 수 없다는 것을 밝혔다

보통 '○○은 옳지만 틀렸다'는 성립하지 않는다. 하지만 칸트는 세계가 유한한지 무한한
지와 같은 경험을 초월한 문제는 옳고 그름의 양쪽 견해 모두 이성적으로 증명할 수 있
다고 주장했다. 이상적으로 생각했는데도 정반대인 주장이 증명되는 이유는 경험을 초
월한 문제에 대해서 이성이 혼란을 일으키기 때문이다. 이성의 혼란을 유도한 칸트의 논
의를 '**이성의 이율배반**'이라고 한다.

이성의 이율배반

【주장1】 이 세계는 유한하다
【주장2】 이 세계는 무한하다

칸트는 이 두 가지 주장 모두를
증명할 수 있다고 봤다.
정반대 주장이 모두 증명되므로
세계가 유한한지 무한한지에 대한 문제는
이성으로 결론내릴 수 없다

163

칸트는 이밖에도 세 가지 이율배반을 제시했다.

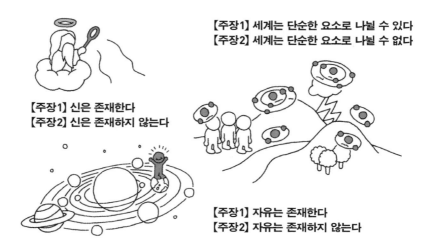

【주장1】 세계는 단순한 요소로 나뉠 수 있다
【주장2】 세계는 단순한 요소로 나뉠 수 없다

【주장1】 신은 존재한다
【주장2】 신은 존재하지 않는다

【주장1】 자유는 존재한다
【주장2】 자유는 존재하지 않는다

칸트

도덕법칙

문헌 ·· 칸트《실천이성비판》
관련 ·· 정언명법(P165)
메모 ···························· 행위의 결과보다 동기를 중요하게 여기는 칸트의
도덕적 입장을 '동기설'이라고 한다(상대어는 '결과설')

자연계에 **자연법칙**이 있듯이 인간계에는 따라야 하는 **도덕법칙**이 있다고 칸트는 생각했다. 왜냐하면 도덕적인 행위를 선으로 보는 이성은 오직 인간만이 선천적으로 가졌기 때문이다. 도덕법칙은 **양심의 소리**로 '~해야 한다'라고 우리의 이성에 호소한다.

도덕법칙은 누구나 납득할 수 있는 행위로, 자기 자신에게만 이익이 되는 것이 아니다. 칸트에게 도덕은 보편적인 것이다.

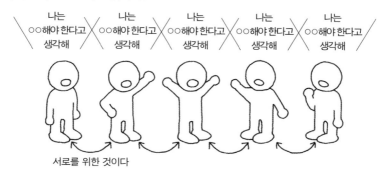

그는 나아가 도덕은 수단이 아니라 **목적** 그 자체여야 한다고 주장했다. 예를 들어 남에게 친절을 얻기 위해서 자신도 남에게 친절하게 대하는 것은 도덕이 아니다. 왜냐하면 도덕이 어떤 목적을 달성하는 수단이 되기 때문이다.

칸트

▶148

정언명법

의미 ·· '항상 ~해야 한다'라는 무조건적 명령
문헌 ·· 칸트 《실천이성비판》
상대어 ··· 반언명법
관련 ·· 도덕법칙(P164)

도덕법칙은 목적을 달성하기 위한 수단이 아니라 **목적** 그 자체여야 한다고 칸트는 생각했다.

도덕은
'○○하고 싶으면 ○○하라'가 아니라
'○○하라'라는
정언명법으로 표현된다

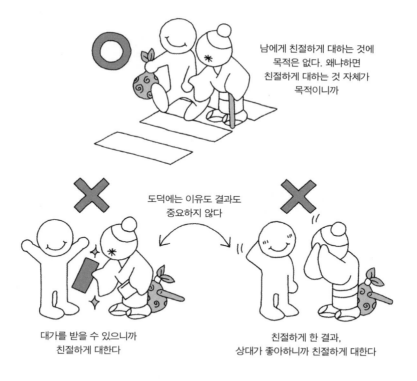

남에게 친절하게 대하는 것에
목적은 없다. 왜냐하면
친절하게 대하는 것 자체가
목적이니까

도덕에는 이유도 결과도
중요하지 않다

대가를 받을 수 있으니까
친절하게 대한다

친절하게 한 결과,
상대가 좋아하니까 친절하게 대한다

즉 도덕은 '~하고 싶으면 ~하라'가 아니라 '~하라'라고 단언하는 것이다. 도덕적 행위를 하는 것에 이유는 없다. 이 '~하라'라는 명령을 **'정언명법'**이라고 한다.

현상계 | 영지계

칸트의 경우

문헌 ·····································	칸트《실천이성비판》
관련 ·····································	물자체(P158), 도덕법칙(P164)
메모 ·····································	인간의 이론이성이 알 수 있는 것은 '현상계'며,
	'영지계'는 이론이성으로 알 수 없다

칸트는 우리가 보거나 들을 수 있는 세계를 '**현상계**', 이와 반대로 물자체 세계를 '**영지계**'
라고 불렀다. 우리의 인식능력으로는 영지계를 볼 수 없다.

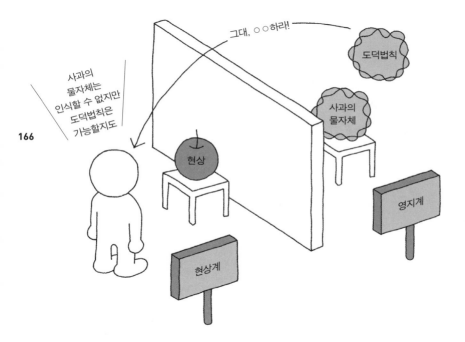

그러나 칸트는 영지계에는 물자체 이외에 도덕법칙도 존재한다고 생각했다. 이것은 양
심의 소리가 우리에게 '그대, ~하라'라고 호소하는 것으로 알 수 있다. 이 소리는 이성으
로 들을 수 있다.

칸트

▶148

이론이성 | 실천이성

관련 ·· 현상계 | 영지계(P166), 카테고리(P160)

메모 ································· 이론이성으로는 도덕이나 자유 같은 이념을
인식할 수 없으나 실천이성은 도덕이나 자유를 다룰 수 있다.
이 두 가지 이성의 차이는 현상계, 영지계와 겹친다

칸트는 인간의 이성을 이론이성과 실천이성의 두 가지로 나눴다. 카테고리(P160)에 따라
사물을 인식하는 이성을 '**이론이성**', 인간이 도덕적인 행위를 실천하려는 이성을 '**실천이성**'이라고 한다. 둘 다 인간이 선천적으로 갖고 있다고 봤다.

이론이성
대상을 인식하는 이성

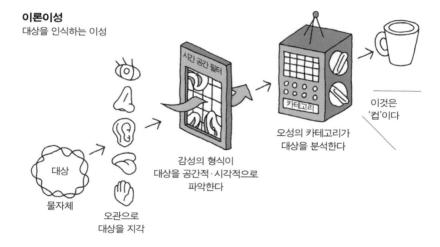

실천이성
도덕적 행위를 하려는 이성

▶148

격률 Maxim
格率

의미	행위의 규칙
문헌	칸트《인륜의 형이상학 기초》
관련	도덕규칙(P164), 정언명법(P165)
메모	칸트는 '개인적·주관적인 규칙'이라는 뜻으로 사용했다

칸트

자기 스스로 정한 행동법칙을 칸트는 '**격률**'이라고 했다. 격률은 신념이라고 바꿔 말할 수 있다.

나는 일찍 자고 일찍 일어나기로 했다

나는 하루에 3시간 공부하기로 했다

격률

나는 남에게 친절하게 대하기로 했다

격률은 스스로 자신을 위해 좋은 일이라고 생각해 정한 것으로, 도덕법칙과는 구분된다. 만약 **격률**과 **도덕**이 일치한다면 자발적으로 도덕을 행할 수 있게 된다. 칸트는 그렇게 함으로써 사람이 자유를 얻는다고 했다.

격률   도덕   자유

그는 이것을 "그대의 격률이 보편적 법칙이 되도록 행동하라"라는 정언명법으로 말했다.

자율 Autonomie
自律

의미 ··· 정언명법에 따라 조건에 구속받지 않고 자유롭게 의사결정을 하는 것
문헌 ·· 칸트《인륜의 형이상학 기초》
관련 ·· 도덕법칙(P164), 격률(P168), 정언명법(P165)

칸트

이성이 도덕법칙의 소리에 따라 행동하는 것은 자신의 이성을 따르는 것과 같다. 이것은 격률과 도덕법칙이 일치한 상태다.

내 격률은 남에게 친절하게 대하는 것이다

도덕법칙과 격률이 일치

남에게 친절하게 대하라!

도덕법칙 (P164)

격률과 도덕법칙이 일치하면

자신이 결정한 행위를 하므로 마음이 자유롭다

169

즉 우리가 도덕적 행위를 할 때 그 도덕은 신에게서 주어진 **타율**이 아니라 직접 만든 **자율**이다. 칸트는 도덕은 **자율적**이며 자유로운 것이라고 했다.

자율

도덕적 행위는 자율적 행위다

자율, 즉 자유다!

목적의 왕국

▶148

문헌	칸트《인륜의 형이상학 기초》
관련	도덕법칙(P164), 격률(P168), 자율(P169)
메모	칸트는 목적의 왕국과 반대인 인과율이 지배하는 세계를 '자연의 나라'라고 불렀다

칸트

칸트는 도덕이 어떤 보수를 위한 수단이 아니라 그 행위 자체가 목적이어야 한다고 생각했다(도덕법칙). 그러한 행위를 할 수 있는 자율적인 사람을 '**인격**'이라고 불렀다.

인격
'격률 = 도덕법칙'인
자율적인 사람을
'인격'이라고 한다

그리고 서로의 인격을 서로의 목적으로 삼아 존중하는 세계를 '**목적의 왕국**'이라고 표현하고 이것을 이상적 사회로 여겼다.

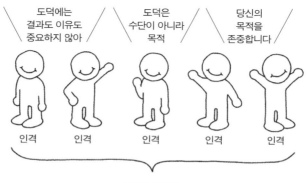

도덕에는
결과도 이유도
중요하지 않아

도덕은
수단이 아니라
목적

당신의
목적을
존중합니다

인격   인격   인격   인격   인격

목적의 왕국

▶148

비판철학

메모 ⋯⋯⋯⋯⋯⋯⋯⋯⋯⋯ 칸트의 '비판철학'은 이성에 대한 비판으로
이성을 부정하는 것은 아니다. 기존의 형이상학과 달리
인식의 한계를 정하고 형이상 세계의 지분을
실천(행동)에 한정하는 것이 비판철학의 핵심이다

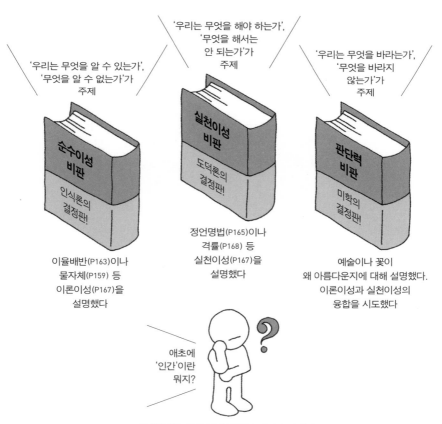

'우리는 무엇을 알 수 있는가',
'무엇을 알 수 없는가'가
주제

순수이성
비판

인식론의
결정판!

이율배반(P163)이나
물자체(P159) 등
이론이성(P167)을
설명했다

'우리는 무엇을 해야 하는가',
'무엇을 해서는
안 되는가'가
주제

실천이성
비판

도덕론의
결정판!

정언명법(P165)이나
격률(P168) 등
실천이성(P167)을
설명했다

'우리는 무엇을 바라는가',
'무엇을 바라지
않는가'가
주제

판단력
비판

미학의
결정판!

예술이나 꽃이
왜 아름다운지에 대해 설명했다.
이론이성과 실천이성의
융합을 시도했다

애초에
'인간'이란
뭐지?

철학에서 '비판'이란 부정적인 의미가 아니다.
'애초에 ○○이란 무엇인가?' 하고 상식을 새롭게 바라보는 것이다

칸트의 대표작으로 《순수이성비판》, 《실천이성비판》, 《판단력비판》이 꼽힌다. 모두 끝에 '비판'이 붙기 때문에 그의 철학은 **비판철학**이라고 불린다. 여기에서 말하는 '비판'은 '부정'이 아닌 사물을 새롭게 근본부터 음미한다는 의미다.

독일 관념론

구체적 예 ·· 칸트, 피히테, 셸링, 헤겔
상대어 ·· 유물론
관련 ·· 대륙 합리론(P106), 영국 경험론(P101)
메모 ·· 독일이 근대화하는 과정에서 나타났다

헤겔 등

칸트 철학은 세계를 현상(P161)과 물자체(P159)로 나눴다. 이때 이론이성(P167)은 현상의
인식을 담당하고 실천이성(P167)은 물자체에 관여하는 행동을 담당한다. 즉 인식과 행동
에 서로 다른 이성이 작용하는 셈이다. 하지만 이성을 꼭 이러한 식으로 나눠야 할까? 피
히테, 셸링, 헤겔은 그렇지 않다고 주장했다. 칸트에서 시작해 헤겔에 이르러 완성되는
인간 정신에 대한 철학을 '**독일 관념론**'이라고 한다.

172

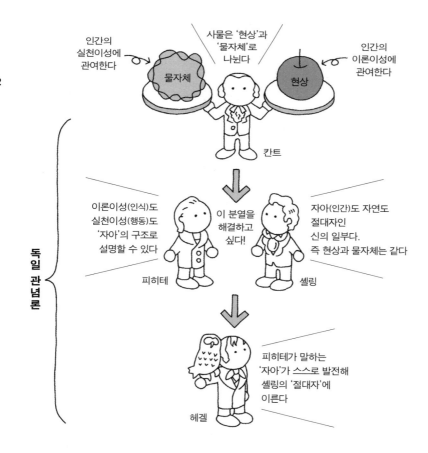

인간의
실천이성에
관여한다

사물은 '현상'과
'물자체'로
나뉜다

인간의
이론이성에
관여한다

물자체

현상

칸트

이론이성(인식)도
실천이성(행동)도
'자아'의 구조로
설명할 수 있다

이 분열을
해결하고
싶다!

자아(인간)도 자연도
절대자인
신의 일부다.
즉 현상과 물자체는 같다

피히테

셸링

독일 관념론

피히테가 말하는
'자아'가 스스로 발전해
셸링의 '절대자'에
이른다

헤겔

헤겔

절대정신

▶150

문헌	································· 헤겔《정신현상학》,《엔치클로페디》
관련	··· 역사(P176), 변증법(P174)
메모	····························· 헤겔의 정신철학에서 정신은
	주관적 정신→객관적 정신→절대정신으로 전개된다

인간은 물자체라는 객관을 인식하지 못한다고 칸트는 생각했다. 하지만 헤겔이 생각한 인간의 인식능력은 칸트가 생각하는 인식능력처럼 기능이 고정되지 않았다. 인식능력은 사회에서 교양을 익히면서 자기 스스로 행하는 **변증법**으로써 언젠가 객관의 전모를 완벽하게 파악할 수 있게끔 성장한다. 이렇게 완전해진 인식능력을 지닌 정신을 **헤겔**은 '**절대정신**'이라고 불렀다.

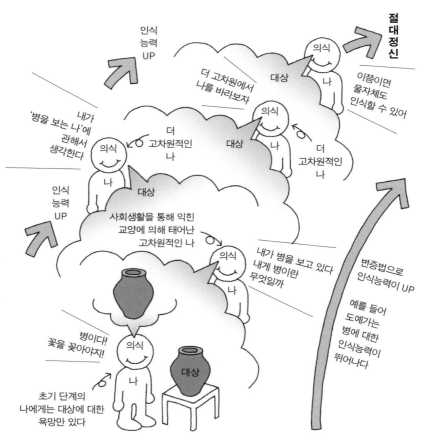

헤겔

변증법

의미 ·· 모순되는 사항을 종합·통일함으로써
고차원의 결론을 도출하는 사고방식
문헌 ·· 헤겔《정신현상학》
메모 ··· 변증법은 단순한 절충안이 아닌 점에 주의하자

▶150

헤겔은 '**변증법**'이라는 수법으로 인간이 절대적이며 보편적인 진리를 알 수 있다고 생각했다. 어떤 주장이 있으면 반드시 그에 반대하는 의견이 존재한다. 반대 의견을 부정하지 않고 서로 좋은 점을 취합해 통일하고 새로운 생각을 만들면 더 높은 지식이 완성된다. 이것을 반복하다 보면 사람은 언젠가 절대적 진리를 붙들어 **절대지**를 손에 넣을 수 있다고 생각했다. 이 절대지를 손에 넣기까지 반복하는 일련의 방법이 변증법이다.

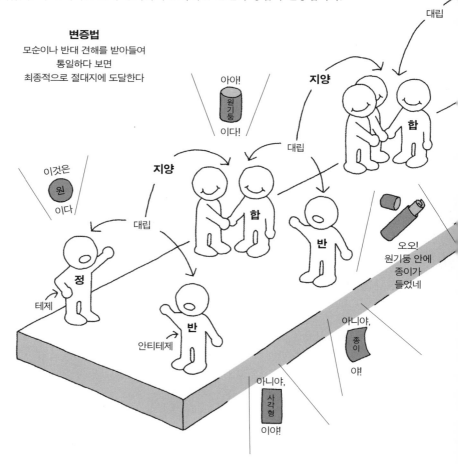

변증법
모순이나 반대 견해를 받아들여
통일하다 보면
최종적으로 절대지에 도달한다

최초의 주장을 **테제**(These, 정) 또는 **즉자**(卽自), 이것을 부정하는 입장을 **안티테제**(Antithese, 반) 또는 **대자**(對自)라고 한다. 이 두 가지를 통일해 좀 더 고차원적 생각을 도출하는 것을 **아우프헤벤**(Aufheben, 지양)이라고 하며, 이로써 만들어진 생각을 **진테제**(Synthese, 합) 또는 '**즉자대자**'라고 한다.

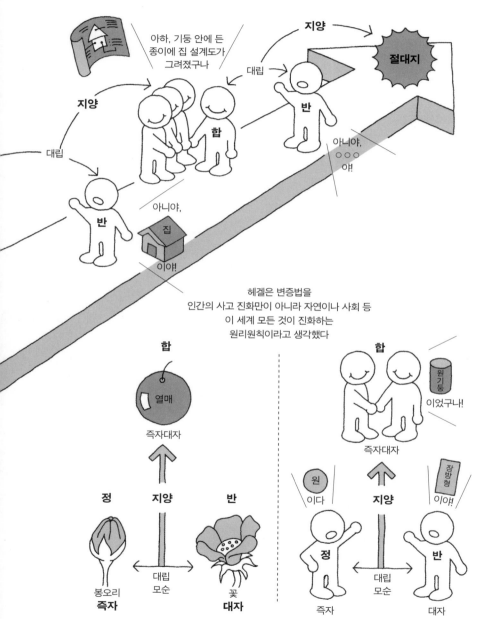

역사

문헌 ························· 헤겔《역사철학강의》

메모 ·················· 인간의 자유는 오리엔트 세계, 그리스 세계,
로마 세계로 진행하면서 발전했고 게르만 세계에서
최종 단계에 이르렀다는 것이 헤겔의 생각이다

칸트는 자신의 격률(P168)과 도덕법칙(P164)을 일치시켜 실천하는 것이 자유라고 했다
(자율). 하지만 헤겔에게 자유는 개인의 내면 문제가 아닌 현실 사회에서 구체적으로 실
현해야 의미가 있었다. **헤겔**은 **변증법**(P174)에 따라 현실 사회에서 구체적인 자유를 실현
하는 과정을 '**역사**'라고 생각했다.

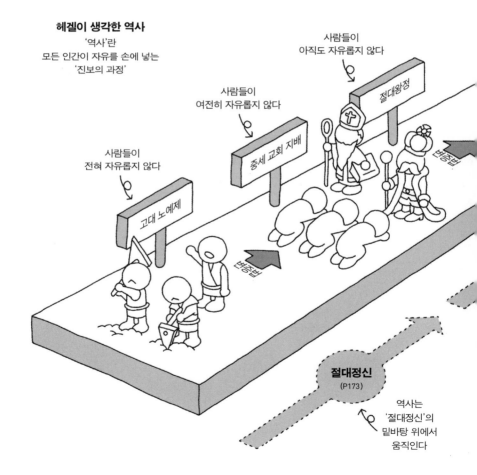

헤겔이 생각한 역사
'역사'란
모든 인간이 자유를 손에 넣는
'진보의 과정'

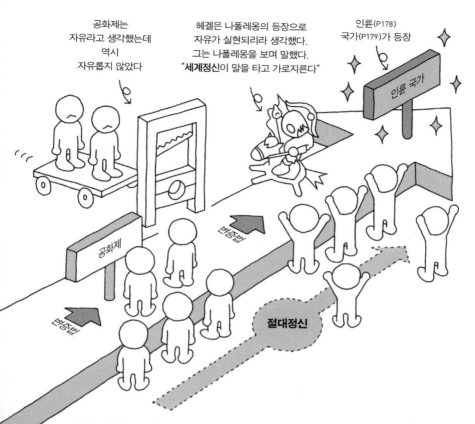

공화제는
자유라고 생각했는데
역시
자유롭지 않았다

헤겔은 나폴레옹의 등장으로
자유가 실현되리라 생각했다.
그는 나폴레옹을 보며 말했다.
"세계정신이 말을 타고 가로지른다"

인류(P178)
국가(P179)가 등장

인륜 국가

공화제

변증법

변증법

절대정신

헤겔은 역사를 밑에서 움직이는 것이 **절대정신**을 손에 넣어 자유로워지고 싶은 인간의 의식이라고 생각했다. 그러한 의식이 소수 인간만 자유로웠던 시대부터 모든 인간이 자유를 손에 넣는 시대로 역사를 이끌어, 최종적으로 '**인륜**'이라는 공동체를 이룩한다고 주장했다.

인륜

▶150

인륜

의미 ·· 인간이 생활하는 행위의 규범인 법과 도덕을
변증법적으로 종합한 것

문헌 ·· 헤겔《법철학》

관련 ································· 변증법(P174), 가족 | 시민사회 | 국가(P179)

헤겔 등

178

인륜
진정한 자유 실현

지양
(아우프헤벤)

대립
모순

도덕
개인 내면의 자유는 존중해야 하지만
도덕은 주관적인 신념이어서
사회성이 부족하다

법률
법률은 사회질서를 유지하고
객관적인 자유를 보장하는 것이지만
개인의 내면에 소홀하다

헤겔은 개인의 내면에 있는 **도덕**과 사회 전체의 질서를 만드는 **법률**이 모순 없이 공존하는 공동체를 '**인륜**'이라고 불렀다. 인륜이란 진정한 자유가 실현된 사회다. 주관적인 도덕과 객관적인 법률은 양립할 수 없는 것처럼 보이는데, 이 두 가지가 변증법에 따라 통일되면 인륜이 가능하다고 헤겔은 생각했다.

헤겔

▶150

가족 | 시민사회 | 국가

문헌 ⋯⋯⋯⋯⋯⋯⋯⋯⋯⋯⋯⋯⋯⋯⋯⋯⋯⋯⋯⋯⋯⋯⋯ 헤겔《법철학》
관련 ⋯⋯⋯⋯⋯⋯⋯⋯⋯⋯⋯⋯⋯⋯⋯ 변증법(P174), 인륜(P178)
메모 ⋯⋯⋯⋯⋯⋯⋯⋯⋯⋯ 이때의 국가는 프로이센 국가를 염두에 뒀다

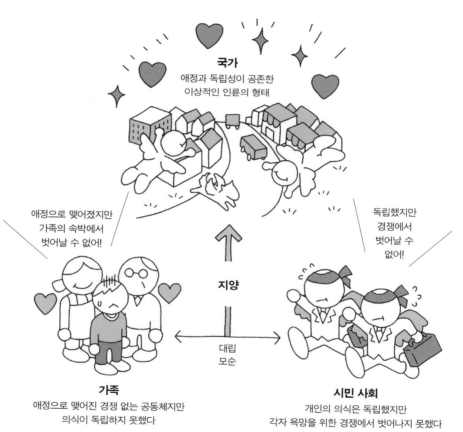

국가
애정과 독립성이 공존한
이상적인 인륜의 형태

애정으로 맺어졌지만
가족의 속박에서
벗어날 수 없어!

독립했지만
경쟁에서
벗어날 수
없어!

지양

대립
모순

가족
애정으로 맺어진 경쟁 없는 공동체지만
의식이 독립하지 못했다

시민 사회
개인의 의식은 독립했지만
각자 욕망을 위한 경쟁에서 벗어나지 못했다

가족은 애정으로 맺어진 대립 없는 공동체지만 개인의 의식은 독립하지 못한 상태다. 성장한 자식들은 독립해서 **시민사회**의 일원이 되는데, 시민사회는 개인의 욕망이 소용돌이치는 경쟁사회다. 가족끼리의 애정적인 연결과 시민사회에서의 개인적 의식의 독립이 변증법에 의해 통일된 것이 '**국가**'라고 헤겔은 주장했다. 그에게 **국가**는 **인륜**의 이상적인 형태다.

▶150

페시미즘 Pessimism
염세주의

문헌 ························· 쇼펜하우어《의지와 표상으로서의 세계》
메모 ·························· 플라톤, 칸트, 인도 철학에서 많은 영향을 받으며
니체에게 충격을 준 철학자로도 알려졌다

쇼펜하우어

헤겔은 인간이 자유를 손에 넣기까지의 과정을 역사(P176)의 진보로 봤다. 반면 쇼펜하우어는 사람들의 행동이나 그에 따라 이뤄지는 역사의 변화에 특별한 의미가 없다고 주장했다.

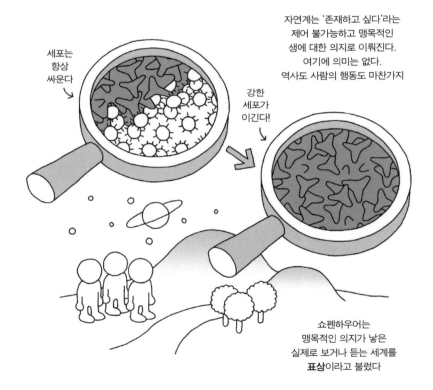

쇼펜하우어는 세계가 **맹목적인 생에 대한 의지**로 이뤄진다고 생각했다. 예를 들어 세포는 언제나 약한 세포를 도태시키며 살아남으려 한다. 존재하려는 욕망만 있을 뿐 목적이나 의미는 없다. 그저 자연계의 법칙에 따를 뿐이다. 쇼펜하우어는 인간의 행동이란 이렇게 제어할 수 없는, '존재하고 싶다'라는 의지가 일으키는 행동에 불과하다고 생각했다.

이 맹목적 의지 때문에 일어나는 다툼의 괴로움이 영원히 이어진다. 사회 전체가 아무리 변하더라도 개인이 느끼는 괴로움은 사라지지 않는다. 쇼펜하우어의 이러한 사상을 '**페시미즘**'이라고 한다.

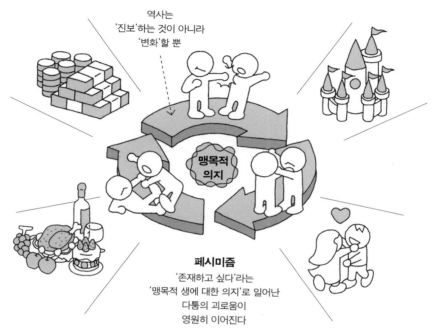

역사는
'진보'하는 것이 아니라
'변화'할 뿐

맹목적
의지

페시미즘
'존재하고 싶다'라는
'맹목적 생에 대한 의지'로 일어난
다툼의 괴로움이
영원히 이어진다

그는 이 맹목적 의지에서 일시적으로나마 도망치는 방법은 예술에 심취하는 것이라고 했다. 또 근본적으로 도망치려면 남을 동정해서 괴로움을 공유하거나 불교를 통해 해탈하는 수밖에 없다고 주장했다.

회화

문학

미식

음악

동정

불교

이 세계의 괴로움에서
도망치려면
예술에 심취하는 것이 최고.
그래도 안 된다면
괴로움을 공유하거나 불교에 귀의!

키르케고르

이것이냐 저것이냐

문헌 ················ 키르케고르《이것이냐 저것이냐》,《철학적 단편》
관련 ················ 주체적 진리(P183), 실존의 3단계(P186)
메모 ················ '이것도 저것도'는 헤겔의 변증법 이외에
다양한 욕망을 추구하는 미적 실존 단계를 말하기도 한다

이것도 저것도
'이것도 저것도' 포함해서
보편적인 진리를 탐구하는
헤겔의 변증법

이것이냐 저것이냐
'이것이냐 저것이냐'를 선택해서
자신의 진리를 믿는
키르케고르의 사상

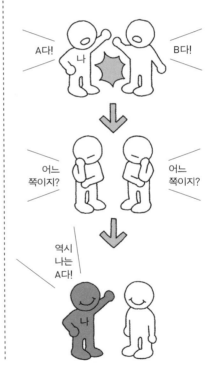

헤겔에게 진리는 모두가 납득하는 보편적인 것이다. 반대로 **키르케고르**가 중요하게 생각한 진리는 '**나에게 진리인 진리**'다. 그는 누구에게나 해당하는 일반적인 진리를 알아도 의미가 없다고 주장했다. 변증법(P174)처럼 '이것도 저것도' 포함해서 보편적인 진리를 도출하기보다 '**이것이냐 저것이냐**'를 주체적으로 선택하는 것이 키르케고르의 삶이었다.

キルケゴル

주체적 진리

▶ 151

문헌 ·· 키르케고르《길렐라이에서의 일기》,
《철학적 단편에 부치는 비학문적인 해설문》

메모 ·· 키르케고르가 살았던 시대에는
헤겔 철학이 절대적인 인기를 누렸다

객관적 진리
1백 명이나 되는
사람이 모인
성대한 파티

주체적 진리
몇 명이 모였더라도
내게는 '그 사람'이 참가하지 않은
쓸쓸한 파티

183

나

그 사람이
안 왔네…

나

헤겔의 진리는 널리 일반적인 것이다. 이와 달리 키르케고르의 진리는 '나에게 진리인
진리', 즉 주체적인 것이다. 전자를 '객관적 진리', 후자를 **주체적 진리**라고 한다.

키르케고르

▶151

예외자

문헌 ·································	키르케고르《죽음에 이르는 병》
관련 ·························	주체적 진리(P183), 실존의 3단계(P186)
메모 ··········	실존의 3단계에서는 종교적 실존을 단독자의 단계로 여긴다

헤겔은 만인에게 공통되는(보편적인) 가치를 위해 예외적인 가치가 희생되어도 어쩔 수 없다고 생각했다. 이것을 "위대한 나폴레옹이 역사를 진행하기 위해서 나가는 길에 있는 꽃을 밟아도 어쩔 수 없다"라고 표현했다. 하지만 키르케고르는 보편적인 가치에 포함되지 않는 **예외자**로 존재하는 것이야말로 진정한 가치라고 생각했다.

184

예외자
설령
고독과 불안과 절망에
짓눌리더라도
자신만의 가치를
지키는 존재

우지끈

키르케고르에게 예외자로 산다는 것은 대중의 관념에 파묻히지 않고 자신이 믿는 것(그에게는 신이었다) 앞에 홀로 오롯이 서는 것을 의미한다.

▶151

키르케고르

실존주의

의미	·················	구체적으로 살아 있는 자신의 모습을 추구하는 사상
구체적 예	·················	키르케고르, 하이데거, 야스퍼스, 사르트르
메모	·············	문학에서는 도스토옙스키(Fyodor Mikhailovich Dostoevskii), 카프카(Franz Kafka), 카뮈(Albert Camus) 등이 실존주의 작가다

키르케고르에게 중요한 것은 그때까지 철학이 추구해온 보편적 진리가 아니라 '**내게 진리인 진리**'였다. 이처럼 일반적인 사상과 무관하게 지금 현실을 주체적으로 사는 것을 '**실존**'이라고 한다. 기존의 철학처럼 객관적으로 세계를 파악하는 것이 아니라 '나'의 진리를 추구하는 입장을 '**실존주의**'라고 한다.

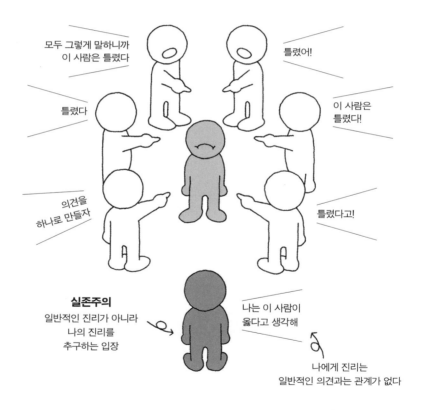

실존주의는 인간을 초월한 신 등의 존재와 대화하는 **유신론적 실존주의**(키르케고르, 야스퍼스 등)와 신을 부정하는 **무신론적 실존주의**(니체, 하이데거, 사르트르 등)로 나뉜다.

키르케고르

실존의 3단계

문헌 ·· 키르케고르《이것이냐 저것이냐》,
《철학적 단편에 부치는 비학문적인 해설문》
관련 ·· 이것이냐 저것이냐(P182), 예외자(P184)
메모 ·· 3단계 전개는 '질적 변증법'이라고 불린다

키르케고르는 인간이 진정한 실존(P185)에 도달하기 위한 길을 3단계로 나눠 고찰했다.
이것을 '**실존의 3단계**'라고 한다.

제1단계는 욕망에 따라 쾌락을 추구하고 감각적으로 사는 삶이다. 이것을 '**미적 실존**'이라
고 한다. 이 방식으로는 아무리 해도 욕망이 채워지지 않아서 결국 자기 자신을 잃거나
몸과 마음이 망가지고 공허감에 휩쓸려 절망한다.

❶ 미적 실존

제2단계는 절망한 자가 다시 일어서기 위해 자신의 정의감을 밑바탕으로 사회에 공헌하면서 자기실현하려는 삶이다. 이것을 '**윤리적 실존**'이라고 한다. 하지만 인간은 완전하지 않고 자기중심적이기에 이윽고 사회와 강하게 마찰해 절망한다.

❷ 윤리적 실존

사회에 공헌하며
사는 방식

자기중심적이 되어
사회에 절망

그러나 인간은 이러한 절망을 겪으며 최종 단계인 '**종교적 실존**'에 도달한다. 종교적 실존은 신 앞에 홀로 서는 **단독자**(P184)가 되는 것이다.

❸ 종교적 실존

진정한 실존!

신과 홀로 마주하는
단독자로서 사는 삶

절망 속에서 신과 직접 대화하는 삶의 방식으로 비로소 인간은 진정한 자신을 되찾는다고 키르케고르는 생각했다.

▶148

(신의) 보이지 않는 손

문헌	애덤 스미스 《국부론》
관련	자유방임주의(P190)
메모	애덤 스미스의 저서에서는 '보이지 않는 손' 앞에 '신(神)의'라는 단어가 등장하지 않는다

영국에서 산업혁명이 일어나 자본주의 경제가 유럽으로 전파되었다. 자본주의의 기본 원리인 '자유경쟁에 의한 개인의 이익 추구'는 과연 사회 전체에 이익을 가져다줄까?

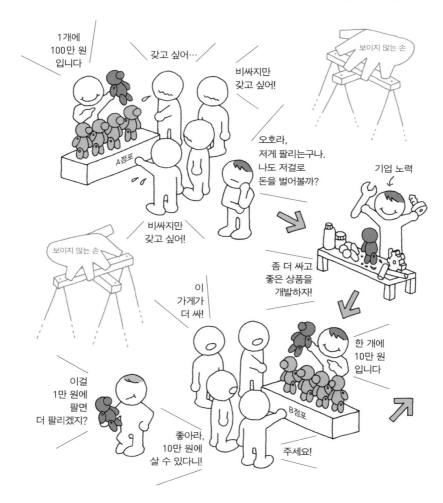

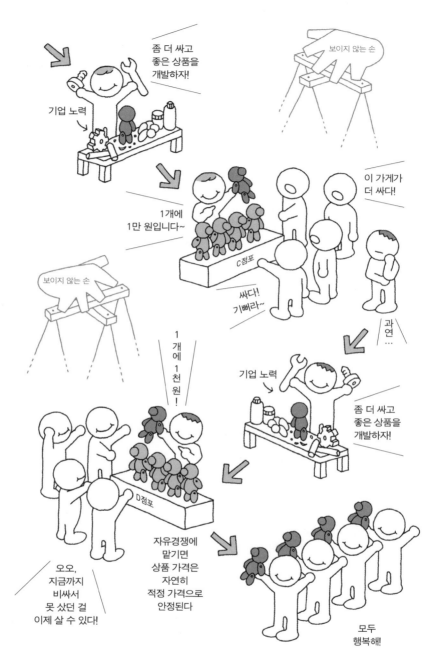

애덤 스미스의 대답은 'YES'였다. 그는 개인의 이익 추구는 (신의) **보이지 않는** 손에 인도되어 자연히 모두의 이익으로 연결된다고 봤다. 그러므로 국가가 시장에 개입할 필요가 없다.

자유방임주의 Laissez-faire
레세페르

문헌	애덤 스미스 《국부론》
메모	스미스의 자유방임주의는 도덕을 무시하고 개인의 이익을 추구해도 좋다는 뜻이 아니다. 따라서 단순한 시장원리주의가 아니다

애덤 스미스

자유로운 경쟁 아래에서 개인이 자신의 이익을 추구하면 보이지 않는 손의 인도를 받아 국가가 개입하지 않아도 결과적으로 사회 전체의 이익이 이뤄진다고 애덤 스미스는 생각했다. 이것을 '**자유방임주의**'라고 한다.

자유방임주의
자유로운 경쟁 아래에서
개인이 자신의 이익을 추구하면
사회 전체의 이익으로 이어진다.
따라서 시장에 공적 기관이
개입하면 안 된다

▶152

공리주의

의미 ·························· 사회 전체의 쾌락 증대와 고통 감소를 기준으로
도덕이나 입법을 판단해야 한다는 사상

구체적 예 ·· 벤담, 밀

메모 ············· 행위의 결과를 중시하는 점에서 '**결과론**'으로 불린다

벤담은 인간이란 **쾌락**을 추구하고 **고통**을 피하려는 **생명체**라고 생각했다.

따라서 그는 어떤 행위가 인간의 쾌락으로 이어진다면 그 행위는 **선**, 고통으로 이어진다
면 **악**이라고 정의했다. 선악을 판단하는 기준을 쾌락이 있는가에서 찾는 것을 '**공리주의**'
라고 한다.

공리주의

선악을 객관적으로 판단하는 공리주의는 지금도 윤리학과 정치학 등의 분야에 많은 영
향을 미치고 있다.

벤담

▶152

쾌락계산

문헌 ································· 벤담《도덕 및 입법의 원리서설》
관련 ···················· 최대 다수의 최대 행복(P193), 질적 공리주의(P194)
메모 ················· 벤담의 쾌락계산은 강함, 지속성, 현실성, 원근성 등
일곱 가지 기준으로 계산한다

벤담은 인간이 본질적으로 쾌락을 추구하고 고통을 피한다고 생각했다. 그는 이 쾌락과
고통을 수치로 나타내려 했다. 그는 쾌락을 강함, 지속성, 확실성 등의 기준으로 계산했
다. 이것을 '**쾌락계산**'이라고 한다.

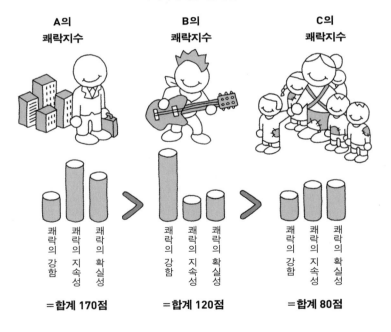

쾌락계산
쾌락을 강함, 지속성, 확실성 등의 기준으로
수치화해 계산하는 방법

그는 쾌락계산으로 나온 점수가 높은 개인이 많은 사회일수록 행복한 사회라고 봤다. 신
분이 높은 자나 그렇지 않은 자나 동등하게 점수를 환산하는 이 사상은 민주주의 발전에
대단히 공헌했다. 그는 "**개인은 평등하게 1명으로 센다. 그 누구도 그 이상으로 세지 않는다**"
라고 말했다.

벤담

▶152

최대 다수의 최대 행복

문헌 ·· 벤담《도덕 및 입법의 원리서설》
관련 ······································ 공리주의(P191), 쾌락계산(P192)
메모 ·············· 원문 'the greatest happiness of the greatest number'

벤담은 쾌락계산으로 나온 점수의 총점이 높은 사회일수록 행복한 사회라고 생각했다.

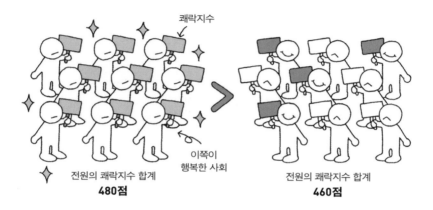

쾌락지수

이쪽이
행복한 사회

전원의 쾌락지수 합계
480점

전원의 쾌락지수 합계
460점

따라서 벤담은 최대한 많은 사람에게 최대한 높은 쾌락지수가 주어져야 한다고 생각했다. 그는 이것을 '최대 다수의 최대 행복'이라는 말로 표현하고 입법 규준으로 삼았다.

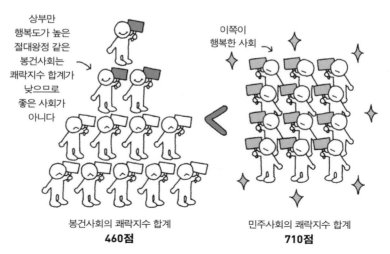

상부만
행복도가 높은
절대왕정 같은
봉건사회는
쾌락지수 합계가
<u>낮으므로</u>
좋은 사회가
아니다

이쪽이
행복한 사회

봉건사회의 쾌락지수 합계
460점

민주사회의 쾌락지수 합계
710점

질적 공리주의

▶ 153

밀

의미	쾌락에는 저급과 고급에 질적 차이가 있다는 사상
문헌	밀《공리주의》
관련	최대 다수의 최대 행복(P193)

밀은 벤담이 주장한 쾌락의 수치화에 의문을 품었다. 쾌락에는 양적인 차이 외에 질적인 차이도 있기 때문이다. 밀은 쾌락의 질을 더 중요하게 생각했다. 이것을 '**질적 공리주의**'라고 한다.

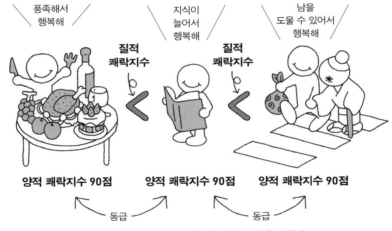

벤담의 계산법으로는 질과 관계없이 쾌락도는 같은 수치다

밀은 육체적 쾌락보다 정신적 쾌락의 질이 높다고 생각했다. 또 정신적 쾌락은 타인의 행복을 통해 얻을 수 있다고 믿었다. 그는 "**만족한 돼지보다 불만족한 인간인 편이 낫다**"라고 주장하며 **공리주의**(P191)를 더욱 이상적으로 수정했다.

만족한 돼지보다
불만족한 인간인 편이 낫다.
마찬가지로 만족한
바보보다 불만족한
소크라테스인 것이 낫다

밀

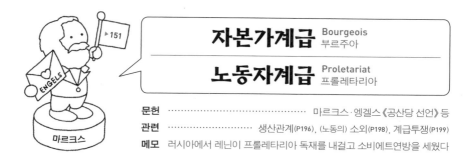

자본가계급 Bourgeois
부르주아

노동자계급 Proletariat
프롤레타리아

문헌 ·· 마르크스·엥겔스《공산당 선언》등
관련 ····················· 생산관계(P196), (노동의) 소외(P198), 계급투쟁(P199)
메모 러시아에서 레닌이 프롤레타리아 독재를 내걸고 소비에트연방을 세웠다

애덤 스미스는 개인이 자유롭게 이윤을 추구하면 보이지 않는 손(P189)에 의해 사회 전체의 이익으로 이어진다고 생각했다. 하지만 마르크스는 자유로운 경제 경쟁은 **자본가계급**(부르주아)과 **노동자계급**(프롤레타리아)이라는 새로운 **빈부차**를 만든다고 주장했다.

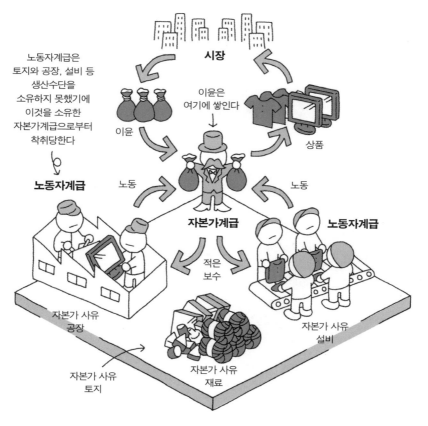

마르크스는 이를 피하려면 토지나 공장, 설비 등 생산수단(P196)을 사유하지 말고 **공유화**해야 한다고 주장했다.

마르크스

▶ 151

생산관계

문헌 ·· 마르크스《경제학비판》
관련 ············· 계급전쟁(P199), 유물사관(P202), 상부구조 | 하부구조(P200)
메모 ····································· 생산관계라는 하부구조가
사람들의 의식 체계(=상부구조)를 규정한다

인간이 살려면 의식주가 필요하다. 의식주에 관계된 것을 생산하는 설비, 토지, 원재료를 '**생산수단**'이라고 한다. 봉건제에서 소작인과 대비되는 봉건영주나 자본주의 체제에서 노동자와 대비되는 자본가처럼 생산수단을 지닌 자는 지배계급이 된다. 생산수단의 유무에 따른 이러한 상하관계를 '**생산관계**'라고 한다.

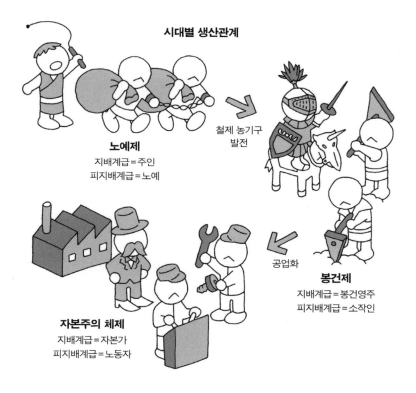

시대별 생산관계

노예제
지배계급＝주인
피지배계급＝노예

철제 농기구
발전

공업화

봉건제
지배계급＝봉건영주
피지배계급＝소작인

자본주의 체제
지배계급＝자본가
피지배계급＝노동자

생산관계는 그 시대의 기술 수준에 따라 정해진다. 그런데 기술이 진보해 물건을 과잉 생산할 수 있게 되면 피지배계급의 지위가 향상되어 지배계급으로부터 독립하려고 한다. 이렇게 다음 생산관계 시대가 시작된다.

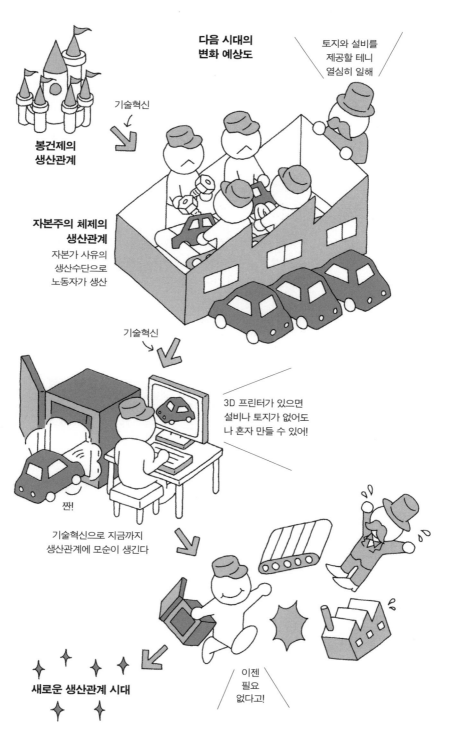

(노동의) 소외

문헌 ································ 마르크스《경제학·철학초고》
메모 ················· 마르크스는 노동의 소외를 '노동 생산물로부터의 소외',
'노동 행위로부터의 소외', '유적 존재로부터의 소외',
'인간으로부터 인간의 소외' 네 가지로 구분했다

인간은 의식주를 얻기 위해 물건을 계속 생산해야 한다. 따라서 마르크스는 인간의 본질이 **노동**이라고 주장했다. 노동은 단순한 생활수단이 아니라 타인과 사회생활을 하면서 자기 자신을 표현할 수 있는 기쁜 행위기도 하다. 하지만 자본주의 체제에서 생산수단을 소유하지 못한 노동자는 자본가의 이윤 추구에 휘둘려 원래 즐거워야 할 노동에서 고통을 느낀다. 마르크스는 이것을 (노동의) '**소외**'라고 불렀다.

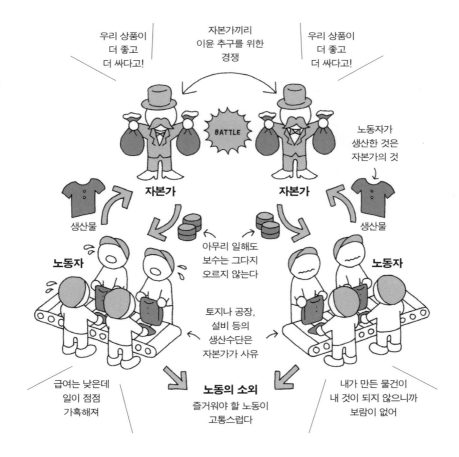

마르크스

▶151

계급투쟁

문헌 ·· 마르크스·엥겔스《공산당 선언》등
관련 ········· 자본가계급 | 노동자계급(P195), 생산관계(P196), 유물사관(P202)
메모 ·· 사회주의에는 계급이 존재하지 않으므로
계급투쟁이 일어나지 않는다고 본다

생산관계가 완성되면 지배계급은 그 제도를 유지·고정하려고 한다. 하지만 생산력(생산물을 공급하는 능력)은 기술 혁신에 따라 계속 발전한다. 그러면 고정된 생산관계는 과도하게 증대하는 생산력의 발전을 억누르려고 한다. 이 생산력과 생산관계의 모순이 마침내 **계급투쟁**(사회혁명)을 일으켜 새로운 생산관계 시대를 낳는다고 마르크스는 생각했다.

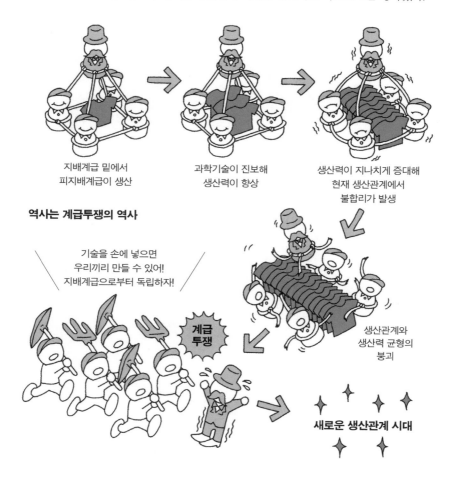

지배계급 밑에서
피지배계급이 생산

과학기술이 진보해
생산력이 향상

생산력이 지나치게 증대해
현재 생산관계에서
불합리가 발생

역사는 계급투쟁의 역사

기술을 손에 넣으면
우리끼리 만들 수 있어!
지배계급으로부터 독립하자!

계급
투쟁

생산관계와
생산력 균형의
붕괴

새로운 생산관계 시대

마르크스

상부구조 | 하부구조

문헌 ·· 마르크스《경제학비판》
관련 ························· 생산관계(P196), 이데올로기(P201), 유물사관(P202)
메모 ····· 일본을 예로 들면 하부구조는 자본주의고 상부구조는 민주주의다

마르크스는 각 시대의 **생산관계**에 의한 경제구조를 '**하부구조**'라고 하고 법률이나 정치제
도, 종교, 예술, 학문 같은 문화를 '**상부구조**'라고 불렀다. 그리고 인간의 의식 상태인 상부
구조는 물질적인 하부구조에 의해 만들어지고 결정된다고 봤다.

상부구조(정신적인 것)
법률, 정치제도 등의 사고방식이나 종교, 예술 등의 문화를 '상부구조'라고 한다

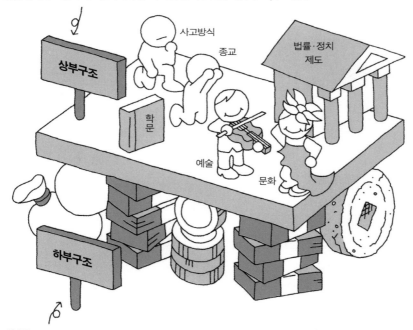

하부구조(물질적인 것)
각 시대의 생산관계에 의한 경제구조를 '하부구조'라고 한다. 그 시대가 봉건주의적인지, 자본주의적인지,
사회주의적인지, 또는 부유한지, 가난한지 등의 '하부구조'에 의해서 사람의 사고방식이 '상부구조'가 결정
된다. 예를 들어 '사치'는 사회주의에서는 평등을 깨뜨리는 것이지만 자본주의에서는 대개 마음을 충만하게
해주는 것으로 여겨진다. 즉 인간의 의식이 경제구조를 만드는 것이 아니라 경제구조가 인간의 의식을 만드는
것이다

마르크스

이데올로기 Ideology

문헌 ·································· 마르크스·엥겔스《독일 이데올로기》,
마르크스《경제학비판》
관련 ··································· 생산관계(P196), 상부구조 | 하부구조(P200)
메모 ············· 일반적으로 '어떤 입장을 지지하는 사상이나 신조'라는 뜻

인간의 사상은 의지가 아니라 그 시대의 **하부구조**가 결정한다고 마르크스는 생각했다.
예를 들어 중세 봉건제에서 돈벌이는 신을 등지는 악한 행위였다. 하지만 자본주의 체제
에서는 구조상 돈벌이가 당연한 행위지 악이 아니다.

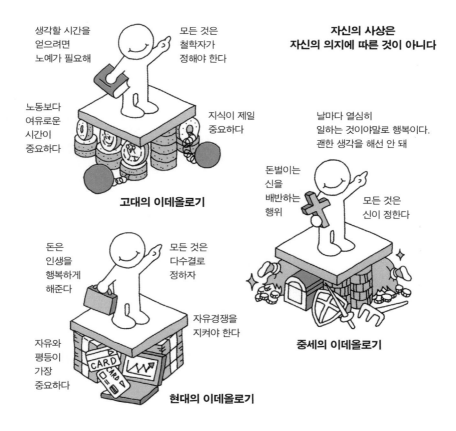

생각할 시간을
얻으려면
노예가 필요해

모든 것은
철학자가
정해야 한다

**자신의 사상은
자신의 의지에 따른 것이 아니다**

노동보다
여유로운
시간이
중요하다

지식이 제일
중요하다

날마다 열심히
일하는 것이야말로 행복이다.
괜한 생각을 해선 안 돼

돈벌이는
신을
배반하는
행위

모든 것은
신이 정한다

고대의 이데올로기

돈은
인생을
행복하게
해준다

모든 것은
다수결로
정하자

자유경쟁을
지켜야 한다

중세의 이데올로기

자유와
평등이
가장
중요하다

현대의 이데올로기

자신이 사는 시대의 생산관계를 의식하지 못한 채 마치 자신의 의견처럼 떠드는 주의나
주장을 **마르크스**는 '이데올로기'라고 부르며 비판했다.

마르크스

▶151

유물사관

문헌 ································· 마르크스 《경제학비판》
관련 ········· 생산관계(P196), 상부구조 | 하부구조(P200), 이데올로기(P201)
메모 ······ 유물사관에 따르면 공산주의 혁명은 자본주의가 발전한 나라에서
           일어나야 한다. 하지만 현실에서는 러시아에서 일어났다

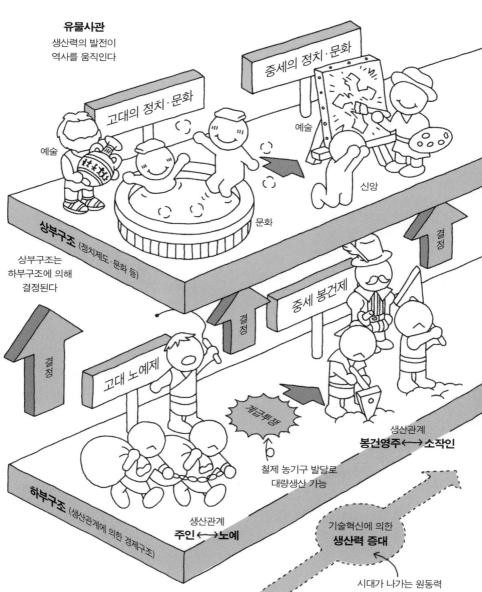

유물사관
생산력의 발전이
역사를 움직인다

고대의 정치·문화

중세의 정치·문화

예술

예술

신앙

문화

상부구조 (정치제도·문화 등)

상부구조는
하부구조에 의해
결정된다

결정

결정

결정

중세 봉건제

고대 노예제

계급투쟁

철제 농기구 발달로
대량생산 가능

생산관계
봉건영주 ←→ 소작인

하부구조 (생산관계에 의한 경제구조)

생산관계
주인 ←→ 노예

기술혁신에 의한
생산력 증대

시대가 나가는 원동력

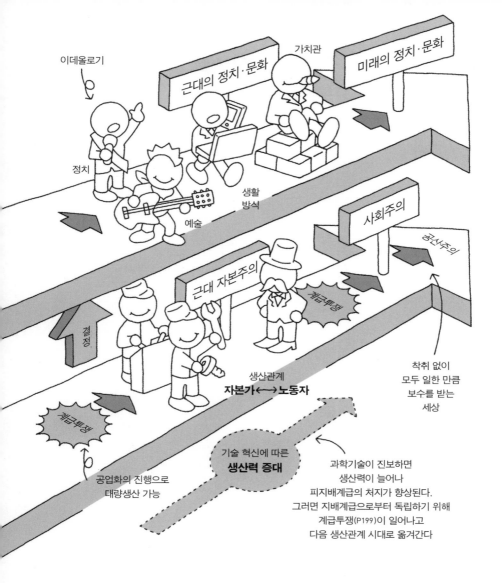

이데올로기

가치관

근대의 정치·문화

미래의 정치·문화

정치

생활
방식

예술

사회주의

공산주의

근대 자본주의

계급투쟁

착취 없이
모두 일한 만큼
보수를 받는
세상

결정

생산관계
자본가←→노동자

계급투쟁

공업화의 진행으로
대량생산 가능

기술 혁신에 따른
생산력 증대

과학기술이 진보하면
생산력이 늘어나
피지배계급의 처지가 향상된다.
그러면 지배계급으로부터 독립하기 위해
계급투쟁(P199)이 일어나고
다음 생산관계 시대로 옮겨간다

헤겔은 인간의 의식이 역사(P176)를 이끌어 간다고 생각했는데, 마르크스는 역사를 움직이는 것은 의식 같은 정신적인 것이 아니라 물질적인 것이라고 주장했다(유물사관/사적유물론). 인간은 의식주를 위해서 물건을 계속 생산해야 한다. 이러한 생산 활동을 위해서 인간은 그 시대의 기술 수준에 맞는 **생산관계**를 맺는다. 그리고 생산관계를 토대로 정치제도나 문화(상부구조)가 형성된다. 이윽고 기술의 진보로 생산력이 늘어나면 그때까지의 생산관계가 유지되지 못하므로 계급투쟁이 일어난다. 이렇게 시대는 노예제→봉건제→자본주의→사회주의→공산주의 순으로 진보한다고 마르크스는 생각했다.

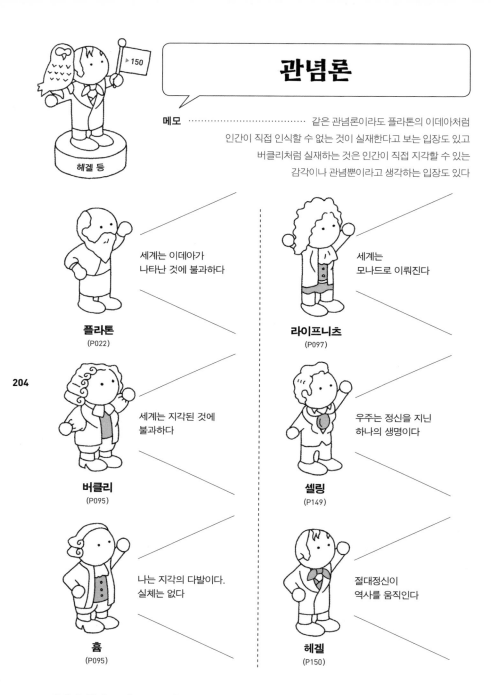

세계의 형태를 이루는 근원을 물질이 아니라 정신적인 것으로 생각하는 사상을 '**관념론**'이라고 한다. 대표적인 관념론자는 **플라톤**과 **헤겔**이다.

유물론

▶151

ENGELS

마르크스 등

메모 ························· 마음이나 의식을 뇌의 작용으로 설명할 수 있다고
보는 것이 유물론이다. 하지만 현대 철학이나 사상에서도
'마음이란 무엇인가?', '의식이란 무엇인가?'의 문제는
답변하기 어려운 문제로 계속 논의되고 있다

만물의 근원은
물이다

탈레스
(P018)

국가는
인공적으로 만들어진다

홉스
(P097)

세계는
원자로 이뤄진다

데모크리토스
(P021)

생산관계가
역사를 움직인다

마르크스
(P151)

나도 만물은
원자로 이뤄진다고 생각
한다

에피쿠로스
(P023)

세계는
물질로 이뤄진다

**현대
과학자**

205

세계의 형태를 이루는 근원은 정신적인 것이 아니라 물질이라고 생각하는 사상을 '**유물
론**'이라고 한다. 대표적인 유물론자는 **데모크리토스**와 **마르크스**다.

니체

니힐리즘 Nihilism

▶152

의미	기성 가치를 부정하는 입장
문헌	니체《힘에의 의지》
관련	힘에의 의지(P212)
메모	허무주의

산업혁명 이후 공업화로 인한 공해나 경관 악화, 가혹한 노동 등 새로운 문제들이 나타났다. 문명의 진보가 인류를 행복하게 한다고 믿었지만 사실은 그렇지 않다는 생각이 퍼지기 시작했다.

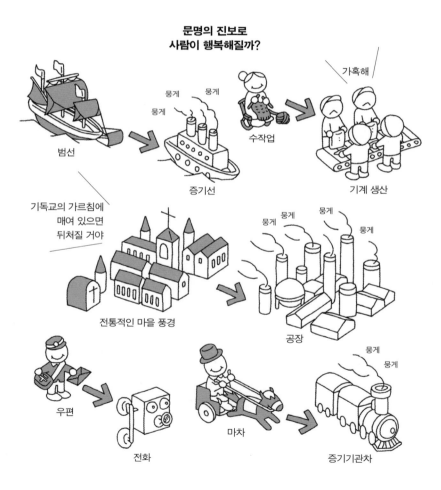

**문명의 진보로
사람이 행복해질까?**

범선 → 증기선 (뭉게 뭉게 뭉게) → 수작업 → 기계 생산 (가혹해)

기독교의 가르침에 매여 있으면 뒤처질 거야

전통적인 마을 풍경 → 공장 (뭉게 뭉게 뭉게 뭉게)

우편 → 전화

마차 → 증기기관차 (뭉게 뭉게)

그리고 기독교도 합리적인 근대 문명과 어울리지 않는 가치가 되어 영향력을 잃기 시작했다. 기독교를 도덕 기준으로 삼은 사람들은 기댈 곳을 잃었다.

인간이 자신의 행동 목적을 잃어버린 니힐리즘 시대가 왔음을 확신한 니체는 "**신은 죽었다**"라고 선언했다. 이러한 시대에는 자기 자신이 새로운 가치를 만드는 **능동적 니힐리즘**과 기존의 가치를 잃음으로써 살아갈 기력을 잃고 마는 **수동적 니힐리즘**이 나타난다고 니체는 설명했다.

니체

르상티망 Ressentiment

▶152

문헌 ··· 니체《도덕의 계보》
관련 ····································· 노예도덕(P210), 무리 본능(P211)
메모 ····································· 원래 '원망', '원한'이라는 뜻으로,
니체는 약자가 강자를 증오하는 심리를 표현하는 말로 사용했다

약자가 힘으로 이기지 못하는 강자를 **악**으로 삼아 자신을 이해시키려는 심리를 니체는 '**르상티망**'이라고 불렀다. 예를 들어 가난한 자가 부유한 자를 악이라고 치부함으로써 정신적 우위를 확보하려는 것이다.

르상티망
약자는 자신을 선, 강자를 악이라고 믿으며
자신을 정신적 우위에 세운다.
약자의 이러한 성질 덕분에 기독교가 폭발적으로 전파되었다

'부자가 천국에 가기란
낙타가 바늘구멍을 지나는 것보다 어렵다'
- 예수 그리스도

나는 불쌍한 피해자야.
지금은 괴롭지만
나는 착한 사람이니까
죽으면 천국에 갈 거야!
성서에 그렇게
적혀 있으니까

니체는 기독교가 인간 심리인 르상티망을 '**도덕**'이라는 말로 바꿔 정당화함으로써 폭발적으로 보급되었다고 생각했다.

니체가 생각한 기독교가 전파된 과정

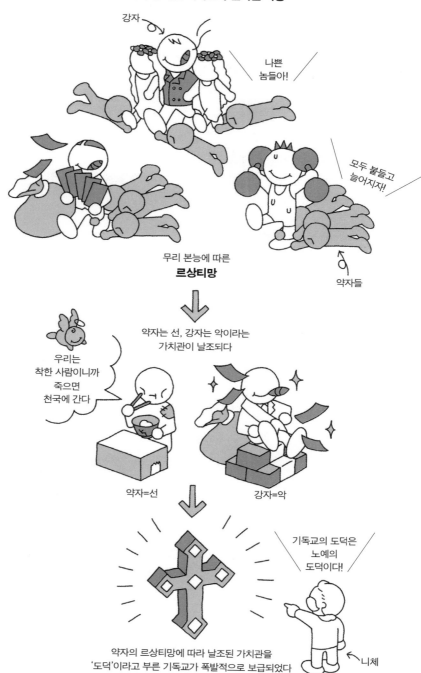

▶152

노예도덕

문헌	·· 니체《도덕의 계보》
관련	·· 르상티망(P208)
메모	·· 니체는 노예도덕을 대신해
	귀족주의적 '주인도덕'을 주장했다

니체

생물학자 다윈(Charles Darwin)에 따르면 자연계 생물은 강자가 살아남는 자연도태로 진화했다. 여기에 선악이라는 도덕은 없다. 강한 초목이 약한 초목을 도태시키고 번식한다고 해서 강한 초목이 악은 아니다.

210

강한 초목은
약한 초목을 도태시키며
번식한다

물개는
영역 다툼을 하며
살아남는다

**자연계에 강약은 있어도
선악이라는 도덕은 없다**

약자가 선이고
강자가 악이라는 도식은 없다

육식동물은
초식동물을
잡아먹는다

세포는 항상
약한 세포와 싸우며
증식한다

그런데 인간계에서는 재능이 많고 건강한 **강자를 악으로, 약자를 선**으로 생각하는 도덕을 자주 접한다. 왜 인간계에만 이러한 가치관이 존재할까?

니체는 약자가 무리를 지어서 힘으로 이기지 못하는 강자를 '동정심이라곤 없다', '욕심이 많다'라고 단정해 정신적 우위에 서려고 한다고 봤다. 이러한 약자의 **무리 본능**이 도덕이라는 가치를 날조한다고 생각했다.

노예도덕

인간계에는 강자가 악이고 약자가 선이라는 도덕이 있다

약자=선

가난한 사람은
정직하고 욕심이 없다

몸이 약한 사람은
마음이 따뜻하다

강자=악

몸이 튼튼한 사람은
폭력적이라 무섭다

부유한 사람은
욕심이 많고 지독하다

우리는
죽으면
천국에
갈 거야

저 녀석은
틀림없이
벌을 받겠지

기독교는 무리 본능을
정당화했다.
인간이 니힐리즘(P207)에
빠지게 된 근원이기도 하다

타고나지 못한
약자들

건강하고
재능 넘치는 강자

즉 도덕은 대다수인 약자가 소수인 강자에게 저항하는 생존본능이다. 기독교가 이 본능을 지지했기에 폭발적으로 전파되었다고 니체는 생각했다. 그는 기독교가 가르치는 도덕이 원래 가치를 반전시킨 '**노예도덕**'이라고 주장했다.

니체

힘에의 의지

문헌 ·· 니체《힘에의 의지》
관련 ····························· 니힐리즘(P206), 원근법주의(P213), 초인(P216)
메모 ························ 이 사상에서 쇼펜하우어 철학의 영향이 엿보인다

니체는 사람의 행동 원리를 '힘에의 의지'라고 생각했다. 강해지고 싶은 마음이 모든 감정과 행동의 근원이라는 뜻이다. 사람이 화를 내거나 웃고 슬퍼하는 것은 자신의 힘을 인정받았거나 비난받았기 때문이라고 니체는 주장했다.

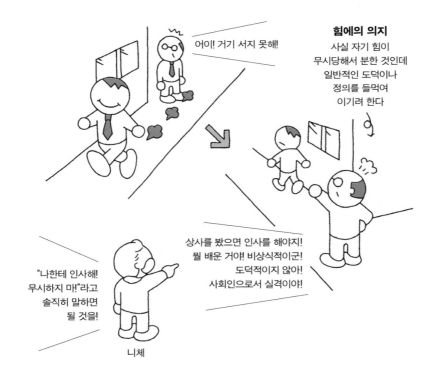

부하가 인사하지 않자 상사는 상식이 부족하다고 화를 낸다. 하지만 알고 보면 부하에게 상식이 없어서 화를 내는 것이 아니라 본인이 무시당해서 분한 것이라고 니체는 생각했다. 그럴듯한 정의나 도덕을 들먹이는 배후에는 강해지고 싶다는 '힘에의 의지'가 숨어 있는 것이다.

니체

원근법주의 Perspectivism
퍼스펙티비즘

▶ 152

의미 ·· 객관적인 인식이 불가능하기 때문에
각자 입장이나 조건에 따라 인식이 달라진다는 사상
문헌 ·· 니체《힘에의 의지》
관련 ·· 힘에의 의지(P212)

고양이에게는 고양이에 맞는, 인간에게는 인간에게 맞는 경치를 보는 방식이 있다. 인간은 보통 고양이보다 '고도'로 세계를 이해한다고 여기는데, 이 '고도'는 인간 특유의 개념이다. 만약 이 세계에 인간이 없으면 고도도 저도도 없다. 니체는 객관적 사실이란 존재하지 않고 오로지 인간의 해석만이 있다고 주장했다.

원근법주의
같은 풍경을 보더라도 사람이 셋이면 소실점도 셋이다
(가치도 셋이다)

213

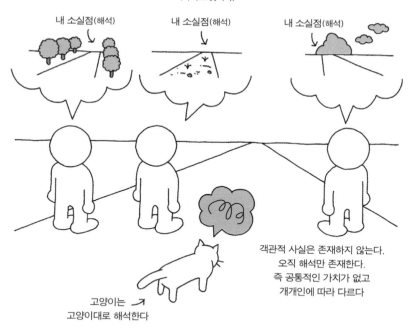

내 소실점 (해석)   내 소실점 (해석)   내 소실점 (해석)

객관적 사실은 존재하지 않는다.
오직 해석만 존재한다.
즉 공통적인 가치가 없고
개개인에 따라 다르다

고양이는 →
고양이대로 해석한다

이 세계에 보편적인 가치는 없다. 같은 풍경을 봐도 사람에 따라 **소실점**이 다른 것처럼 가치 또한 사람에 따라 다르다. 이것을 '**원근법주의**'라고 한다.

영겁회귀

문헌 ·· 니체《차라투스트라는 이렇게 말했다》
관련 ································· 니힐리즘(P206), 초인(P216)
메모 ······ 스위스 실바플라나 호반을 산책하다 영겁회귀를 떠올렸다고 한다

니체

돌멩이 몇 개를 주워 땅에 뿌리는 행동을 몇 번쯤 반복하다 보면 어느 순간에 완전히 똑같은 모양으로 돌멩이가 땅에 배치된다. 이 행동을 무한 반복하면 계속 똑같이 배치될 것이다.

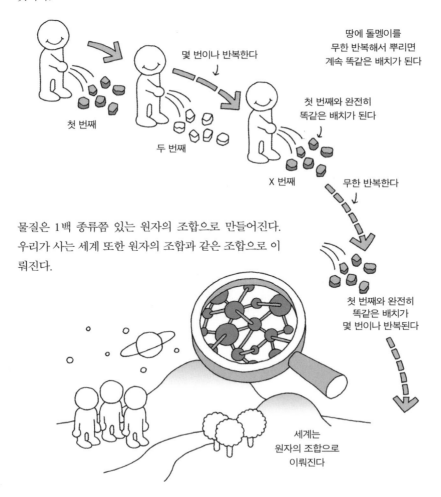

땅에 돌멩이를
무한 반복해서 뿌리면
계속 똑같은 배치가 된다

몇 번이나 반복한다

첫 번째와 완전히
똑같은 배치가 된다

첫 번째

두 번째

X 번째

무한 반복한다

물질은 1백 종류쯤 있는 원자의 조합으로 만들어진다. 우리가 사는 세계 또한 원자의 조합과 같은 조합으로 이뤄진다.

첫 번째와 완전히
똑같은 배치가
몇 번이나 반복된다

세계는
원자의 조합으로
이뤄진다

사물이 변화하기 전과 후에 원자의 종류와 수가 변하지 않고 시간이 무한하다고 생각해보자. 그러면 돌맹이의 예시처럼 우리가 사는 지금 세계와 완전히 똑같은 원자의 조합은 무한한 시간 속에서 앞으로 몇 번이나 반복해서 돌아올 것이고 과거에도 몇 번이나 반복되었을 것이다.

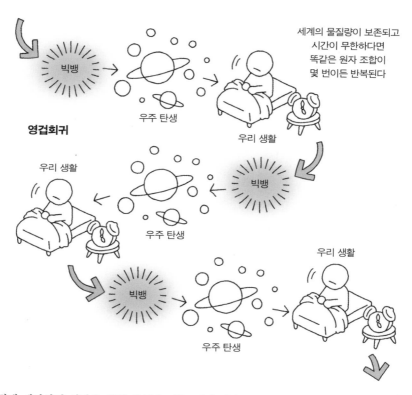

이렇게 생각하면 시간은 원환 운동을 하는 것이 된다. 따라서 역사에 진보나 전진은 없다. 그저 변화만 있을 뿐이다. **니체**는 이것을 '**영겁회귀**'라고 불렀다.

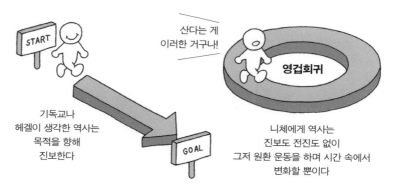

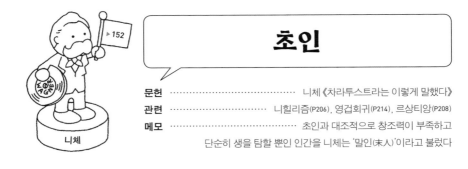

초인

문헌 .... 니체《차라투스트라는 이렇게 말했다》
관련 .... 니힐리즘(P206), 영겁회귀(P214), 르상티앙(P208)
메모 .... 초인과 대조적으로 창조력이 부족하고
단순히 생을 탐할 뿐인 인간을 니체는 '말인(末人)'이라고 불렀다

인류에게 공통 목표가 있고 역사(P176)는 그것을 향해 진보한다는 것이 헤겔의 사상이다. 하지만 니체는 신이 죽은 니힐리즘 세계에서 사람은 목표를 향해 살아갈 힘을 잃고 그냥저냥 사는 것을 추구한다고 주장했다. 그는 우리가 원환 운동을 하는 시간 속에 그저 살고 있을 뿐이라고 봤다.

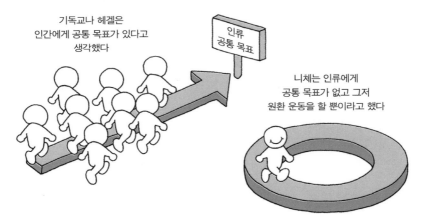

그래도 니체는 영겁회귀를 긍정했다. 왜냐하면 기존 가치에 휩쓸리지 않고 스스로 자유롭게 목표를 정할 수 있기 때문이다.

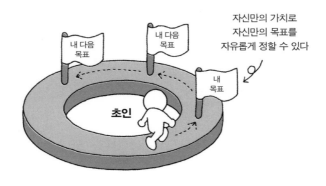

니체는 영겁회귀를 '산다는 게 이러한 건가. 그렇다면 한 번 더' 하고 긍정적으로 받아들여 (운명애, 運命愛) 기존의 가치에 휩쓸리지 않고 새로운 가치를 낳는 인간을 '초인'이라고 불렀다. 그에게 초인은 진정한 의미로 자유로운 존재다.

초인은 기상천외한 발상으로 새로운 가치를 창조한다
(예를 들어 유대교의 가르침을 어기고 자신의 신념에 따라 행동한 예수 그리스도는 새로운 가치를 낳은 초인이다. 니체는 기독교를 강력히 비판했으나 예수를 부정하지는 않았다)

니체에 따르면 초인은 처음에는 노예도덕(P211)에 익숙한 자들에게 이해를 받지 못한다. 하지만 기존 가치를 잃고 괴로워하는 니힐리즘 세계에 기상천외한 아이디어를 이용해 숨구멍을 뚫어준다.

이상한 사람

이상한 사람

초인은 처음에는 이해를 받지 못하지만 독특한 아이디어로 괴로운 세계에 숨구멍을 뚫어준다

그리고 앞으로 찾아올 르상티망이 존재하지 않는 세계에서 초인은 어린아이처럼 순수하고 즐겁게 살 수 있다고 말했다.

앞으로 찾아올 세계에는 르상티망이 없다

각자 자신만의 가치를 지녔다

퍼스

프래그머티즘 Pragmatism
실용주의

▶153

의미 ·········· 대상이 진리인지 아닌지 경험의 결과로 판단하는 철학적 태도
구체적 예 ······················ 퍼스(P153), 제임스(P154), 듀이(P154)
메모 ······ 현재 네오프래그머티즘(NeoPragmatism, 신실용주의)으로 발전했다

퍼스는 '어떤 것에 대한 지식'이란 '어떤 것으로 어떤 행동(행위)을 할 수 있고 그 결과 어떻게 되는가에 대한 지식'이라고 봤다. 예를 들어 '얼음을 안다'는 것은 얼음 그 자체를 아는 것이 아니라, 얼음을 만지면 차갑다거나 얼음에 열을 가하면 녹는다는 점을 아는 것이다. 예를 들어 형태나 소재가 '얼음'이라도 만져서 차갑지 않으면 '얼음'이 아니다.

지식이란 결과를 예측한 것

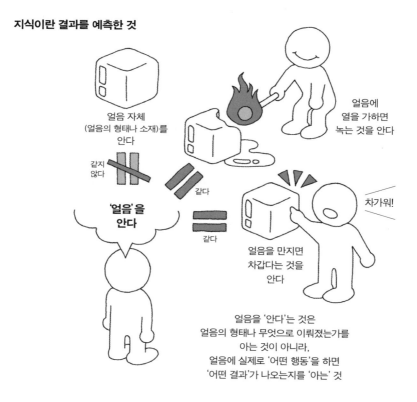

즉 지식은 어떤 것에 대한 (실제로 검증할 수 있는) 행동의 결과를 예측하는 것이다.

218

지식을 행위의 결과와 연결한 퍼스의 사상을 그의 친구 제임스가 더욱 발전시켰다. 제임스는 어떤 지식에 바탕을 두고 행동한 결과가 유용하다면 그 지식은 진리라고 봤다. 이것을 '**실용주의**'라고 한다. 또 듀이는 지식 그 자체에 가치가 없고 인간에게 **유용한 도구**여야 한다는 '**도구주의**'를 주장했다.

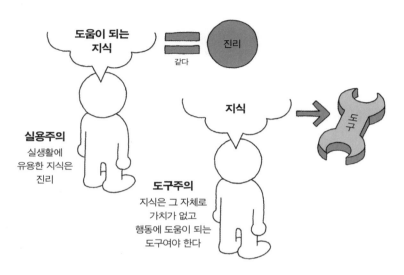

도움이 되는
지식

진리

같다

실용주의
실생활에
유용한 지식은
진리

지식

도
구

도구주의
지식은 그 자체로
가치가 없고
행동에 도움이 되는
도구여야 한다

지식은 효과의 예측이고 그 지식이 인간에게 유용하다면 진리라고 보는 사상을 '**프래그머티즘**'이라고 한다.

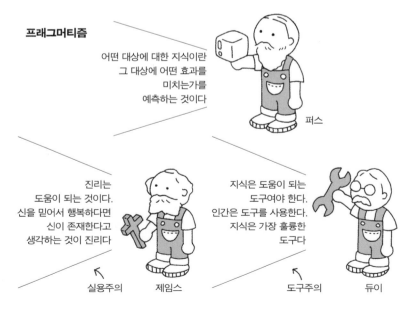

프래그머티즘

어떤 대상에 대한 지식이란
그 대상에 어떤 효과를
미치는가를
예측하는 것이다

퍼스

진리는
도움이 되는 것이다.
신을 믿어서 행복하다면
신이 존재한다고
생각하는 것이 진리다

실용주의   제임스

지식은 도움이 되는
도구여야 한다.
인간은 도구를 사용한다.
지식은 가장 훌륭한
도구다

도구주의   듀이

▶ 155

무의식

문헌 ···	프로이트《정신분석 입문》등
상대어 ···	의식
관련 ···	에스	자아	초자아(P221), 집합적 무의식(P223)
메모 ···	무의식은 과학적 개념이 아니라는 비판도 있다

프로이트

데카르트의 '나는 생각한다, 그러므로 존재한다' 이후 자아란 자신의 의식이고 의식은 이성으로 조정할 수 있다는 것이 철학의 상식이었다. 하지만 **프로이트**는 인간의 행동 대부분은 이성으로 조정할 수 없는 **무의식**에 지배된다고 생각했다.

의식

의식이
인간의 행동을
이성적으로 결정한다고
데카르트는 생각했다

의식

무의식

무의식이
인간의 행동에
영향을 준다고
프로이트는 생각했다

잊고 싶은 기억은 의식하지 못하는 부분에 저장되어 평소에는 억압을 받는다. 이러한 기억은 평소 의식되지 않는데, 어떤 계기로 의식하게 되면 불안해지거나 신경질적이 되기도 한다.

**인간의 행동은
무의식에 지배된다**

이거 살래

잊고 싶은 기억을
무의식적으로
피한다

어려서 부모에게 당한 행동과
같은 행동을
무의식적으로 한다

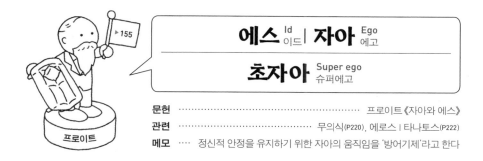

에스 ⁱᵈ이드 | 자아 Ego에고

초자아 Super ego슈퍼에고

문헌	··· 프로이트《자아와 에스》
관련	··· 무의식(P220), 에로스 l 타나토스(P222)
메모	···· 정신적 안정을 유지하기 위한 자아의 움직임을 '방어기제'라고 한다

프로이트가 생각한 자아는 인간의 본능적인 **욕동**(Libido, 리비도)인 **에스**(이드)와 그것을 억압하는 도덕적인 **초자아**(슈퍼에고)의 균형을 유지하기 위해 후천적으로 생겨난다. 그의 자아는 데카르트가 생각한 것처럼 확고하지 않다. **무의식**도 포함한 불완전한 것이다.

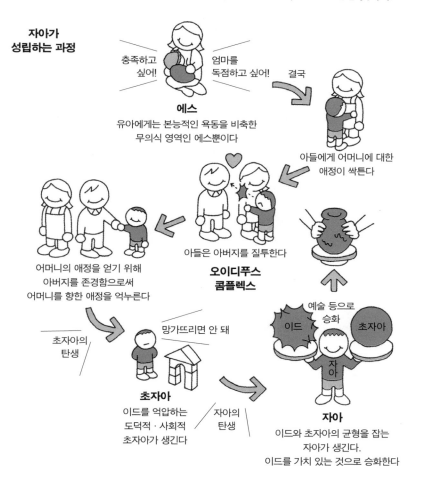

자아가 성립하는 과정

충족하고 싶어!   엄마를 독점하고 싶어!   결국

에스
유아에게는 본능적인 욕동을 비축한 무의식 영역인 에스뿐이다

아들에게 어머니에 대한 애정이 싹튼다

아들은 아버지를 질투한다
오이디푸스 콤플렉스

어머니의 애정을 얻기 위해 아버지를 존경함으로써 어머니를 향한 애정을 억누른다

초자아의 탄생

망가뜨리면 안 돼

초자아
이드를 억압하는 도덕적·사회적 초자아가 생긴다

자아의 탄생

예술 등으로 승화
이드   초자아

자아
이드와 초자아의 균형을 잡는 자아가 생긴다. 이드를 가치 있는 것으로 승화한다

에로스 Eros | 타나토스 Thanatos

문헌	프로이트《쾌감원칙의 피안》
관련	무의식(P220), 에스 l 자아 l 초자아(P221)
메모	현실원칙과 쾌감원칙으로 설명하지 못하는 행동을 설명하기 위해 '타나토스'라는 개념을 가설로 세웠다

프로이트

프로이트는 무의식 영역인 에스 안에는 성적인 욕동(리비도)만 있다고 생각했다. **에스**는 단순히 **쾌락**만을 추구하는 원칙을 따르기에 '**쾌락원칙**'이라고 한다. 사회에서 생활하기 위한 이성인 **초자아, 자아**를 '**현실원칙**'이라고 한다.

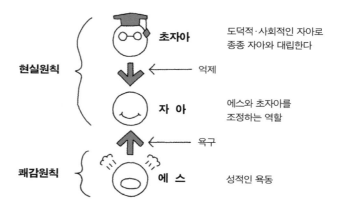

프로이트는 말년에 인간에게는 죽음을 갈구하는 욕동도 있다고 말했다. 이것을 '**타나토스**(죽음의 욕동)'라고 불렀다. 이와 반대로 성적 욕동이나 자기보존 욕동 등 미래를 향해 전진하는 욕동을 '**에로스**(생의 욕동)'라고 한다.

에로스(생의 욕동)	**타나토스**(죽음의 욕동)
살려고 하는 욕동	죽음으로 향하려는 욕동

성적 욕동이나 자기보존 욕동처럼 살려고 하는 욕동	아무것도 없는 상태를 갈망하고 죽음으로 가려는 욕동

▶155

집합적 무의식

문헌 ·· 융《자아와 무의식》
메모 ·························· 프로이트는 개인적 무의식만 문제로 삼았다.
융의 집합적 무의식이라는 개념은 프로이트와 갈라서는 원인이 되었다

정신과 의사인 융은 환자가 그리는 그림이 만다라*와 비슷하다는 것에 착안해 만다라를 조사했다. 그러자 각국에서 그와 비슷한 문양이 발견되었다. 또 그는 각국 신화에도 공통점이 많다는 것을 깨달았다.

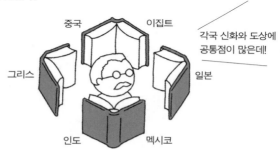

중국   이집트
각국 신화와 도상에
공통점이 많은데!
그리스   일본

인도   멕시코

223

그래서 융은 인간에게는 개인의 경험에 따라 만들어진 무의식 깊은 곳에 전 인류에게 공통인 집합적 무의식(보편적 무의식)이 있다고 생각했다.

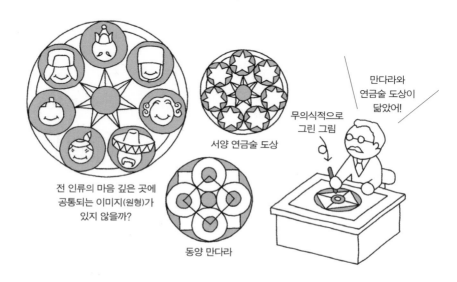

전 인류의 마음 깊은 곳에
공통되는 이미지(원형)가
있지 않을까?

서양 연금술 도상

무의식적으로
그린 그림

동양 만다라

만다라와
연금술 도상이
닮았어!

* 우주의 본질을 그림으로 나타낸 것.

현대

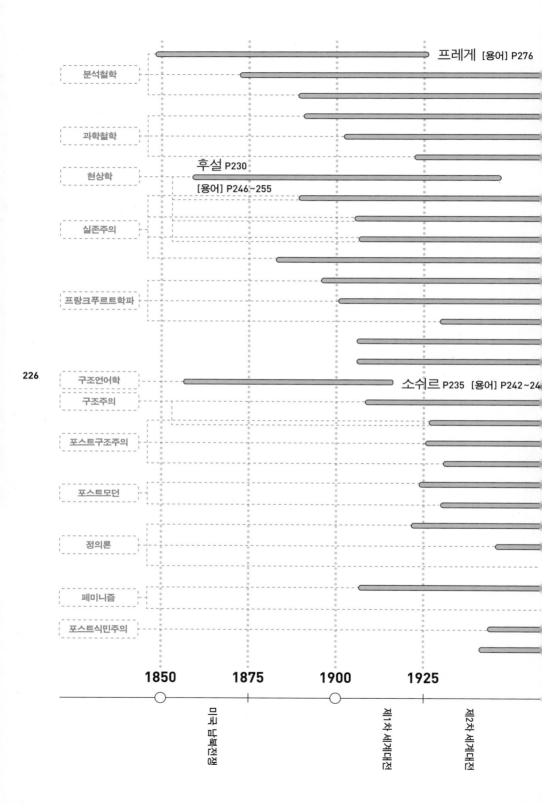

분석철학

과학철학

현상학

실존주의

프랑크푸르트학파

구조언어학

구조주의

포스트구조주의

포스트모던

정의론

페미니즘

포스트식민주의

프레게 [용어] P276

후설 P230

[용어] P246~255

소쉬르 P235 [용어] P242~24

1850   1875   1900   1925

미국 남북전쟁

제1차 세계대전

제2차 세계대전

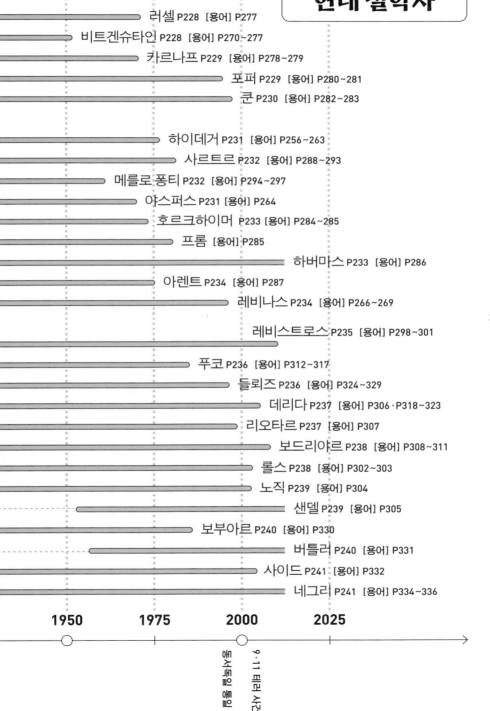

현대 철학자

러셀 P228 [용어] P277
비트겐슈타인 P228 [용어] P270~277
카르나프 P229 [용어] P278~279
포퍼 P229 [용어] P280~281
쿤 P230 [용어] P282~283

하이데거 P231 [용어] P256~263
사르트르 P232 [용어] P288~293
메를로 퐁티 P232 [용어] P294~297
야스퍼스 P231 [용어] P264
호르크하이머 P233 [용어] P284~285
프롬 [용어] P285
하버마스 P233 [용어] P286
아렌트 P234 [용어] P287
레비나스 P234 [용어] P266~269
레비스트로스 P235 [용어] P298~301
푸코 P236 [용어] P312~317
들뢰즈 P236 [용어] P324~329
데리다 P237 [용어] P306·P318~323
리오타르 P237 [용어] P307
보드리야르 P238 [용어] P308~311
롤스 P238 [용어] P302~303
노직 P239 [용어] P304
샌델 P239 [용어] P305
보부아르 P240 [용어] P330
버틀러 P240 [용어] P331
사이드 P241 [용어] P332
네그리 P241 [용어] P334~336

1950　**1975**　**2000**　**2025**

동서독일의 통일

9·11 테러 사건

제2차 세계대전 후에 핵무기 금지
운동과 베트남전쟁 반대 운동을
펼쳤다.

애정을 받는 사람은
대체로 남에게
애정을 주는
사람이다.

《결혼론》, 《행복론》 등 인생론에
관한 저작도 많다.

1872~1970

버트런드 러셀

BERTRAND ARTHUR WILLIAM RUSSELL

▶ P277

영국 철학자이자 수학자, 논리학자. 명문가에서 태어났다. 제1차 세계대전 때 전쟁에 반대해 케임브
리지대학에서 쫓겨나고 감옥에 갇혔다. 종교와 사회사상, 교육 등 다방면에 걸쳐 발언했고 1950년
에 자유와 평화를 호소하는 저작으로 노벨문학상을 받았다. 철학적으로 기호논리학과 수학에 근거
한 논리학의 기반을 마련하는 데 공헌했다.

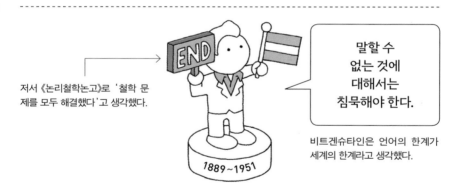

저서 《논리철학논고》로 '철학 문
제를 모두 해결했다'고 생각했다.

말할 수
없는 것에
대해서는
침묵해야 한다.

비트겐슈타인은 언어의 한계가
세계의 한계라고 생각했다.

1889~1951

루트비히 비트겐슈타인

LUDWIG WITTGENSTEIN

▶ P270~277

오스트리아 출신 철학자. 분석철학과 언어철학의 형성과 발전에 결정적인 영향을 미쳤다. 아버지는
오스트리아·헝가리 제국의 철강왕. 베를린공과대학에서 항공공학을 배웠으나 수학과 논리학에 관
심이 있었고 케임브리지대학에서 러셀을 사사했다. 4명의 형 중 3명이 자살했다. 본인 역시 지원병
이 되기도 하고 초등학교 교원이 되는 등 기이한 삶을 살았다.

카르나프는 검증할 수 있는가, 없는가를 과학의 조건이라고 생각했다.

"세계 원리는 물이다"라는 말은 아무것도 주장하지 않는다.

검증할 수 없는 명제는 무의미하다고 생각했다.

루돌프 카르나프
RUDOLF CARNAP

▶P278~279

독일 출신 철학자. 논리실증주의의 대표적인 인물이다. 프라이부르크대학, 예나대학에서 철학과 수학, 물리학을 공부했다. 1926년부터 1931년에 걸쳐 빈대학에서 시간 강사로 일했고 논리실증주의를 제창한 빈학단에 가입했다. 그 후 나치의 박해를 피해 미국으로 망명해 시카고대학, 캘리포니아대학에서 교편을 잡았다.

포퍼는 반증 가능성이 있는 것을 과학의 조건으로 봤다. 까만 백조가 발견된다면 '백조＝하얗다'라는 이론은 뒤집힌다.

역사는 반복되지 않는다.

포퍼는 역사의 법칙을 주장하는 마르크스주의나 파시즘을 혐오했다.

칼 포퍼
KARL RAIMUND POPPER

▶P280~281

오스트리아 출신 영국 철학자. 과학철학, 정치철학 분야에서 지금도 많은 영향을 미치고 있다. 빈의 유대인 가정에서 태어나 빈대학에서 철학박사 학위를 받았다. 그 후 나치의 침공을 피하려고 뉴질랜드로 이주했다. 전쟁이 끝난 뒤 영국에서 살며 런던 스쿨오브이코노믹스 교수를 지냈다.

쿤의 논의에서 사물에 대한 견해가 완전히 뒤바뀌는 '패러다임 시프트'라는 단어가 나왔다.

과학혁명!

쿤은 이론의 틀이나 사상 규칙이 새롭게 변하는 것을 과학혁명이라고 불렀다.

토마스 쿤
THOMAS SAMUEL KUHN
▶P282~283

미국 오하이오주에서 독일계 유대인 토목 기사의 아들로 태어났다. 하버드대학에서 물리학을 공부하고 박사 학위를 받았다. 하버드대학, 캘리포니아대학, 프린스턴대학을 거쳐 1979년에 매사추세츠 공과대학(MIT)의 과학사·과학철학 교수를 지냈다. 쿤이 제창한 패러다임 개념은 과학사 이외의 분야에서도 널리 이용되고 있다.

230

칼로 연필을 너무 열심히 깎은 나머지 연필이 없어졌다는 일화가 있다.

사상 그 자체로!

선입견을 버리고 의식에 드러나는 그대로의 사상을 탐구하는 태도를 말한다.

에드문트 후설
EDMUND HUSSERL
▶P246~255

독일 철학자로 현상학의 시조. 오스트리아(현재 체코)의 유대인 가정에서 태어났다. 빈대학에 다니던 도중 수학에서 철학으로 연구 과목을 바꿨다. 프라이부르크대학에서 정년 퇴임하면서 후임으로 하이데거를 지명했다. 나치 정권 지배기에 유대계 학자라는 이유로 교수 자격 박탈, 대학 출입 금지, 저서 발행 금지 등 박해를 받았으나 많은 초고가 나치의 검열을 피해 보관되었다.

주요 저서인《존재와 시간》에서 인간은 '죽음을 향하는 존재'인 것을 직시해야 한다고 주장했다.

'세계-내-존재'는 이미 쇠락하고 있다.

인간은 죽음을 직시함으로써 쇠락에서 빠져나올 수 있다고 하이데거는 주장했다.

1889~1976

마르틴 하이데거
MARTIN HEIDEGGER

▶ P256~263

독일 철학자. 독일 메스키르히에서 성당지기의 장남으로 태어났다. 프라이부르크대학에서 신학과 철학을 공부했고 후설의 현상학을 계승한 실존철학을 전개했다. 마르부르크대학에서 제자 한나 아렌트와 연인이 되었다. 1933년 나치 정권 아래 프라이부르크대학 총장이 되었으나 이 일로 전후 일시 추방당했다.

부인이 유대인이라는 이유로 나치가 이혼을 강요했으나 거절한 탓에 교직에서 쫓겨났다.

철학의 근본적 태도는 '사랑의 전쟁'에 있다.

야스퍼스는 인간끼리 실존적인 사귐을 가능하게 한다는 점에서 철학의 의의를 구했다.

1883~1969

칼 야스퍼스
KARL JASPERS

▶ P264~265

독일 정신과 의사이자 철학자. 유복한 법률가 집안에서 태어났다. 대학에서 법률을 배웠으나 의학부로 옮겼고 졸업 후 하이델베르크 정신병원에서 정신과 의사로 근무했다. 1914년 하이델베르크대학 심리학 시간 강사가 된 후에 철학을 공부해 1921년부터 동 대학 철학 교수가 되었다. 나치 정권 성립 후 동 대학에서 쫓겨났으나 전쟁이 끝난 뒤에 복직해 부총장을 지냈다.

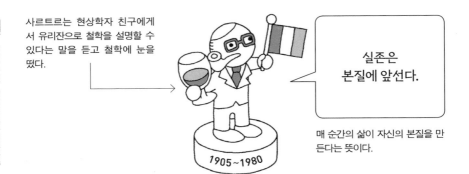

사르트르는 현상학자 친구에게서 유리잔으로 철학을 설명할 수 있다는 말을 듣고 철학에 눈을 떴다.

실존은 본질에 앞선다.

매 순간의 삶이 자신의 본질을 만든다는 뜻이다.

1905~1980

장 폴 사르트르

JEAN-PAUL SARTRE

▶ P288~293

프랑스 철학자이자 문학자. 파리 고등사범학교에서 철학을 공부했다. 제2차 세계대전 때 독일군 수용소에서 탈출해 대독 레지스탕스 활동에 참가했다. 주요 저서《존재와 무》와 소설《구토》는 프랑스에 실존주의 붐을 일으켰으나 1960년대 구조주의의 대두로 영향력이 낮아졌다.

232

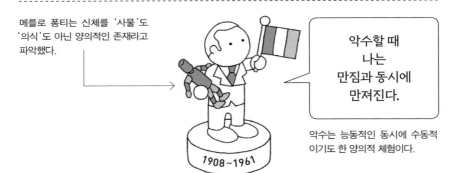

메를로 퐁티는 신체를 '사물'도 '의식'도 아닌 양의적인 존재라고 파악했다.

악수할 때 나는 만짐과 동시에 만져진다.

악수는 능동적인 동시에 수동적이기도 한 양의적 체험이다.

1908~1961

모리스 메를로 퐁티

MAURICE MERLEAU-PONTY

▶ P294~297

프랑스 철학자. 프랑스 로슈포르에서 태어났다. 고등사범학교에 다니던 시절 사르트르, 보부아르, 레비스트로스와 교류를 나눴다. 사르트르와 함께 〈레탕모데른(Les Temps Modernes)〉의 편집을 맡아 실존주의를 견인했으나 훗날 마르크스주의 때문에 결렬했다. 철학적으로 후설의 강한 영향을 받아 '신체'를 주제로 한 현상학을 구상했다.

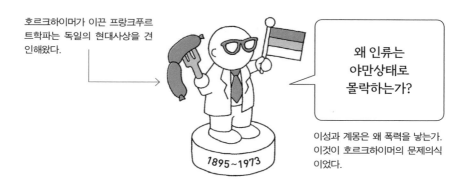

호르크하이머가 이끈 프랑크푸르트학파는 독일의 현대사상을 견인해왔다.

왜 인류는
야만상태로
몰락하는가?

이성과 계몽은 왜 폭력을 낳는가. 이것이 호르크하이머의 문제의식이었다.

막스 호르크하이머
MAX HORKHEIMER

▶P284~285

유대계 독일인 철학자이자 사회학자. 프랑크푸르트학파의 지도자. 독일 남서부 슈투트가르트 교외에서 태어났다. 1931년 프랑크푸르트대학 사회연구소 초대 소장에 취임했으나 나치의 유대인 공직추방 때문에 미국으로 망명했다. 전쟁 중에 미국에서 아도르노(Theodor Wiesengrund Adorno)와 함께 《계몽의 변증법》을 공동 집필했다. 전후에 귀국해서 연구소를 재건했다.

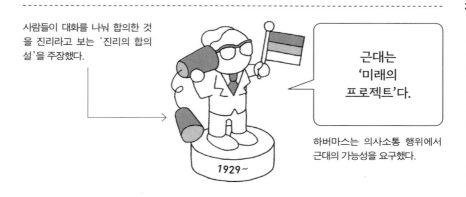

사람들이 대화를 나눠 합의한 것을 진리라고 보는 '진리의 합의설'을 주장했다.

근대는
'미래의
프로젝트'다.

하버마스는 의사소통 행위에서 근대의 가능성을 요구했다.

위르겐 하버마스
JÜRGEN HABERMAS

▶P286

독일 사회학자이자 철학자. 독일 뒤셀도르프에서 태어났고 소년기 때 히틀러 청년단의 일원이었다. 1956년 프랑크푸르트대학 사회연구소에 들어갔으나 소장인 호르크하이머가 그의 급진적인 사상을 반대했기에 1959년 연구소를 떠났다. 1961년부터 하이델베르크대학 교수에 취임했다. 프랑크푸르트학파 제2세대를 형성했고 국외 철학자와도 활발하게 교류했다.

나치의 유대인 학살 계획의 책임자인 아돌프 아이히만의 재판 기록을 〈더뉴요커〉지에 연재했다.

악의 평범성.

유대인 학살은 명령에 따를 뿐인 평범한 인간이 책임자였기에 일어났다.

한나 아렌트

HANNAH ARENDT

▶P287

독일 하노버 근교에서 태어났다. 유대인 가정 출신. 1924년에 입학한 마부르크대학에서 하이데거와 만나 연인이 되었다. 나치의 박해를 피해 1933년 프랑스로 망명했다. 프랑스가 독일에 항복한 뒤에 미국으로 망명했다. 종전 후 프린스턴대학 등에서 교수를 역임했다. 1951년에 발표한 《전체주의의 기원》으로 세계적인 주목을 받았다.

234

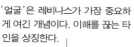

'얼굴'은 레비나스가 가장 중요하게 여긴 개념이다. 이해를 끊는 타인을 상징한다.

내가 받은 박해조차 내게 책임이 있다.

타자에 대한 책임을 항상 받아들이는 것이 인간성의 기초를 만드는 윤리라고 생각했다.

에마뉘엘 레비나스

EMMANUEL LÉVINAS

▶P266~269

프랑스 철학자. 러시아령 리투아니아 유대인 가정에서 태어났다. 18살에 프랑스로 건너가 철학을 공부했고 그 후 독일 프라이부르크대학에서 하이데거를 사사했다. 제2차 세계대전 때 독일군의 포로가 되었고 친족 대부분이 유대인 수용소에서 학살당했다. 전쟁이 끝난 뒤 프랑스의 대학에서 교수로 지냈고 유대교 경전인 탈무드를 연구했다.

음성(언어)과 의미의 연결에 필연적인 이유는 없다. 소쉬르는 이것을 '기호의 자의성'이라고 불렀다.

언어는 이름의 일람표가 아니다.

소쉬르는 언어에 의한 분리법의 차이로 다른 세계가 나타난다고 생각했다.

페르디낭 드 소쉬르
FERDINAND DE SAUSSURE

▶P242~245

스위스 언어학자. '근대 언어학의 시조'라고 불린다. 제네바 명문 일가에서 태어나 어려서부터 천재성을 보였다. 10대 때 발표한 언어학 논문이 주목받아 언어학자로서 순조롭게 경력을 쌓았으나 후반생은 침묵했다. 사후 제자들이 출판한 강의본《일반언어학 강의》는 언어학은 물론이고 그 후의 구조주의에도 많은 영향을 미쳤다.

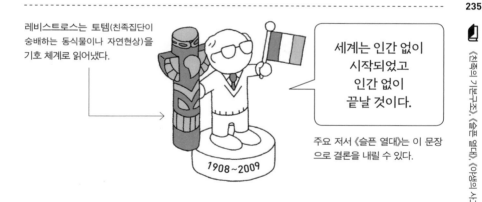

레비스트로스는 토템(친족집단이 숭배하는 동식물이나 자연현상)을 기호 체계로 읽어냈다.

세계는 인간 없이 시작되었고 인간 없이 끝날 것이다.

주요 저서《슬픈 열대》는 이 문장으로 결론을 내릴 수 있다.

클로드 레비스트로스
CLAUDE LÉVI-STRAUSS

▶P298~301

프랑스 문화인류학자. 구조주의의 중심적 인물이다. 벨기에 브뤼셀에서 태어났다. 대학에서 법학과 철학을 전공했고 브라질 상파울루대학 사회학 교수에 취임한 것을 계기로 아마존 강 유역의 현지 조사에 나섰다. 1960년대 당시 사상계의 영웅이었던 사르트르의 실존주의를 비판하고 구조주의 시대를 이뤘다.

들뢰즈는 정주하는 삶이 아니라 노마드(유목민)적인 삶을 장려했다.

철학이란 개념을 창조하는 것이다.

이 말대로 들뢰즈는 수많은 개념을 만들었다.

질 들뢰즈
GILLES DELEUZE

▶P324~329

프랑스 철학자. 파리에서 태어났다. 소르본대학에서 철학을 전공하고 1948년 철학 교수자격시험에 합격했다. 리세(고등중학교) 교원 등을 거쳐 1969년에 파리 제9대학 교수로 취임했다. 흄, 스피노자, 베르그송, 니체를 독자적으로 읽어내 '차이의 철학'을 구축했다. 1995년 파리의 아파트에서 투신자살했다.

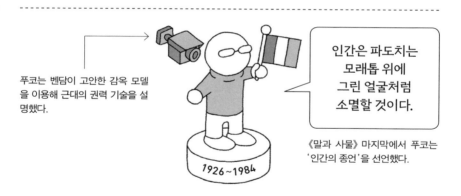

푸코는 벤담이 고안한 감옥 모델을 이용해 근대의 권력 기술을 설명했다.

인간은 파도치는 모래톱 위에 그린 얼굴처럼 소멸할 것이다.

《말과 사물》 마지막에서 푸코는 '인간의 종언'을 선언했다.

미셸 푸코
MICHELPAUL FOUCAULT

▶P312~317

프랑스 철학자. 프랑스 푸아티에시에서 태어났다. 아직 소년일 때 독일군의 파리 점령, 연합군의 파리 해방을 목격했다. 고등사범학교에 입학했지만 동성애자라는 고뇌 등으로 1948년에 자살 미수를 벌였다. 1966년에 출판한 《말과 사물》이 베스트셀러가 되면서 구조주의의 기수로서 일약 주목을 받았다. 1984년 에이즈로 사망했다.

데리다는 '탈구축'이라는 방법으로 서구 철학을 해체하려고 했다.

도래할 민주주의.

말년의 데리다를 상징하는 말. 골 없는 민주주의를 목표로 해서는 안 된다는 뜻이다.

1930~2004

자크 데리다
JACQUES DERRIDA

▶ P306 · P318~323

프랑스 철학자. 프랑스령 알제리의 유대계 가정에서 태어났다. 고등사범학교에 입학했다. 동 대학교의 철학 교수를 거쳐 사회과학 고등연구원 교수를 역임했다. 1967년에 저서 3권을 간행하면서 프랑스 현대 사상계에 화려하게 등장했다. 1980년대 이후 정치나 법 문제를 주로 다루면서 정치적인 측면이 강해졌다.

원래 포스트모던은 건축 분야에서 나온 용어다. 장식성, 다양성의 회복을 주장했다.

커다란 이야기는 끝났다.

'커다란 이야기'란 사회 전체에 목표를 부여할 수 있는 사상이나 이데올로기다.

1924~1998

장 프랑수아 리오타르
JEAN-FRANCOIS LYOTARD

▶ P307

프랑스 철학자. 베르사유에서 태어났다. 소르본대학에서 철학을 배웠다. 1950년대에는 급진적인 마르스크주의자로 활동했으나 1960년대 후반부터 정치 활동에서 멀어졌다. 그 후 파리 제8대학 교수를 거쳐 국제철학원 학원장을 지냈다. '포스트모던'이라는 단어가 널리 쓰인 것은 리오타르의《포스트모던의 조건》의 영향이 크다.

보드리야르에 따르면 브랜드 물품을 사는 것은 단순히 기능만이 아니라 '사치'라는 기호를 소비하는 행위다.

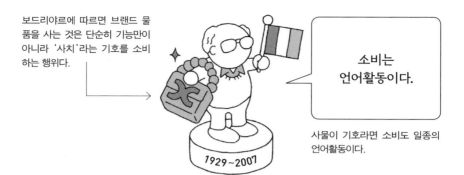

소비는 언어활동이다.

사물이 기호라면 소비도 일종의 언어활동이다.

1929~2007

장 보드리야르
JEAN BAUDRILLARD

▶P308~311

프랑스 사회학자이자 문예평론가. 소르본대학에서 공부하고 파리대학 낭테르교의 교수를 지냈다. 독창적인 소비사회론을 펼쳤고 경제학, 디자인론, 문예평론 등 폭넓은 분야에서 활약했다. 소비사회를 읽어내는 사상가로도 주목받았다. 그의 시뮬라크르(Simulacre) 이론은 영화 〈매트릭스(The Matrix)〉에도 영향을 주었다.

롤스는 자신과 타인이 서로 아무 것도 모르는 '무지의 베일'이라는 가정을 하고 사고 실험을 했다.

정의 개념은 미의 개념에 대해 우선권을 지닌다.

'정의'는 개개인에 따라 다른 '좋다'는 가치관에 중립이어야 한다는 뜻이다.

1921~2002

존 롤스
JOHN RAWLS

▶P302~303

미국 정치철학자. 메릴랜드주 볼티모어에서 태어났다. 프린스턴대학을 졸업하고 육군에 입대해 뉴기니, 필리핀을 거쳐 점령군의 일원으로 일본에도 방문했다. 종전 후 프린스턴대학에서 박사 학위를 받았고 1953년 코넬대학 조교수 등을 거쳐 하버드대학 교수로 취임했다. 1971년에 발표한 《정의론》은 대단한 반향을 일으키며 세계 각국에서 번역되었다.

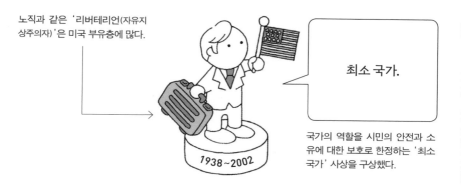

노직과 같은 '리버테리언(자유지상주의자)'은 미국 부유층에 많다.

최소 국가.

국가의 역할을 시민의 안전과 소유에 대한 보호로 한정하는 '최소 국가' 사상을 구상했다.

1938~2002

로버트 노직
ROBERT NOZICK
▶ P304

미국 철학자. 뉴욕 브루클린에서 러시아 출신 이민자의 아들로 태어났다. 콜롬비아대학과 풀브라이트대학에서 박사 학위를 받았다. 1969년부터 하버드대학 철학 교수로 취임. 데뷔작인 《아나키에서 유토피아로》는 자유지상주의 견지에서 롤스를 비판해 주목받았다. 분석철학 방면의 논문 및 저서도 많다.

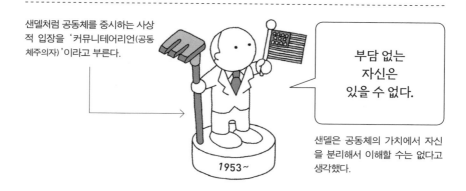

샌델처럼 공동체를 중시하는 사상적 입장을 '커뮤니테어리언(공동체주의자)'이라고 부른다.

부담 없는 자신은 있을 수 없다.

샌델은 공동체의 가치에서 자신을 분리해서 이해할 수는 없다고 생각했다.

1953~

마이클 샌델
MICHAEL J. SANDEL
▶ P305

미국 정치철학자. 미네소타에서 태어났다. 브랜다이스대학을 졸업하고 옥스퍼드대학에서 박사 학위를 받았다. 1980년부터 하버드대학 교수를 맡고 있다. 명강의로도 유명해서 하버드대학의 학부 과목인 'JUSTICE(정의)'는 2만 명 이상의 수강자 수를 기록했다.

보부아르는 여성스러움이 사회적으로 만들어진 약속에 지나지 않는다고 주장했다.

여자로 태어나는 것이 아니라 만들어진 것이다.

'(남성보다 열등한) 여성'이라는 가치관은 남성 중심 문화가 규정한 것이라는 뜻이다.

시몬 드 보부아르
SIMONE DE BEAUVOIR

▶ P330

프랑스 문학자이자 철학자. 파리 상류계급 출신으로 소르본대학에서 철학을 공부했다. 졸업 후 여자고등중학교에서 교편을 잡았고 문필 활동을 시작했다. 1970년 이후 프랑스의 여성해방 운동에 적극적으로 참가했고 많은 공헌을 했다. 사르트르의 생애 파트너로, 사르트르와 함께 정력적으로 반전·인권옹호 운동을 위한 언론활동을 펼쳤다.

240

성 구별이 사회적으로 만들어진다면 성 규범을 실천적으로 교란시키는 것도 가능하다.

섹스는 이미 젠더다.

버틀러는 '생물학적 성(섹스)'도 사회적으로 만들어진다고 생각했다.

주디스 버틀러
JUDITH P. BUTLER

▶ P331

미국 철학자이자 젠더 연구자. 캘리포니아대학 버클리 교수. 오하이오주 클리블랜드에서 태어났다. 헤겔을 연구해 예일대학에서 박사 학위를 받았다. 박사 논문은 헤겔 철학과 20세기 프랑스 사상의 관계를 묻는 것이었다. 레즈비언임을 스스로 공언하고 포스트 구조주의적 페미니즘론을 전개했다.

피아니스트이기도 한 사이드는
음악평론을 다수 썼다.

> 망명자란
> 지식인에게
> 모델이다.

사이드는 어떤 권력에도 따르지
않고 보편주의적 사고를 하는 인
간을 지식인이라고 불렀다.

에드워드 사이드

EDWARD WADIE SAID

▶ P332

팔레스타인계 미국인으로 문학연구자이자 문학비평가다. 영국위임 통치하의 팔레스타인 예루살렘
에서 태어났다. 프리스턴대학에서 학사, 하버드대학에서 박사 학위를 받았다. 콜롬비아대학 등에서
비교문학 교수로 일하면서 팔레스타인 민족평의회 의원을 14년간 지냈으며 미국 내에서 팔레스타
인을 대변하는 비평가로 활약했다.

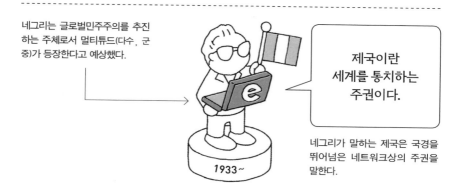

네그리는 글로벌민주주의를 추진
하는 주체로서 멀티튜드(다수, 군
중)가 등장한다고 예상했다.

> 제국이란
> 세계를 통치하는
> 주권이다.

네그리가 말하는 제국은 국경을
뛰어넘는 네트워크상의 주권을
말한다.

안토니오 네그리

ANTONIO NEGRI

▶ P334~336

이탈리아 사회학자이자 정치철학자, 활동가. 이탈리아 파도바에서 태어났다. 독일 예나대학에서 박
사 학위를 받았다. 전 파도바대학 교수. 1979년대 말 아우토노미아(Autonomia, 노동자 자치) 운동의 이
론적 지도자로서 테러 사건에 관여했다는 용의로 부당하게 체포ㆍ투옥되었다. 프랑스로 망명했다
가 1997년에 귀국해 스스로 감옥에 들어갔다. 2003년 자유의 몸이 되어 왕성하게 집필 활동을 펼치
고 있다.

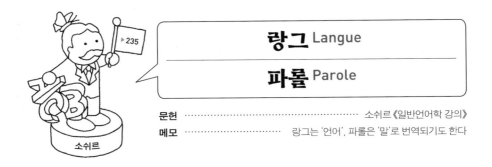

랑그 Langue

파롤 Parole

문헌 ·· 소쉬르 《일반언어학 강의》
메모 ····························· 랑그는 '언어', 파롤은 '말'로 번역되기도 한다

소쉬르는 언어를 '**랑그**'와 '**파롤**'이라는 두 가지 측면으로 나눠 고찰했다. 랑그란 어떤 언어의 규칙이나 문법이고 파롤은 개개의 발화 행위다. 이 랑그와 파롤을 합친 언어활동 전체를 '**랑가주**(Langage)'라고 한다. 소쉬르의 언어학은 랑그를 분석하는 것에 중점을 둔다.

'언어'의 3가지 의미

242

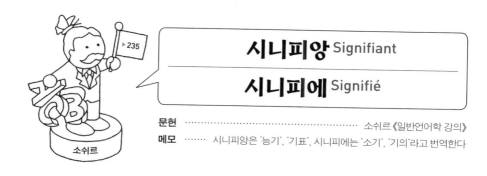

문헌 ·· 소쉬르《일반언어학 강의》
메모 ······ 시니피앙은 '능기', '기표', 시니피에는 '소기', '기의'라고 번역한다

소쉬르는 문자나 음성을 '**시니피앙**', 그로부터 떠오르는 것을 '**시니피에**', 둘을 합쳐 '**시뉴** (Signe, 기호)'라고 말했다. 이렇게 부름으로써 지금까지 생각해온 세계의 실상과 다른 또 다른 세계의 실상이 보인다(언어의 자의성, P244).

언어는 기호

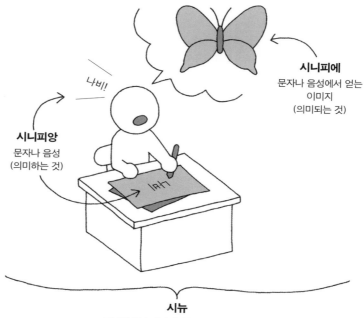

243

시니피에
문자나 음성에서 얻는
이미지
(의미되는 것)

나비!

시니피앙
문자나 음성
(의미하는 것)

나비

시뉴
시니피에와 시니피앙을 합친 것(기호)

이처럼 말을 기호라고 생각함으로써
새로운 세계의 실상이 보인다
↓
언어의 자의성

소쉬르

언어의 자의성

▶235

의미 ·························· 사물과 언어(음성)의 관계가 필연적이지 않다는 뜻
문헌 ····························· 소쉬르《일반언어학 강의》
메모 ··· 소쉬르는 시니피앙과 시니피에의 연결 관계에 필연성이 없다고 한다

프랑스인은 나비도 나방도 '파피용'이라는 단어로 표현한다. 즉 프랑스인에게 나방 혹은 나비는 존재하지 않는다. 이 사례에서 '나방'이라는 존재가 있기에 우리가 그 존재를 '나방'이라고 이름 붙인 것이 아님을 알 수 있다. 이처럼 사물과 언어의 연결 관계에 필연성이 없다는 것을 '언어의 자의성'이라고 한다.

244

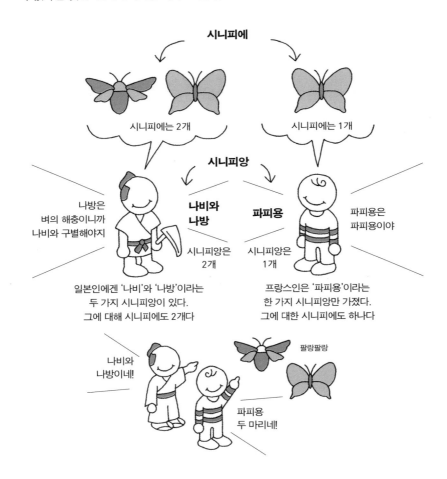

이밖에도 예는 다양하다.

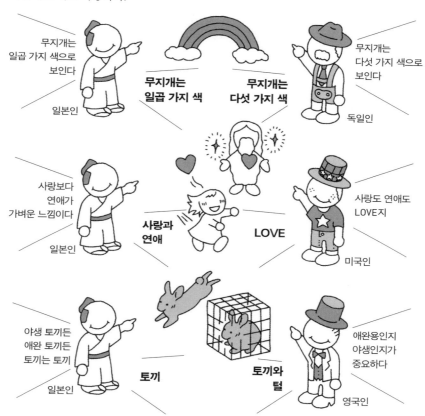

무지개는
일곱 가지 색으로
보인다

일본인

**무지개는
일곱 가지 색**

**무지개는
다섯 가지 색**

무지개는
다섯 가지 색으로
보인다

독일인

사랑보다
연애가
가벼운 느낌이다

일본인

**사랑과
연애**

LOVE

사랑도 연애도
LOVE지

미국인

야생 토끼든
애완 토끼든
토끼는 토끼

일본인

토끼

**토끼와
털**

애완용인지
야생인지가
중요하다

영국인

먼저 개별 요소가 있고 거기에 이름 붙인 것이 아니다. 우리가 세계를 언어로 구분하기에 개별 요소가 존재하는 것이다. 그리고 우리는 이 언어 세계의 범위 내에서 생각한다. 언어는 사고를 전달하는 수단만 아니라 반대로 사고를 결정하는 원인이 된다.

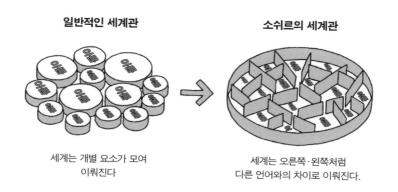

일반적인 세계관

세계는 개별 요소가 모여
이뤄진다

소쉬르의 세계관

세계는 오른쪽·왼쪽처럼
다른 언어와의 차이로 이뤄진다.

▶230

현상학

문헌 ·· 후설《현상학의 이념》,
《이덴》,《데카르트적 성찰》
관련 ····························· 현상학적 환원(P248), 에포케(P250), 지향성(P252),
노에시스 | 노에마(P253), 간주관성(P254)

눈앞에 사과가 있으면 우리는 사과의 존재를 그대로 믿는다. 하지만 잘 생각해 보면 이때 분명한 것은 내게 사과가 보인다(자신의 의식에 사과가 나타났다)는 사실뿐이다. 후설은 이것을 깨달았다.

사과가 보이면 그곳에 사과가 있다고 생각한다

그러나 사실은
사과가 자신의 의식에 나타났을 뿐이다

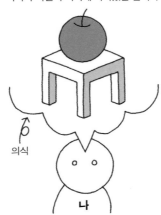

의식

나

그런데도 우리는 사과가 주관 밖에 있고 자신이 그 사과를 보고(지각하고) 있으므로 사과가 자신의 의식에 떠오른 것이라고 확신한다.

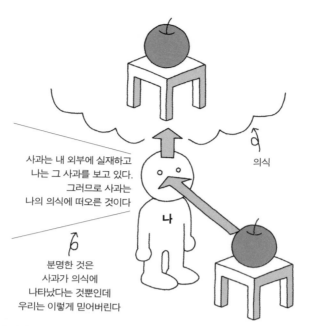

사과는 내 외부에 실재하고
나는 그 사과를 보고 있다.
그러므로 사과는
나의 의식에 떠오른 것이다

의식

나

분명한 것은
사과가 의식에
나타났다는 것뿐인데
우리는 이렇게 믿어버린다

사과만 아니라 타인도, 자신의 신체도, 추억도, 모두 자신의 의식 안에 있을 뿐이다. 의식 외부에는 아무것도 없다. 세계는 자신의 주관 안에만 실재하고 주관 밖에는 없다. 그런데 우리는 세계가 자신 밖에 실재한다고 당연하게 믿어버린다. 벼랑에서 뛰어내리지 않는 이유가 바로 이것이다.

세계는 주관 안에 존재한다

그러나 우리는 갑자기
벼랑에서 뛰어내리지 않는다.
세계가 자신의 밖에 실재한다고
믿기 때문이다.
그러한 믿음의 근거는 무엇일까?
그것을 해명하는 것이 현상학이다

의식

나

높다.
무서워

어째서 우리는 세계가 실재한다고 확신하는 것일까? 그러한 확신은 어떻게 시작되었을까? 이 수수께끼를 푸는 것이 바로 **'현상학'**이다.

후설

> ▶230

현상학적 환원

문헌 ························· 후설《현상학의 이념》,《이덴》,《데카르트적 성찰》
메모 ···················· 객관적인 세계를 '실재'가 아니라
'현상'이라고 생각하는 것이 중요하다

이 세계는 전부 꿈일지도 모른다. 이 세계는 정말 존재할까? 다시 말해 '보이는 것이 보이는 대로 존재하는가?'를 증명하기란 불가능하다. 왜냐하면 자신이 자신의 주관 밖으로 나가 자신과 세계 양쪽을 바라보며 일치하는지를 확인할 수 없기 때문이다.

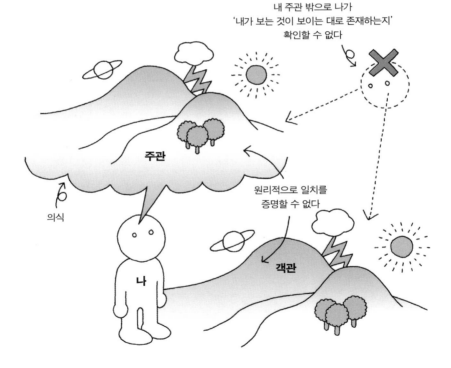

그렇다면 '나'라는 **주관**과 '세계'라는 **객관**이 일치하는지를 증명하는 것이 아니라, 주관과 객관이 일치한다는 것을 우리가 확신(세계가 실재한다는 확신)하는 근거가 무엇인지 알아보는 것이 중요하다고 후설은 생각했다. 이 근거를 밝혀내는 작업을 '**현상학적 환원**'이라고 한다.

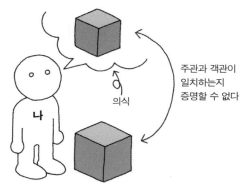

주관과 객관이
일치하는지
증명할 수 없다

의식

나

'세계가 정말로 존재하는가' 다시 말해,
'보이는 것이 보이는 그대로 존재하는가'는 원리적으로 증명할 수 없다

그렇다면 중요한 것은

우리가 어째서
'보이는 것이 보이는 그대로 존재한다'고
확신하는지를 해명하는 것

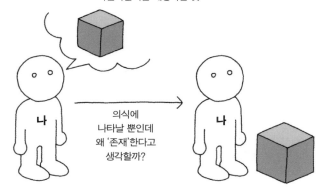

나

의식에
나타날 뿐인데
왜 '존재'한다고
생각할까?

나

눈앞에 있는 사과의 실재는 단순한 억측일지도 모른다. 후설은 **에포케**(P250)라는 방법으로 현상학적 환원을 실행하면 억측의 근거를 포착할 수 있다고 생각했다.

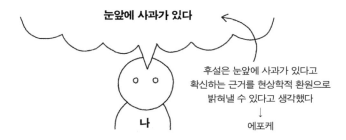

눈앞에 사과가 있다

나

후설은 눈앞에 사과가 있다고
확신하는 근거를 현상학적 환원으로
밝혀낼 수 있다고 생각했다
↓
에포케

후설

에포케 Epoche

의미 ·· 그리스어로 '판단 정지'라는 뜻
문헌 ·· 후설 《이덴》 등
메모 ············· 데카르트의 방법적 회의를 응용한 것이 후설의 에포케다

후설은 현상학적 환원을 하기 위해 '**에포케**'라는 방법을 제안했다. 에포케란 당연히 존재한다고 확신하는 사물을 일단 괄호에 넣어 의심해 보는 것이다. 눈앞에 사과가 있다면 우리는 그 존재를 확신한다. 이때 왜 확신하는지 밝혀내기 위해서 먼저 사과의 존재를 철저하게 의심(에포케)해 보는 것이다.

250

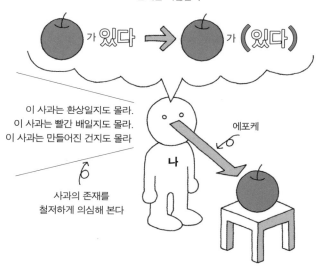

에포케
'있다'는 말을 (괄호)에 넣어
존재를 의심한다

가 있다 ➡ 가 (있다)

이 사과는 환상일지도 몰라.
이 사과는 빨간 배일지도 몰라.
이 사과는 만들어진 건지도 몰라

에포케

나

사과의 존재를
철저하게 의심해 본다

눈앞에 있는 사과는 환상일지도 모른다. 하지만 '빨갛다', '둥그렇다', '좋은 냄새가 난다'와 같은 **지각적인 감각**(지각직관)과 '맛있을 것 같다', '딱딱할 것 같다'와 같은 사과에 대한 **지식에서 오는 감각**(본질직관)이 의식에 있다는 것만은 확실하다고 알 수 있다. 사과의 존재는 의심할 수 있으나 이러한 감각 자체는 의심할 수 없다. '나는 빨갛다고 느꼈지만 사실은 하얗다고 느꼈을지도 몰라'라고 생각할 수는 없다.

의식에 나타나는 이러한 '빨갛다', '둥그렇다', '맛있겠다'와 같은 감각은 사과의 일면이지 사과의 전부가 아니다. 그런데도 직관만으로 우리는 사과의 존재를 확신한다.

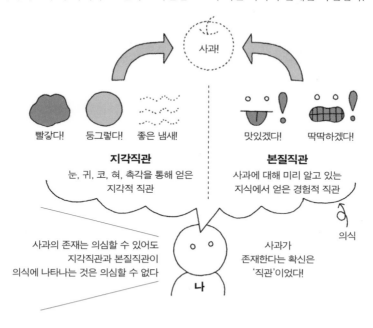

 관련 텍스트:

사과!

빨갛다!　　둥그렇다!　　좋은 냄새!　　　　　맛있겠다!　　딱딱하겠다!

지각직관
눈, 귀, 코, 혀, 촉각을 통해 얻은 지각적 직관

본질직관
사과에 대해 미리 알고 있는 지식에서 얻은 경험적 직관

의식

사과의 존재는 의심할 수 있어도 지각직관과 본질직관이 의식에 나타나는 것은 의심할 수 없다

사과가 존재한다는 확신은 '직관'이었다!

나

사과를 에포케하는 목적은 확신의 근거를 알아내는 데에 있다. 사과뿐 아니라 도덕이나 법률에 대해서도 마찬가지다. 후설은 에포케로 사물을 가장 근본부터 새롭게 파악하는 것이 중요하다고 생각했다.

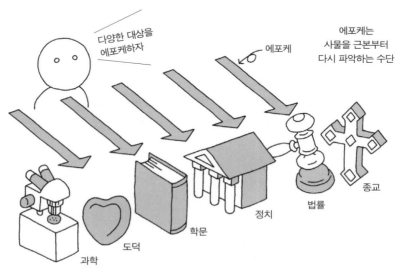

다양한 대상을 에포케하자

에포케는 사물을 근본부터 다시 파악하는 수단

에포케

과학　　도덕　　학문　　정치　　법률　　종교

지향성

문헌 ····································· 후설《논리학 연구》,《데카르트적 성찰》
관련 ····································· 현상학적 환원(P248), 노에시스 | 노에마(P253)
메모 ····································· 후설은 은사인 철학자 브렌타노(Franz Brentano)의
'지향성' 개념을 승계했다

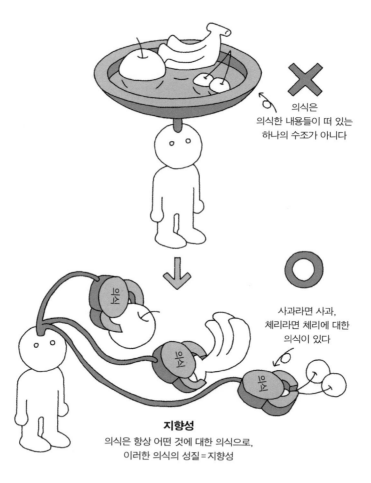

의식은
의식한 내용들이 떠 있는
하나의 수조가 아니다

사과라면 사과,
체리라면 체리에 대한
의식이 있다

지향성
의식은 항상 어떤 것에 대한 의식으로,
이러한 의식의 성질 = 지향성

의식은 다양한 의식 내용이 떠 있는 하나의 수조가 아니라고 후설은 주장했다. 예를 들어 사과면 사과에 해당하는 의식, 바나나면 바나나에 해당하는 의식처럼 항상 대상에 대한 의식이 있다. 이러한 의식의 성질을 **후설**은 '**지향성**'이라고 불렀다.

▶230

노에시스 Noesis | 노에마 Noema

의미 ································· 노에시스=의식 작용, 노에마=의식 내용
문헌 ······································· 후설《이덴》
관련 ···························· 지향성(P252), 지각직관(P250), 본질직관(P250)

후설

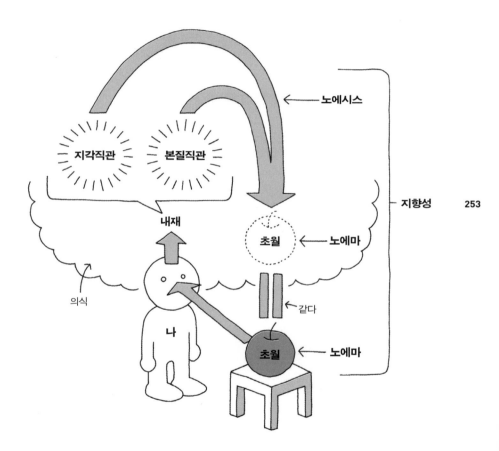

253

지향성에는 '**노에시스**'와 '**노에마**'라는 두 가지 측면이 있다. 지각직관과 본질직관(이 두 가지를 합쳐서 내재라고 한다)을 바탕으로 의식이 사과 등 대상을 구성하는 작용을 노에시스라고 한다. 노에마는 구성된 것, 다시 말해 의식되는 대상(사고)을 말한다. 내재는 의심할 수 없는 성질을 지녔으나 내재로부터 구성된 사과 등의 대상은 의심할 여지가 항상 남아있다(에포케). 대상의 이러한 성질을 후설은 '**초월**'이라고 불렀다.

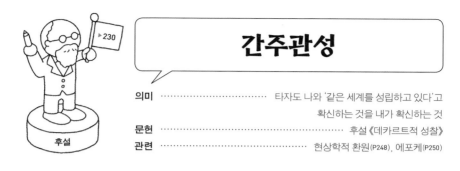

간주관성

▶230

의미 ································· 타자도 나와 '같은 세계를 성립하고 있다'고
확신하는 것을 내가 확신하는 것
문헌 ································· 후설《데카르트적 성찰》
관련 ································· 현상학적 환원(P248), 에포케(P250)

세계가 주관 밖에 실재한다는 보증은 그 어디에도 없다. 하지만 우리는 세계의 실재를 확신한다. 이유가 뭘까? 후설이 생각한 우리가 세계의 실재를 확신하는 과정은 다음과 같다.

객관적 세계가 이뤄지기까지 ❶

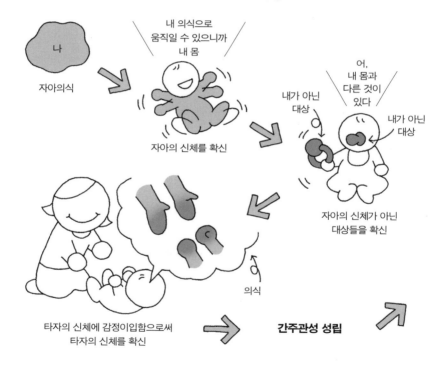

먼저 자아의식이 있다. 다음으로 자아의식으로 움직일 수 있는 신체는 '내 신체'로서 존재한다고 확신한다. 다음으로 자아의 신체와 별개로 자아의 신체가 아닌 대상이 있다는 감각을 얻는다. 이때 대상은 객관적인 세계가 아니라 자극이다. 나아가 자아와 매우 비슷한 신체를 지닌 타인에 감정이입하면서 자아가 아닌 타인의 자아, 즉 **타아**의 존재를 확신한다.

이 타아가 있다는 확신을 후설은 '**간주관성**(Intersubjectivity)'이라고 부른다. 간주관성은 자아의 세계와 타아의 세계가 같다고 확신하게 해준다. 이렇게 **객관적** 세계가 만들어진다.

객관적 세계가 이뤄지기까지 ❷

이어짐

타아

의식

간주관성의 성립
타자의 신체 존재를 확신함으로써
타인의 자아, 즉 타아를 확신

사과

자아가 보는 대상과
타아가 보는 대상이
똑같다고 확신

객관적 세계

객관적 세계의 확신

객관적 세계의 확신은 확신한 사람에게 실재하는 것과 똑같다. 후설은 간주관성이야말로 이 세계 존재의 기초를 만든다고 생각했다.

▶231

하이데거

존재론

의미	존재하는 것이 무엇인지를 탐구하는 철학 분야
메모	아리스토텔레스는 존재의 근본원리를 탐구하는 학문을 '제1철학'이라고 부르며 학문의 최상위에 뒀다
관련	파르메니데스(P019), 인식론(P133)

하이데거는 세계를 '**존재자**(Seiendes, 자인데스)'와 '**존재**(Sein, 자인)'로 나눴다. 그리고 철학의 본래 목적은 존재자에 대해 생각하는 것이 아니라 존재에 대해 생각하는 것이라고 주장했다.

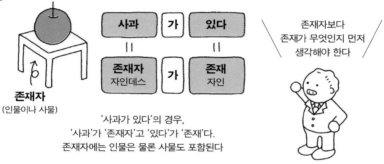

존재자
(인물이나 사물)

'사과가 있다'의 경우, '사과'가 '존재자'고 '있다'가 '존재'다. 존재자에는 인물은 물론 사물도 포함된다

존재자보다 존재가 무엇인지 먼저 생각해야 한다

개별 사물의 성질이 아니라 사물이 존재하는 것 자체가 무엇인지 고찰하는 학문을 '**존재론**'이라고 한다. 존재론은 고대 그리스 시절 파르메니데스에 의해 시작되었는데, 인식론이 주류가 되면서 그 붐이 식었다. 하이데거는 존재론의 복권을 선언했다.

존재론이 과제로 삼았던 주제들의 예

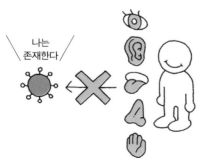

나는 존재한다

인간이 절대 관측할 수 없는 물질이 있다면 그것은 '존재'한다고 할 수 있을까?

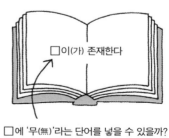

□이(가) 존재한다

□에 '무(無)'라는 단어를 넣을 수 있을까?
YES or NO

'존재하지 않는 상태가 존재한다'거나 '무가 존재한다'라고 할 수 있을까?

하이데거

장래 | 기재

·· 하이데거《존재와 시간》
관련 ····································· 피투성(P261), 죽음에 이르는 존재(P262)
메모 ··· '장래', '현재', '기재'는
실존적 시간개념으로서 설명된다

하이데거는 미래를 **장래**(將來, Zukunft), 과거를 **기재**(旣在, Gewesenheit)라고 부르며 시간을 해
석했다. 장래란 그래야 마땅한 자신을 목표로 하는 가능성이고, 기재란 지금까지의 자신을
이어받는 것이다. 그에게 시간은 우리의 외부에서 우리와 상관없이 흐르는 것이 아니었다.

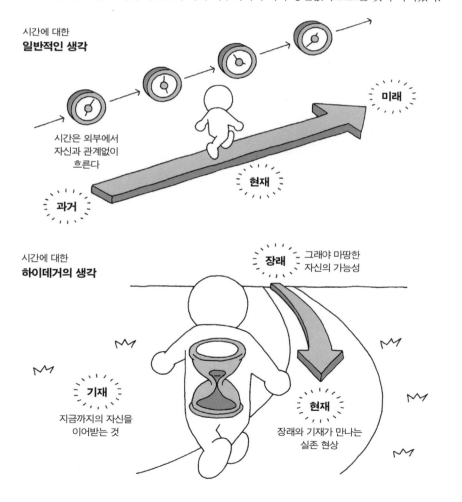

시간에 대한
일반적인 생각

시간은 외부에서
자신과 관계없이
흐른다

미래

현재

과거

시간에 대한
하이데거의 생각

장래 ‒ 그래야 마땅한
자신의 가능성

기재
지금까지의 자신을
이어받는 것

현재
장래와 기재가 만나는
실존 현상

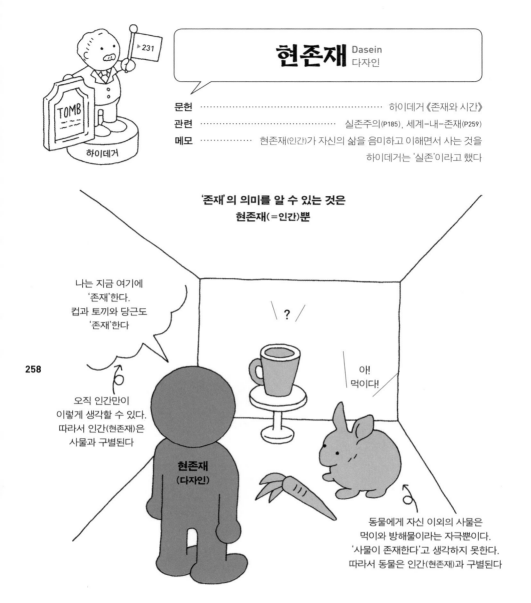

인간과 사물, 동물의 차이는 무엇일까? 인간도 사물도 동물도 존재자(P256)지만 자신과 사물을 '존재한다'고 생각할 수 있는 것은 인간뿐이다. 하이데거는 단순히 존재할 뿐인 사물과 달리 '존재한다'는 개념을 이해하는 존재라는 의미를 담아 인간을 **현존재(다자인*)**라고 불렀다.

* '다(Da)'는 영어 There is에서 'There', 자인은 '존재', 'There을 의식할 수 있는 존재'라는 의미로 인간을 다자인이라고 부른다.

▶231

세계 - 내 - 존재

문헌 ·· 하이데거《존재와 시간》
관련 ··· 현존재(P258)
메모 ····························· '세계-내-존재'는 현존재의 조건이다

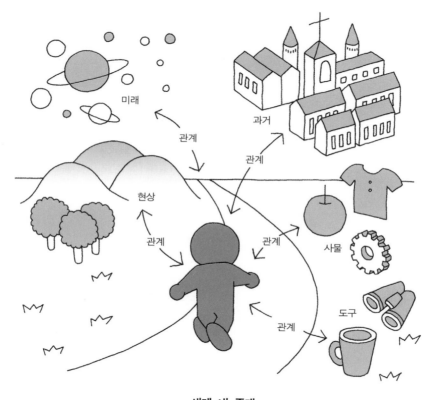

세계-내-존재

사람은 분별이 가능한 시기부터 세계(도구, 환경, 시간 등)를 해석하고
세계와 관계하며 존재한다. 인간만의 이러한 존재 방식을
하이데거는 '세계-내-존재'라고 불렀다

하이데거의 말에 따르면 어떤 것이 '존재한다'는 개념은 인간 특유의 것이다. 세계는 이러한 개념에 의해 만들어진다. 세계란 인간의 해석이다. 그리고 인간은 항상 세계를 해석하면서 살고 있다. 이러한 인간만의 존재 방식을 **세계 - 내 - 존재**라고 한다.

259

하이데거

세인 Das Man
다스 만

문헌 ··· 하이데거 《존재와 시간》
메모 ····················· 하이데거는 일상에 파묻힌 삶을 '퇴락'이라고 부르고
그렇게 사는 사람들을 '세인(世人)'이라고 불렀다

현존재의 존재 방식은
본래성과 비본래성
두 가지로 나뉜다

현존재

비본래성
세인은 일상의 사건에 정신을 빼앗겨 세상에
파묻히고 만다. 모두와 똑같은 의견을 말하고
똑같은 행동을 하는 '그 누구도 아닌 사람'

본래성
언젠가 죽음이 다가온다고 자각하고 있다.
그리고 그날이 올 때까지 자신다운 삶을
살겠다고 결의한 사람

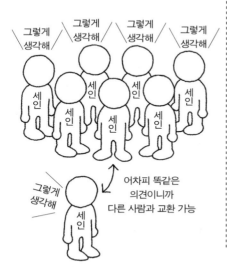

그렇게 생각해
그렇게 생각해
그렇게 생각해
그렇게 생각해
세인
세인
세인
세인
세인

그렇게 생각해
세인
어차피 똑같은
의견이니까
다른 사람과 교환 가능

죽음

죽을 때까지
열심히 살겠어!

실존

자신이
나아갈 길을 간다

하이데거는 현존재의 존재 방식을 **본래성**과 **비본래성** 두 가지로 나눴다. 그리고 비본래성
으로 사는 사람을 '**세인**'이라고 불렀다. 세인은 다른 사람의 의견에 좌우되어 모두와 같
은 행동을 하는 사람, 즉 세상에 파묻힌 사람이다.

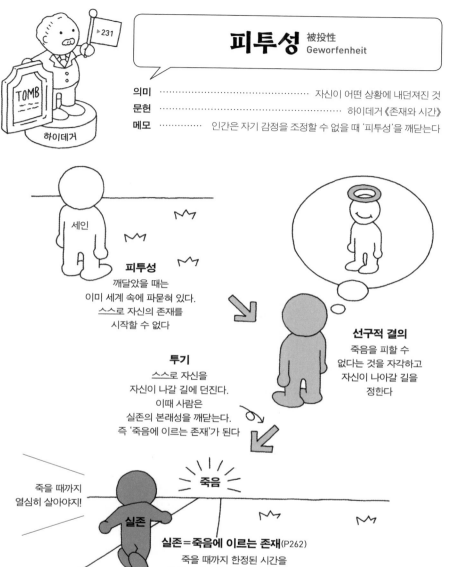

피투성 被投性
Geworfenheit

의미 ······························· 자신이 어떤 상황에 내던져진 것
문헌 ······························· 하이데거《존재와 시간》
메모 ············· 인간은 자기 감정을 조정할 수 없을 때 '피투성'을 깨닫는다

세인

피투성
깨달았을 때는
이미 세계 속에 파묻혀 있다.
스스로 자신의 존재를
시작할 수 없다

선구적 결의
죽음을 피할 수
없다는 것을 자각하고
자신이 나아갈 길을
정한다

투기
스스로 자신을
자신이 나갈 길에 던진다.
이때 사람은
실존의 본래성을 깨닫는다.
즉 '죽음에 이르는 존재'가 된다

죽을 때까지
열심히 살아야지!

죽음

실존

실존＝죽음에 이르는 존재(P262)
죽을 때까지 한정된 시간을
항상 의식하며 자신의 길을 나간다

사람은 스스로 자신의 존재를 시작할 수 없다. 분별이 가능해진 시기에는 이미 존재한다. 이렇게 모든 사람에게 공통적인 상태를 하이데거는 '**피투성**'이라고 불렀다. 그러다가 사람은 언젠가 죽는다는 사실을 자각하고 죽을 때까지 한정된 시간 속에서 자신의 길을 가겠다고 **결의**(선구적 결의)한다. 선구적 결의로 자신의 가능성에 자신을 던지는 것을 하이데거는 '**투기**(投企)'라고 불렀다.

죽음에 이르는 존재
Sein zum Tode

▶231

문헌 ·· 하이데거《존재와 시간》
메모 ·················· 하이데거는 '죽음'의 상징으로 교환불가능성, 확실성,
무규정성(언제 올지 모른다), 몰교섭성(타인과 관계가 없다), 추월 불가능성을 들었다

인간은 죽음에서 도망칠 수 없다. 또한 인간만이 자신에게 죽음이 다가온다는 것을 안다. 죽음은 분명 두렵다. 하지만 우리는 보통 일상에 바빠 죽음에 대한 불안을 무시하고 산다.

그러나 자신의 죽음과 진지하게 마주했을 때 사람은 자신의 사명을 확신하고 그것을 향해 나가기 위해 결의한다고 하이데거는 주장했다.

이 단계에서 사람은 실존(P185)의 본래성을 깨닫는다. **하이데거**에게 **실존**이란 자신에게 남은 시간의 유한성을 자각하고 '**죽음으로 이르는 존재**'다.

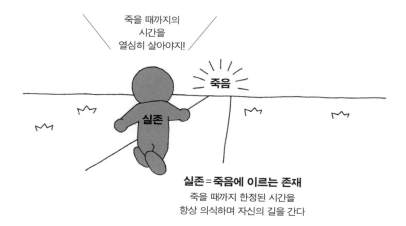

실존 = 죽음에 이르는 존재
죽을 때까지 한정된 시간을
항상 의식하며 자신의 길을 간다

하이데거는 늘 자신의 죽음을 염두에 두고 지금부터 죽을 때까지를 전체로 생각했다. 이러한 사상은 자신의 존재 자체도 전체 중의 일부가 될 우려가 있다. 하이데거는 한때 나치에 입당했는데(1년 만에 탈퇴), 어쩌면 그의 사고는 나치의 전체주의(P287)와 통하는 부분이 있었는지도 모른다.

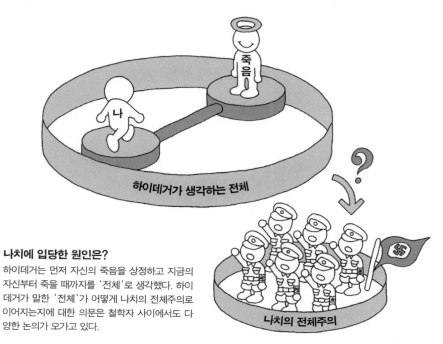

나치에 입당한 원인은?
하이데거는 먼저 자신의 죽음을 상정하고 지금의 자신부터 죽을 때까지를 '전체'로 생각했다. 하이데거가 말한 '전체'가 어떻게 나치의 전체주의로 이어지는지에 대한 의문은 철학자 사이에서도 다양한 논의가 오가고 있다.

야스퍼스

> 231

한계상황 限界狀況
Grenzsituation

문헌	야스퍼스《철학입문》
관련	실존주의(P185)
메모	포괄자라는 신과의 만남으로 실존을 깨달은 야스퍼스의 철학을 '유신론적 실존주의'라고 한다

인간은 사물처럼 단순히 존재하는 것이 아닌 실존으로서 살아 있다. 야스퍼스는 인간이 진정으로 실존하는(자신답게 되는) 순간이 '**한계상황**'에 몰렸을 때라고 생각했다. 한계상황이란 죽음, 죄, 전쟁, 우연한 사고 등 과학으로 해명하거나 기술로 해결할 수 없는 인생의 장벽이다.

264

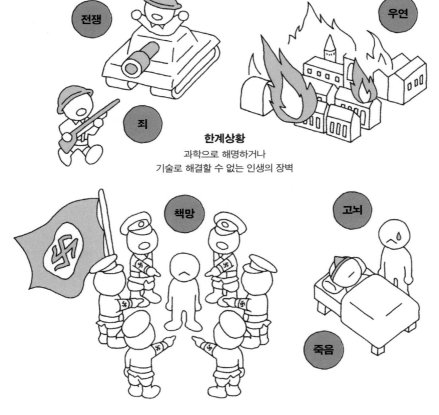

한계상황
과학으로 해명하거나
기술로 해결할 수 없는 인생의 장벽

한계상황에 이르러서야 인간은 자신의 유한성을 깨닫는다.

한계상황에서 깊은 좌절을 경험할 때 그 모든 슬픔을 감싸는 신과 같은 존재인 포괄자(초월자)와 만난다. 이 만남을 통해 사람은 비로소 진정한 실존을 깨닫는다.

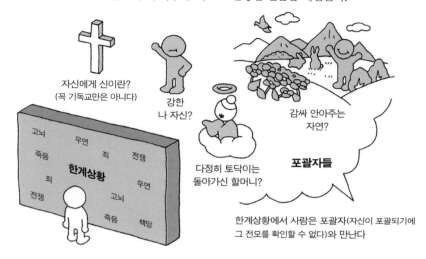

자신에게 신이란?
(꼭 기독교만은 아니다)

강한
나 자신?

감싸 안아주는
자연?

고뇌   우연
죽음   죄   전쟁
죄
한계상황   우연
전쟁   고뇌
죽음   책망

다정히 토닥이는
돌아가신 할머니?

포괄자들

한계상황에서 사람은 포괄자(자신이 포괄되기에
그 전모를 확인할 수 없다)와 만난다

그러나 한계상황은 포괄자와 만나기만 해서 극복할 수 없다. 똑같은 한계상황에 있는 고독한 타자와 서로 진정한 자신을 부딪는 실존적 교제(사랑하면서 하는 싸움)를 나눠야 한다고 야스퍼스는 주장했다.

한계상황에 있는
사람끼리
진정한 자신을
부딪치지 않으면
실존은 없다

혼자서는
실존할 수 없다

네가 너 자신이 아닌 이상
나는 나 자신이 될 수 없다
by 야스퍼스

한계상황에서

야스퍼스는 아내가 유대인이라는 이유로 대학 교수직에서 쫓겨났다. 그 후 강제수용소에 끌려갈 상황에서 둘이 함께 자택에 숨었다. 자살하는 길밖에 남지 않은 긴박한 상황에 몰렸을 때 마침 전쟁이 끝났고 둘 다 살아남았다. 야스퍼스와 그 아내도 실존적 교제로 한계상황을 극복한 것이다.

아내는
절대
보낼 수 없다

거기,
유대인 있는 거
다 알아!

한계상황에서 나눈
실존적 교제

레비나스

일리야 Ilya

문헌 ······················ 레비나스《존재에서 존재자로》,《전체성과 무한》
메모 ······················ 후설의 '간주관성'으로는 타자의 타자성을 놓친다.
이 문제를 극복한 것이 레비나스의 '타자론'이다.
일리야는 프랑스어로 'ilya', '~이 있다'라는 뜻이다

유대인인 레비나스의 가족, 친족, 지인 대부분이 나치에게 학살당했다. 다행히 레비나스만은 강제수용소에서 살아 돌아왔으나 모든 것을 잃은 뒤였다. 그런데도 세계는 여전히 아무 일도 없었던 것처럼 존재했다.

유대인인 레비나스의 친족, 지인 대부분이 죽었으나
이 세계는 아무 일도 없었던 것처럼 존재했다.
레비나스에게는 자신을 포함한 이 세계야말로 말이 안 되는 것이었다

모든 것을 잃었는데 여전히 존재하다니! 대체 무엇이 존재할까? 레비나스는 이러한 **주어 없는 존재**를 '**일리야**'라고 부르며 두려워했다.

자기중심적인 세계를 만들면 일리야의 고독에서 도망칠 수 있을까?

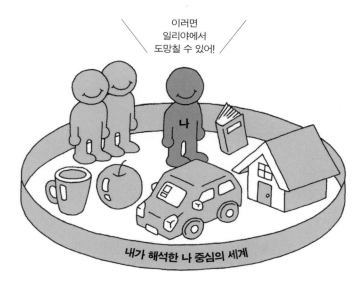

이러면
일리야에서
도망칠 수 있어!

내가 해석한 나 중심의 세계

그렇지 않다. 자기중심의 세계를 만들어도 일리야의 고독에서 빠져나올 수 없다. 왜냐하면 결국 자신이 이해할 수 있는 범위로 세계를 구축했을 뿐이니까.

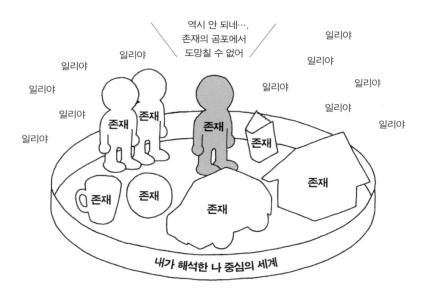

역시 안 되네….
존재의 공포에서
도망칠 수 없어

일리야
일리야
일리야
일리야
일리야
일리야
일리야
일리야
일리야
일리야
일리야
일리야
일리야
일리야

존재
존재
존재
존재
존재
존재
존재
존재

내가 해석한 나 중심의 세계

무시무시한 일리야에서 도망치기란 불가능할까? 레비나스는 타자의 얼굴(P268)에서 그 길을 발견했다.

▶234

얼굴 Visage

문헌 ·································· 레비나스《어려운 자유》,《전체성과 무한》
관련 ··································· 일리야(P266)
메모 ·································· 레비나스의 '얼굴'은 실체적 얼굴이 아니라
타자의 타자성을 의미하는 비유적 개념으로 파악해야 한다

레비나스

자신의 해석 안에 모든 것을 집어넣어 자기중심적인 세계를 만들어도 '일리야'의 공포에서 벗어날 수 없다.

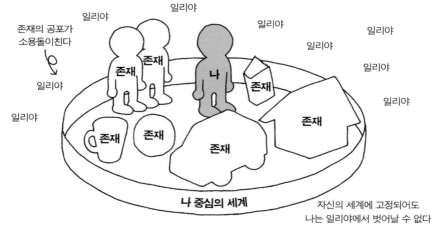

자신의 세계에 고정되어도
나는 일리야에서 벗어날 수 없다

레비나스는 일리야에서 벗어날 열쇠로 **타자의 얼굴**을 지목했다. 만약 타자의 얼굴이 "그대, 살인하지 말라"라고 호소한다면 사람은 이성에 근거해서가 아니라 무조건 타자에 대해 윤리적인 책임을 진다. 사람에게 자율(P169)은 없는 것이다.

나는 그의 '얼굴'을 봤으니 그를 안 도와줄 수 없다.
만약 도와주지 않더라도 도와주지 않는다는 선택을 한 셈이다.
어쨌든 이 사람과 연관되었다

타자란 자신이 해석한 세계에 넣을 수 없는, 그 외측에 있는 **무한한 존재**다. 그 얼굴과 관계했을 때 달리 표현해 그 얼굴에 책임을 질 때 인간은 일리야의 공포가 소용돌이치고 전체화된 자기중심적인 세계를 뛰어넘어 무한한 저편으로 향할 수 있다고 레비나스는 생각했다.

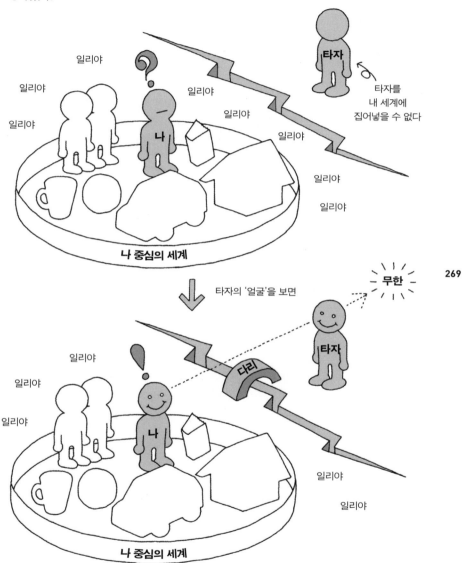

일리야

일리야

일리야

일리야

일리야

일리야

일리야

일리야

나

타자

타자를
내 세계에
집어넣을 수 없다

나 중심의 세계

타자의 '얼굴'을 보면

무한

다리

타자

일리야

일리야

일리야

나

일리야

일리야

나 중심의 세계

타자는 내 세계에 집어넣을 수 없는 무한한 존재.
그 '얼굴'을 책임짐으로써 일리야의 공포가 소용돌이치는
내 세계에서 빠져나와 무한으로 향할 수 있다

그림이론

▶ 228

의미	언어는 세계를 모사한 것이라는 사상
문헌	비트겐슈타인 《논리철학논고》
관련	언어게임(P272), 분석철학(P276), 논리실증주의(P278)
메모	전기 비트겐슈타인 철학의 특징

비트겐슈타인은 현실 세계를 사실 하나하나의 모음이라고 봤다. 한편 언어는 과학적인 문장의 모음이다. 과학적인 문장이란 '새가 나무에 머무른다'처럼 한 가지 사실을 모사한 문장을 말한다. 과학적인 문장은 사실과 1대 1로 대응하므로 과학적인 문장과 사실은 같은 수만큼 존재한다. 이것을 '그림이론'이라고 한다.

270

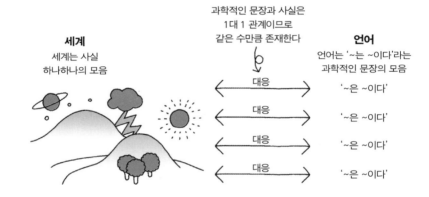

과학적인 문장은 현실 세계를 모사한 것이므로 과학적인 문장을 분석하면 세계의 모든 것을 분석할 수 있다. 그리고 과학적인 문장 하나하나는 이론상 확인할 수 있어야 한다.

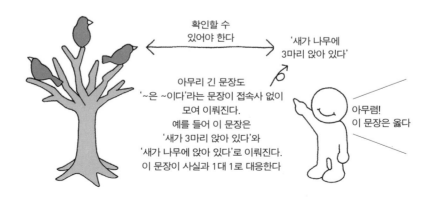

반대로 이론상 확인할 수 없는 문장은 사실과의 대응에서 벗어나므로 그 내용의 옳고 그름이 문제되지 않는다. 그러한 문장은 언어를 오용한 것이다. 예를 들어 철학의 '신이 죽었다'나 '도덕을 안다'처럼 확인할 수 없는 명제(문장)는 올바른 언어 용법이 아니다.

즉 사실과 대응하지 않는 것은 언어화할 수 없다. 비트겐슈타인에게 기존 철학은 실로 언어 오용으로 이뤄진 학문이었다.

철학의 진정한 역할은 언어로 표현할 수 있는 것과 할 수 없는 것의 경계를 확정하는 것이라고 비트겐슈타인은 생각했다. 그리고 언어로 표현할 수 없는 것에 대해서는 침묵해야 한다고 말했다.

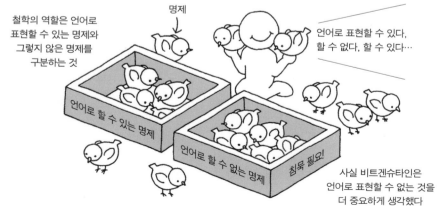

언어게임

문헌 ···································· 비트겐슈타인《철학탐구》
관련 ···································· 그림이론(P270), 가족 유사성(P274)
메모 ····· 후기 비트겐슈타인의 중심 개념. 그림이론에 대한 반성에서 나왔다

비트겐슈타인은 사실과 대응하는 과학적 언어를 분석하면 세계를 분석할 수 있다고 생각했다(그림이론). 하지만 그는 스스로 그 사상을 부정해야 했다. 왜냐하면 과학적 언어가 먼저 있고 그 언어를 일상에서 사용하는 것이 아니라, 일상 대화가 먼저고 그에 따라 과학적 언어가 체계화된다는 것을 깨달았기 때문이다. 따라서 세계를 이해하려면 오리지널인 **일상언어**를 분석해야 한다.

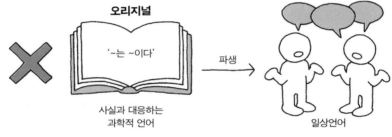

오리지널

'~는 ~이다'

파생 →

사실과 대응하는
과학적 언어

일상언어

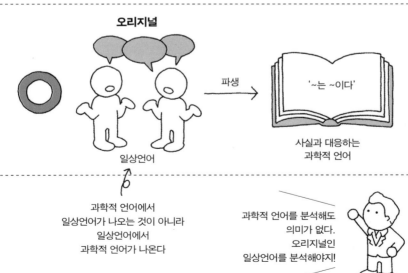

오리지널

일상언어

파생 →

'~는 ~이다'

사실과 대응하는
과학적 언어

과학적 언어에서
일상언어가 나오는 것이 아니라
일상언어에서
과학적 언어가 나온다

과학적 언어를 분석해도
의미가 없다.
오리지널인
일상언어를 분석해야지!

또한 일상언어는 과학적 언어처럼 한 가지 사실에 1대 1로 대응하지 않는다. '오늘은 날씨가 좋다'는 때와 상황에 따라 다양한 의미를 지닌다. 우리는 이 대화 규칙을 모르고서는 일상언어를 다루지 못한다. 비트겐슈타인은 이러한 대화의 특성을 '**언어게임**'이라고 불렀다. 그리고 언어게임의 규칙은 일상생활에서 배우는 수밖에 없다.

언어게임
일상언어는
때와 상황에 따라
의미가 달라진다.
게임과 같은 이러한 특성을
언어게임이라고 한다

우산이 없어도
되겠군

오늘 중에 세탁물을
다 말려야지

오늘은 날씨가 좋다

오늘이야말로
캠핑을 떠나야지

암호
(작전 개시!)

어제는
비가 왔지

언어는 과학적인 줄 알았는데
알고 보니 일상적으로 이루어지는
게임이었어!

'오늘은 날씨가 좋다' 등의 일상언어는 대화에서 *끄집어내* 그것만 분석하면 의미를 잘못 파악하는 일이 생긴다. 그 언어가 정확히 무엇을 뜻하는지 알려면 실제로 일상생활을 하면서 언어게임에 직접 참가해야 한다. 그런데 안타깝게도 일상언어를 분석하고 싶어도 그것을 사용하는 자신도 그 게임의 일부이기에 전모를 파악할 수 없다.

▶228

비트겐슈타인

가족 유사성

문헌 ··· 비트겐슈타인《철학탐구》
관련 ·· 언어게임(P272)
메모 ······· 가족 유사성이라는 아이디어는 논리학에 거대한 전환을 가져왔다

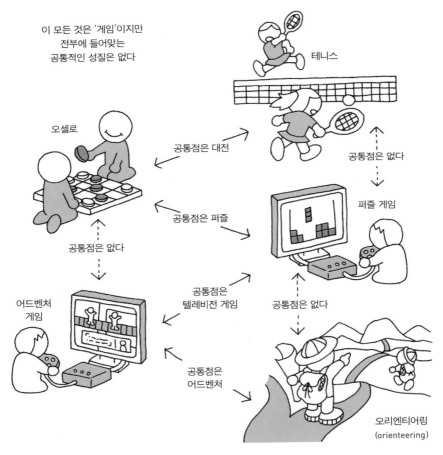

이 모든 것은 '게임'이지만
전부에 들어맞는
공통적인 성질은 없다

테니스

오셀로

공통점은 대전

공통점은 없다

퍼즐 게임

공통점은 퍼즐

공통점은 없다

어드벤처
게임

공통점은
텔레비전 게임

공통점은 없다

공통점은
어드벤처

오리엔티어링
(orienteering)

274

'게임'이라는 단어는 그 범주가 굉장히 모호하다. 이것을 가족 모두의 얼굴에 대입시켜
보면 공통적인 한 가지 특징은 없으나 아버지의 귀가 오빠 귀와 비슷하고, 오빠의 눈이
어머니 눈과 비슷하고 어머니의 코가 여동생 코와 비슷하다. 종합해 보면 왠지 모르게
비슷하게 보이는 가족사진에 비유할 수 있다.

이렇게 상호관계로 인해 느슨하게 한 범주에 속하는 집합체를 '**가족 유사성**'이라고 한다.

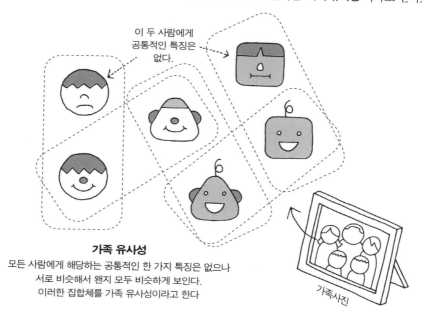

가족 유사성
모든 사람에게 해당하는 공통적인 한 가지 특징은 없으나
서로 비슷해서 왠지 모두 비슷하게 보인다.
이러한 집합체를 가족 유사성이라고 한다

가족 유사성이라는 사상을 통해 한 가지 집합체에 반드시 공통적인 특질이 존재하는 것
은 아님을 알 수 있다. 예를 들어 세상에는 다양한 정의가 있는데, 여기에도 공통적인 한
가지 특질은 없다. 이것은 플라톤의 이데아(P046)론의 부정으로 이어진다.

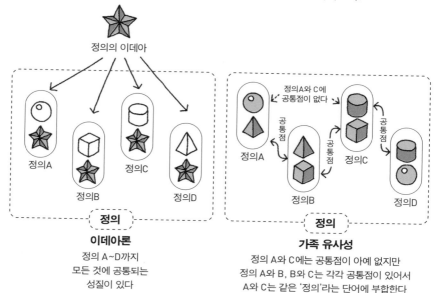

이데아론
정의 A~D까지
모든 것에 공통되는
성질이 있다

가족 유사성
정의 A와 C에는 공통점이 아예 없지만
정의 A와 B, B와 C는 각각 공통점이 있어서
A와 C는 같은 '정의'라는 단어에 부합한다

비트겐슈타인

분석철학

구체적 예 ································· 비트겐슈타인, 카르나프, 존 오스틴
관련 ···························· 그림이론(P270), 언어게임(P272), 논리실증주의(P278)
메모 ··························· 분석철학은 기호논리학 연구에서 발전했다.
　　　　　　　　　　　　　　　　현대 영미철학에서는 분석철학이 주류다

예로부터 철학은 '진리', '정의', '신' 등을 문제로 삼았다. 하지만 이것은 모두 인간이 만들어 낸 **단어**다.

신이라고
불러도 될까요?

낙서하면 안 돼!
신이 보신다고!

276

신에게 신이라는 이름을 붙인 것이 아니라
일상적인 언어활동에서 신이 만들어졌다

즉 '신'이란 무엇인지 생각할 것이 아니라 '신'이라는 단어가 어떤 의미로 사용되는지를 분석하면 '신' 문제를 해결할 수 있다. 철학의 역할은 '~이란 무엇인가'를 생각하는 것이 아니라 언어의 의미를 분석하는 것이라고 보는 철학을 '(언어)**분석철학**'이라고 한다.

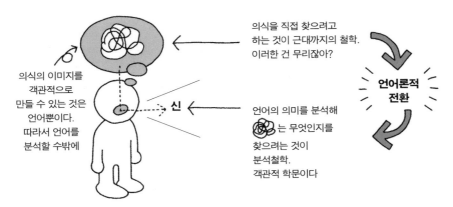

의식을 직접 찾으려고
하는 것이 근대까지의 철학.
이러한 건 무리잖아?

의식의 이미지를
객관적으로
만들 수 있는 것은
언어뿐이다.
따라서 언어를
분석할 수밖에

신

언어의 의미를 분석해
는 무엇인지를
찾으려는 것이
분석철학.
객관적 학문이다

언어론적
전환

분석철학은 독창적·주관적이었던 철학을 객관적인 언어 문제로 전환했다. 이것을 '**언어론적 전환**'이라고 한다.

분석철학은 조지 무어(George Edward Moore), 고트로브 프레게(Friedrich Ludwig Gottlob Frege), 버트런드 러셀(P228)의 철학에서 유래해 비트겐슈타인을 거쳐 현대 영미철학의 주류가 되었다.

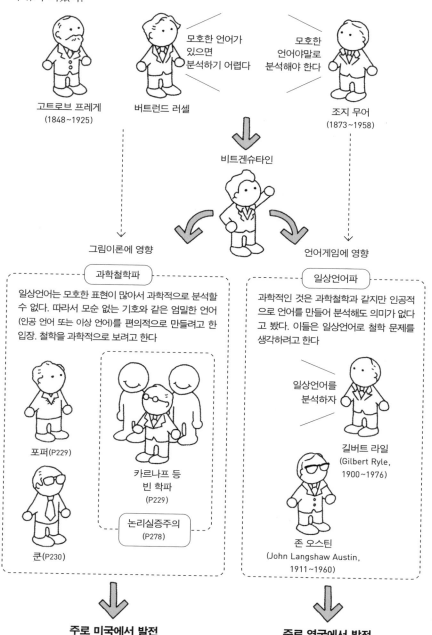

고트로브 프레게
(1848~1925)

버트런드 러셀

모호한 언어가 있으면 분석하기 어렵다

모호한 언어야말로 분석해야 한다

조지 무어
(1873~1958)

비트겐슈타인

그림이론에 영향

언어게임에 영향

과학철학파

일상언어는 모호한 표현이 많아서 과학적으로 분석할 수 없다. 따라서 모순 없는 기호와 같은 엄밀한 언어(인공 언어 또는 이상 언어)를 편의적으로 만들려고 한 입장. 철학을 과학적으로 보려고 한다

포퍼(P229)

쿤(P230)

카르나프 등 빈 학파
(P229)

논리실증주의
(P278)

일상언어파

과학적인 것은 과학철학과 같지만 인공적으로 언어를 만들어 분석해도 의미가 없다고 봤다. 이들은 일상언어로 철학 문제를 생각하려고 한다

일상언어를 분석하자

길버트 라일
(Gilbert Ryle, 1900~1976)

존 오스틴
(John Langshaw Austin, 1911~1960)

주로 미국에서 발전

주로 영국에서 발전

카르나프 등

▶229

논리실증주의

구체적 예 ·································· 셸링, 카르나프
메모 ·································· 1920년대 말 빈대학의 철학자와 과학자 그룹인
'빈학파'가 추진한 철학 혁신 운동이다.
제2차 세계대전 중 영미로 활동 중심을 옮겼다

20세기 초, 상대성이론과 양자역학이 도입되면서 자연과학은 눈에 띄게 발전했다. 그러한 와중에 마르크스의 유물사관(P203), 프로이트의 무의식(P220) 등 근거가 불확실한 논리도 마치 과학처럼 논의되었다.

인간의 행동은
무의식에
지배되고 있어!

언젠가는
공산주의가 될 거야!
사회과학이니까
분명해!

278

카르나프 등 물리학자와 수학자로 결성된 빈학파는 이에 위기감을 느꼈다. 그래서 그들은 관찰이나 실험 등으로 검증할 수 있는 논리를 '과학적', 그럴 수 없는 것을 '비과학적'이라고 보는 규칙을 만들려고 했다.

논리실증주의

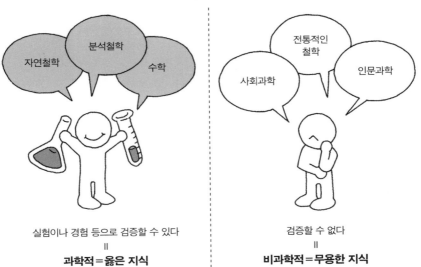

자연철학 · 분석철학 · 수학

전통적인 철학 · 사회과학 · 인문과학

실험이나 경험 등으로 검증할 수 있다
=
과학적＝옳은 지식

검증할 수 없다
=
비과학적＝무용한 지식

그들이 보기에 철학이 지금껏 문제로 삼은 '진리란~' 등은 실증할 수 없는 비과학적 논리며 무용한 지식이었다. 비트겐슈타인이 지적한 것처럼 언어의 잘못된 용법이다(사상이론). 빈학파는 실증할 수 있는 '과학적 사실'만 옳은 지식으로 보는 **'논리실증주의'**를 제창해 철학의 역할이 언어로 세계를 증명하는 것이 아니라 언어 그 자체를 분석(분석철학)하는 것으로 봤다.

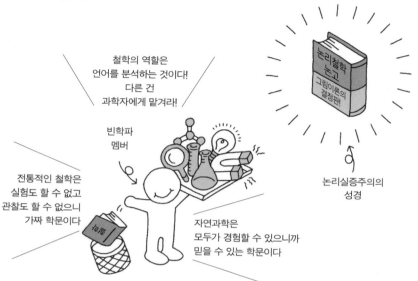

철학의 역할은
언어를 분석하는 것이다!
다른 건
과학자에게 맡겨라!

빈학파
멤버

전통적인 철학은
실험도 할 수 없고
관찰도 할 수 없으니
가짜 학문이다

자연과학은
모두가 경험할 수 있으니까
믿을 수 있는 학문이다

논리실증주의의
성경

그러나 실증을 과학적인 사상의 조건으로 삼는 것에 무리가 있었다. 실증에 따른 '과학적 사실'은 새로운 사실이 발견되면 언제든 뒤집힐 가능성이 존재하기 때문이다. 실제로 '과학적 사실' 대부분은 변경되었다.

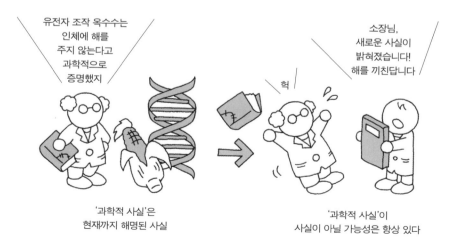

유전자 조작 옥수수는
인체에 해를
주지 않는다고
과학적으로
증명했지

소장님,
새로운 사실이
밝혀졌습니다!
해를 끼친답니다

헉

'과학적 사실'은
현재까지 해명된 사실

'과학적 사실'이
사실이 아닐 가능성은 항상 있다

포퍼

▶229

반증 가능성

문헌 ·· 포퍼《과학적 발견의 논리》
관련 ·· 논리실증주의(P278)
메모 ············ 이 이론은 귀납주의와 논리실증주의에 대한 비판에서 나왔다

검증할 수 있는 논리만 과학이라고 보는 논리실증주의가 제창한 사상에는 중대한 결점이 있었다. 아무리 완벽한 이론도 단 한 가지 예외로 뒤집힐 가능성이 항상 존재하기 때문이다. 과학적 이론을 사람이 검증해서 증명하기란 불가능하다.

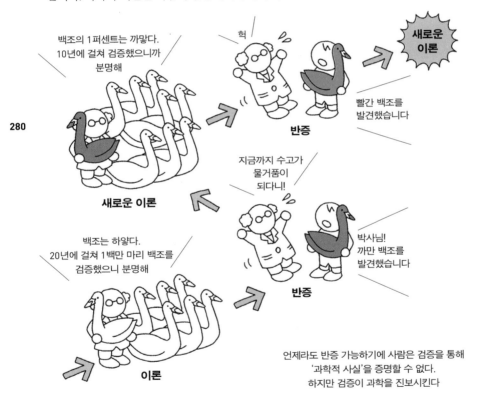

백조의 1퍼센트는 까맣다.
10년에 걸쳐 검증했으니까
분명해

혁

새로운 이론

빨간 백조를
발견했습니다

반증

새로운 이론

지금까지 수고가
물거품이
되다니!

박사님!
까만 백조를
발견합니다

반증

백조는 하얗다.
20년에 걸쳐 1백만 마리 백조를
검증했으니 분명해

이론

언제라도 반증 가능하기에 사람은 검증을 통해
'과학적 사실'을 증명할 수 없다.
하지만 검증이 과학을 진보시킨다

그래서 포퍼는 과학적이고 비과학적인 차이를 카르나프(P229)처럼 검증할 수 있는가 없는가가 아니라, 반증할 수 있는가 없는가로 판단하려고 했다. 이 **반증 가능성**이 과학적인 사상의 조건이며, 반증에 의해 과학이 진보한다고 생각했다.

카르나프의 과학과 비과학을 구별하는 방법

검증이 가능한가 그렇지 않은가를 구별하는 방식이면 과학에 속하는 이론이 사라진다

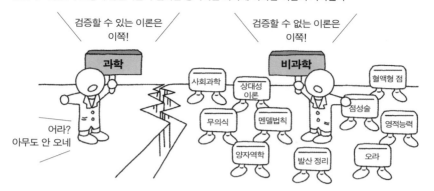

포퍼의 과학과 비과학을 구별하는 방법

반증할 수 있는가 없는가로 따지면 과학에 속하는 이론이 있다

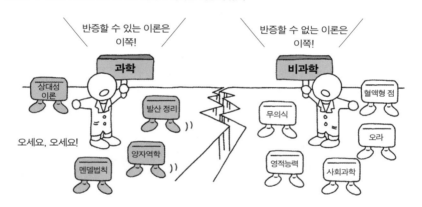

포퍼의 표현으로 과학적인 이론은 '현재 반증되지 않은 논리'라고 바꿔 말할 수 있다. 이와 반대로 유사 과학은 직감이나 감성으로 이뤄진 것이므로 반증할 방법이 없다.

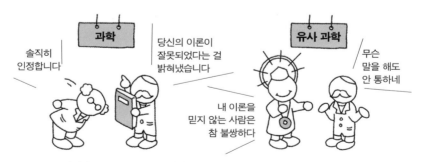

과학자는 오류를 솔직히 인정하지만 유사 과학에는 도망칠 가능성이 있다

패러다임 Paradigm

▶230

의미	어떤 시대나 분야에서 지배적인 견해나 인식
문헌	토마스 쿤《과학혁명의 구조》
메모	좁은 의미로 과학적 집단이 공유하는 이론적 틀을 말한다

쿤

과학적 지식은 관찰이나 실험을 거듭해 서서히 진실에 가까워진다고 여겨졌다. 하지만 쿤은 과학적 지식은 연속적이 아니라 **단속적**으로 변화한다고 생각했다.

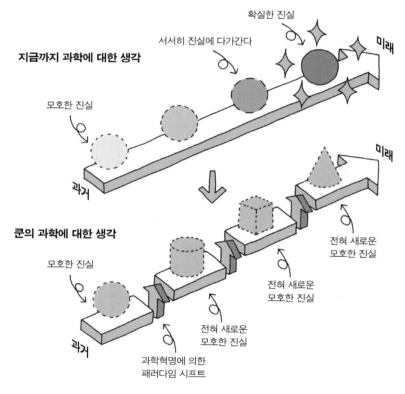

예를 들어 지금까지 정설이었던 천동설이나 뉴턴역학으로 설명할 수 없는 사실이 발견되자 새로운 학설인 지동설과 상대성이론이 과학자들의 지지를 받았다. 그리고 이러한 새로운 학설이 지식의 표준으로 변환되었다. **쿤**은 한 시대의 사고의 틀을 '**패러다임**'이라고 불렀고, 이 틀이 전환되는 것을 '**패러다임 시프트(Paradigm shift)**'라고 불렀다.

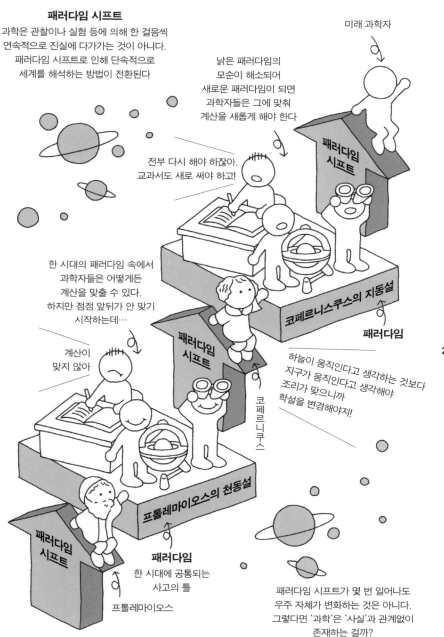

오늘날 패러다임 시프트라는 단어는 과학뿐 아니라 사회학이나 경제학 등에서 폭넓게 쓰인다.

호르크하이머

▶233

도구적 이성

의미 ·················· 어떤 목적을 실현하기 위한 수단으로 이용되는 이성
문헌 ·················· 호르크하이머, 아도르노《계몽의 변증법》
관련 ·················· 대화적 이성(p286)
메모 ·················· 도구적 이성은 자연은 물론이고 인간도 지배한다

프랑크푸르트학파의 회원인 호르크하이머와 아도르노는 나치의 파시즘과 유대인 학살에서 근대 이후로 계속된 **이성 만능주의**의 한계를 목격했다.

인간의 이성이
도대체 뭐지?

284

또한 근대 이성이 '자연을 지배하는 목적을 위한 도구'로 발전했다고 지적했다(아는 것이 힘이다, P100).

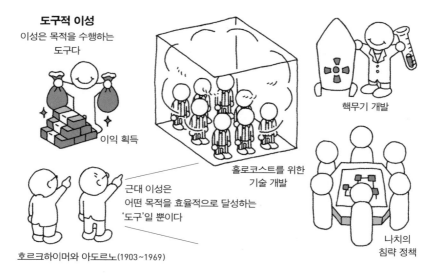

도구적 이성
이성은 목적을 수행하는
도구다

이익 획득

홀로코스트를 위한
기술 개발

핵무기 개발

근대 이성은
어떤 목적을 효율적으로 달성하는
'도구'일 뿐이다

나치의
침략 정책

호르크하이머와 아도르노(1903~1969)

어떤 목적을 달성하기 위한 **도구적 이성**은 이익 추구로 이어져 파시즘의 정치 정책이나 전쟁을 위한 병기 개발 도구가 되어버린다고 프랑크푸르트학파는 생각했다.

프랑크푸르트학파는 나아가 실증만 중시하는 과학 만능주의는 현실을 부분적으로 분석할 뿐이어서 거시적인 시점을 갖지 못할 위험성이 있다고 지적했다.

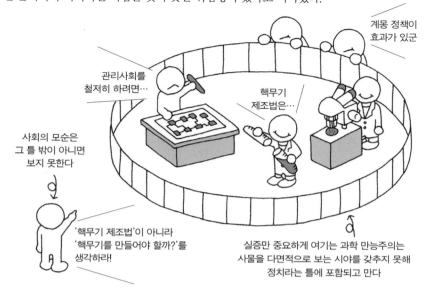

프랑크푸르트학파의 심리학자 프롬(Erich Pinchas Fromm)은 자유를 획득한 근대인들이 자유의 고독을 견디지 못해 스스로 나치 권력에 복종하고 마는 심리를 고찰했다.

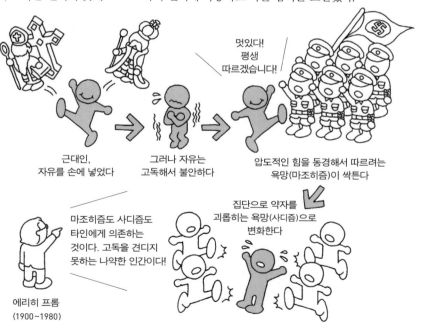

대화적 이성

문헌 ·· 하버마스《담론윤리의 해명》
관련 ·· 도구적 이성(P284)
메모 ·· 하버마스는 호르크하이머나 아도르노의
근대 비판 문제의식을 계승하고 이성을 적극적으로 파악했다

프랑크푸르트학파는 초기에 이성을 자연이나 인간을 지배하기 위한 도구일 뿐이라고 생각했다. 하지만 프랑크푸르트학파 2세대에 해당하는 하버마스는 이성에 '대화(커뮤니케이션)적 이성'도 있다고 주장했다.

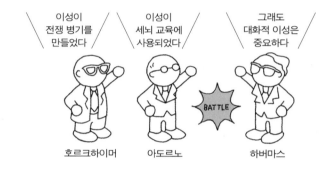

이성이
전쟁 병기를
만들었다

이성이
세뇌 교육에
사용되었다

그래도
대화적 이성은
중요하다

BATTLE

호르크하이머 · 아도르노 · 하버마스

상대방에게 자신의 논지를 밀어붙이는 도구로 이성을 사용하는 것만이 아니라 대화를 통해 자신의 생각을 새롭게 하는 것도 이성으로 할 수 있다고 하버마스는 생각했다. 단, 대화는 서로 무엇이든 말할 수 있는 조건에서 이뤄져야 한다.

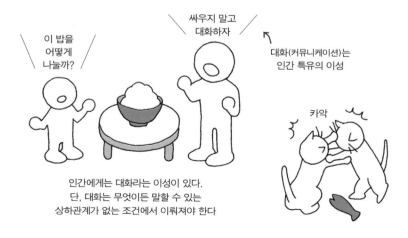

이 밥을
어떻게
나눌까?

싸우지 말고
대화하자

대화(커뮤니케이션)는
인간 특유의 이성

카악

인간에게는 대화라는 이성이 있다.
단, 대화는 무엇이든 말할 수 있는
상하관계가 없는 조건에서 이뤄져야 한다

아렌트

전체주의

문헌 ··· 아렌트《전체주의의 기원》
메모 ·················· 아렌트의《전체주의의 기원》은 제1부 〈반유대주의〉,
〈제국주의〉, 〈전체주의〉로 구성된다

개인보다 국가, 민족, 인종 등의 집단을 우선하는 사상을 '**전체주의**'라고 한다. 단독 정당이 집단 우선적인 사상을 강제하는 것이 특징이다. 구체적으로 독일 나치, 구소련 스탈린주의가 있다.

전체주의

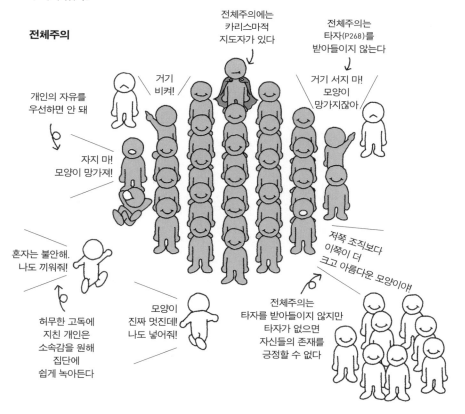

전체주의는 계급사회 붕괴 이후 대중이 사상에 의해 연결된 결과라고 아렌트는 생각했다. 사람은 고독이나 불안, 허무함 때문에 소속감과 일체감을 원한다. 따라서 생각 없이 행동하다가는 민족이나 인종을 기반으로 한 사상 집단에 쉽게 녹아든다고 말했다.

실존은 본질에 앞선다

의미 ·················· 자신의 본질은 미리 정해진 것이 아니고
구체적인 삶이 자신의 본질을 만들어간다는 뜻

출처 ·················· 사르트르《실존주의는 휴머니즘이다》

관련 ·················· 실존주의(P185), 인간은 자유라는 형벌을 받고 있다(P289)

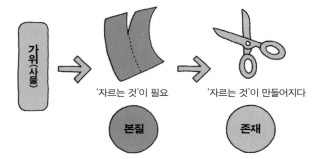

사물은
본질(존재 이유)이 앞서고
존재가 나중에
만들어진다

'자르는 것'이 필요 · 본질

'자르는 것'이 만들어지다 · 존재

288

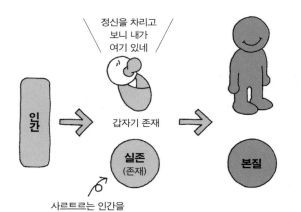

정신을 차리고
보니 내가
여기 있네

갑자기 존재

실존
(존재)

본질

사르트르는 인간을
'존재'가 아니라 '실존'이라고 표현

**실존은
본질에 앞선다**
인간은 어느새
실존(존재)해 있다.
따라서 본질은 자기 스스로
만들어야 한다.
즉 인간의 실존(존재)은
본질에 앞선다.
사르트르는 이렇게 말했다.
"인간은 처음엔
아무것도 아니다.
인간은 스스로
인간이 된다."

사르트르는 **실존주의**를 "**실존은 본질에 앞선다**"라는 말로 표현했다. 이때 말하는 실존은 인간 존재라는 의미다. 본질은 그 사물이 그것이기 위해 빠트릴 수 없는 조건이다. 예를 들어 가위의 본질은 '자를 수 있는 것'이다. 이 조건이 없으면 가위에 존재 이유(Raison d'être, 레종데트르)가 없다. 사물은 먼저 본질이 있고 그 후에 존재한다. 하지만 인간은 정신을 차리고 보니 이미 실존해 있다. 따라서 나중에 자기 스스로 본질을 만들어야 한다.

▶232

인간은 자유라는 형벌을 받고 있다

출처 ·· 사르트르《실존주의는 휴머니즘이다》
메모 ················· 인간의 '주체성'을 중요하게 여기는 사르트르의 사상은
구조주의가 대두하면서 영향력을 잃었다

사물에는 존재 이유가 먼저 있기에 자유가 없다. 하지만 인간은 자신의 존재 이유를 자유롭게 만들 수 있다. 무엇이 될지 무엇을 할지를 개인이 선택할 수 있다. 하지만 이러한 자유에는 불안과 책임이 따르기에 때때로 굉장한 부담이 된다. 사르트르는 이것을 두고 "인간은 자유라는 형벌을 받고 있다"라고 표현했다.

즉자존재 | 대자존재

▶ 232

문헌 ·· 사르트르《존재와 무》
관련 ················· 변증법(P174), 실존은 본질에 앞선다(P288), 앙가주망(P292)
메모 ················· '즉자', '대자'라는 용어는 헤겔 변증법의 기본적 개념이다.
사르트르는 그 개념을 이용했다

나는
컵이 아니야.
토끼도 아니야

나는
저 사람이 아니야.
과거의 나도 아니야

주변과 나를
구별하면서 점차
내가 만들어져

대자존재
인간의 의식은 항상
자기 자신을 의식하며
나라는 본질을
만들어간다

즉자존재
사물은 본질로서
처음부터 그저 존재한다

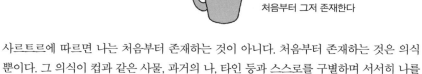

사르트르에 따르면 나는 처음부터 존재하는 것이 아니다. 처음부터 존재하는 것은 의식
뿐이다. 그 의식이 컵과 같은 사물, 과거의 나, 타인 등과 스스로를 구별하며 서서히 나를
만들어가는 것이다.

이처럼 끊임없이 스스로를 의식하며 나라는 본질을 만들어가는 인간의 존재 방식(실존은 본질에 앞선다)을 사르트르는 '**대자존재**'라고 표현했다. 반대로 사물처럼 처음부터 본질로서 고정된 존재를 '**즉자존재**'라고 했다.

인간(대자존재)은 지금에 있는 것이 아니라 지금이 아닌 때에 있다

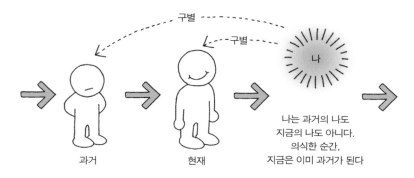

나는 과거의 나도 지금의 나도 아니다.
의식한 순간,
지금은 이미 과거가 된다

과거   현재

대자존재는 과거의 자신은 물론이고 현재의 자신과도 구별된다. 나 자신이 의식한 순간은 이미 지금을 지나쳤기 때문이다. 자신의 가능성이 항상 앞지른다는 의미에서 인간은 '**지금**(과거부터 현재까지)**에 있는 것이 아니라 지금이 아닌 때**(미래)**에 있는 것**'이다. 하지만 이 무한한 가능성, 달리 말해 자유는 우리를 불안하게 한다. 사르트르는 사람이 때때로 타인에게 주어진 배역을 연기함으로써 그러한 불안에서 도망치려고 한다고 봤다.

나는 플로레의 웨이터라네

당신은 자기 자신을 위장하고 있어

자신의 가능성에서 도망쳐 '나는 카페의 직원'이라는 타인이 부여해준 배역을 연기하며 자신을 고정하면 즉자존재와 똑같다. 타인의 시선이 그렇게 만든다. 물론 자신의 시선도 타인을 그렇게 만든다

앙가주망 Engagement

의미	사회참여, 자기 구속
문헌	사르트르 《상황》
관련	실존은 본질에 앞선다 (P288)
메모	영어로는 'commitment'라고 번역된다

사르트르

헤겔은 역사(P176)가 이상적인 방향을 향해 나아간다고 봤다. 마르크스는 자본주의를 대신하는 새로운 역사가 등장할 것으로 예언했다. 정말 그럴까? 사르트르는 적극적으로 사회에 참여해 자기 손으로 역사를 실현해야 한다고 말했다. 사회에 참여하는 것은 사회에 구속되는 것이지만 그 사회를 바꾸는 것도 자기 자신이라고 사르트르는 주장했다. 그는 사회참여를 '앙가주망'이라고 부르며 스스로 실행에 옮겼다. 사르트르의 활동은 일본의 전공투 운동(1960년대 말 일본 공산당을 보수 정당으로 규정하고 일어난 학생 운동) 등 전 세계의 사회 운동에 많은 영향을 미쳤다.

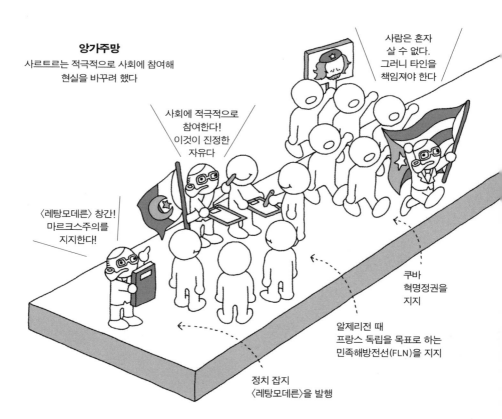

앙가주망
사르트르는 적극적으로 사회에 참여해 현실을 바꾸려 했다

사람은 혼자 살 수 없다. 그러니 타인을 책임져야 한다

사회에 적극적으로 참여한다! 이것이 진정한 자유다

〈레탕모데른〉 창간! 마르크스주의를 지지한다!

쿠바 혁명정권을 지지

알제리전 때 프랑스 독립을 목표로 하는 민족해방전선(FLN)을 지지

정치 잡지 〈레탕모데른〉을 발행

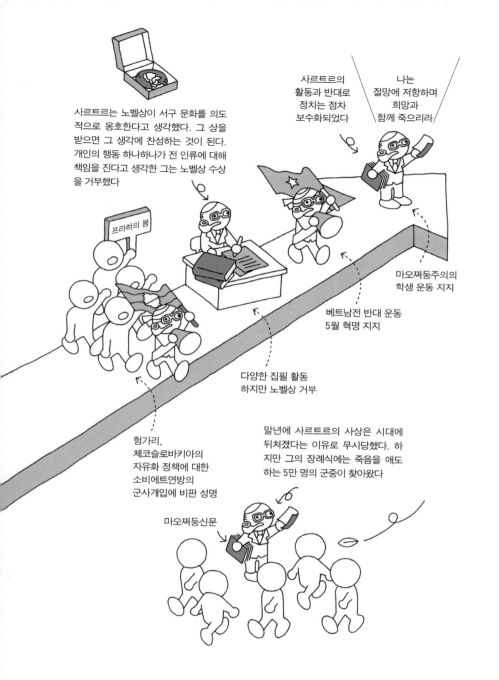

사르트르는 노벨상이 서구 문화를 의도적으로 옹호한다고 생각했다. 그 상을 받으면 그 생각에 찬성하는 것이 된다. 개인의 행동 하나하나가 전 인류에 대해 책임을 진다고 생각한 그는 노벨상 수상을 거부했다

사르트르의 활동과 반대로 정치는 점차 보수화되었다

나는 절망에 저항하며 희망과 함께 죽으리라!

프라하의 봄

마오쩌둥주의의 학생 운동 지지

베트남전 반대 운동 5월 혁명 지지

다양한 집필 활동 하지만 노벨상 거부

헝가리, 체코슬로바키아의 자유화 정책에 대한 소비에트연방의 군사개입에 비판 성명

말년에 사르트르의 사상은 시대에 뒤처졌다는 이유로 무시당했다. 하지만 그의 장례식에는 죽음을 애도하는 5만 명의 군중이 찾아왔다

마오쩌둥신문

말년에 구조주의(P299)가 대두하면서 사르트르의 사상은 많은 비판을 받았으나 그는 죽기 직전까지 민족해방 활동을 계속했다. 타자를 책임지지 않고 묵묵히 지켜보는 것은 자유를 주장한 그에게 부자유한 것이기 때문이 아닐까.

▶232

신체도식

의미 ·· 신체가 상황의 다양한 변화에 대응한다는 뜻
문헌 ·· 메를로 퐁티《지각의 현상학》
메모 ········ 메를로 퐁티의 신체론은 후설의 현상학에서 많은 영향을 받았다

메를로 퐁티

자전거에 탔을 때 핸들을 쥔 손이나 페달을 밟는 다리는 자신이 의식하지 않아도 언덕이나 장애물에 알아서 대처한다. 그러한 일이 가능한 이유는 손발 등의 신체가 의식과 다른 **독자의 의식**을 지녀 서로 정보를 주고받으며 행동하기 위한 도식을 만들기 때문이라고 **메를로 퐁티**는 생각했다. 이러한 도식을 '**신체도식**'이라고 말했다.

294

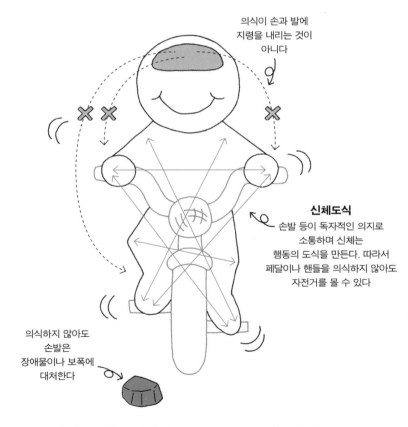

의식이 손과 발에
지령을 내리는 것이
아니다

신체도식
손발 등이 독자적인 의지로
소통하며 신체는
행동의 도식을 만든다. 따라서
페달이나 핸들을 의식하지 않아도
자전거를 몰 수 있다

의식하지 않아도
손발은
장애물이나 보폭에
대처한다

신체도식이 없으면 컴퓨터 타이핑이나 악기 연주는 물론 걸을 수도 없다.

사고로 다리를 잃은 사람은 다리가 없다는 것을 알면서도 자기도 모르게 다리를 사용하려 한다. 아직 신체도식이 갱신되지 않았기 때문이다. 그래도 신체가 서서히 지팡이를 추가한 새로운 도식을 만들기에 잘 걸을 수 있게 된다.

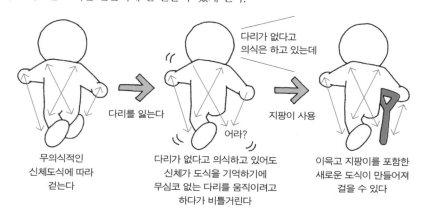

다리를 잃는다

다리가 없다고 의식은 하고 있는데

어라?

지팡이 사용

무의식적인
신체도식에 따라
걷는다

다리가 없다고 의식하고 있어도
신체가 도식을 기억하기에
무심코 없는 다리를 움직이려고
하다가 비틀거린다

이윽고 지팡이를 포함한
새로운 도식이 만들어져
걸을 수 있다

이처럼 신체도식은 자신의 신체뿐 아니라 지팡이 같은 도구나 신체 주변의 사물 사이에서도 만들어진다. 메를로 퐁티는 자신의 신체야말로 자신과 사물, 세계, 나아가 자신과 타자를 연결한다고 말했다.

자신과 세계는 신체도식으로 연결된다.
만약 소중한 사람이나 사물을 잃어버리면
그 사이에 맺은 복잡하고 강한 신체도식을 새롭게 바꾸는 데 시간이 걸린다

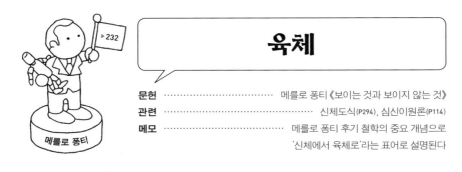

육체

문헌 ································· 메를로 퐁티《보이는 것과 보이지 않는 것》
관련 ································· 신체도식(P294), 심신이원론(P114)
메모 ································· 메를로 퐁티 후기 철학의 중요 개념으로
'신체에서 육체로'라는 표어로 설명된다

나란 나의 **의식**을 말한다. 나의 신체는 내가 아니라 주변 세계와 똑같은 객체(P113)라고
보는 견해가 데카르트 이후 근대 철학의 사상이었다(심신이원론).

데카르트의 심신이원론

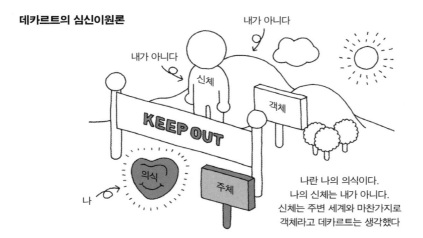

나란 나의 의식이다.
나의 신체는 내가 아니다.
신체는 주변 세계와 마찬가지로
객체라고 데카르트는 생각했다

296

그러나 의식은 신체 안에 있다. 의식은 하늘을 둥둥 떠다니는 것이 아니다. 신체가 없으
면 존재할 수 없다. 따라서 **메를로 퐁티**는 신체가 객체인 동시에 주체기도 한 **양의적**인 것
으로 생각했다.

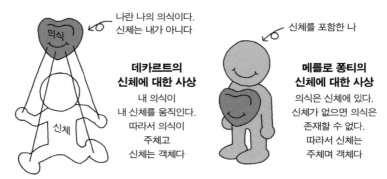

나란 나의 의식이다.
신체는 내가 아니다

**데카르트의
신체에 대한 사상**
내 의식이
내 신체를 움직인다.
따라서 의식이
주체고
신체는 객체다

신체를 포함한 나

**메를로 퐁티의
신체에 대한 사상**
의식은 신체에 있다.
신체가 없으면 의식은
존재할 수 없다.
따라서 신체는
주체며 객체다

우리가 사과를 보거나 사과를 만질 때 사과는 우리에 대해 객체다. 하지만 이때 사과를 보는 눈(눈은 신체의 일부)이나 사과를 만지는 손은 객체가 아니라 주체라고 그는 설명했다. 나아가 눈은 타자를 보는 것과 동시에 타자에게 보인다. 악수할 때도 타자의 손을 붙잡는 동시에 타자에게 붙잡힌다.

신체는 그것이 존재한 시점에서 주체인 동시에 객체다

사과를 보거나
만질 때
사과는 객체지만
그때의 눈이나 손은
내 주체다

내 눈은
보면서 보인다.
이 손도 붙잡으면서
붙잡힌다.
신체는 객체며 주체다

메를로 퐁티는 신체를 "주체로서 느끼는 것이기도 하고 객체로서 느껴지는 것이기도 하다"라고 표현했다. 신체가 있기에 우리가 세계와 접할 수 있고, 세계가 우리와 접할 수 있다. 우리의 의식은 신체를 통해 세계와 연결된다. 메를로 퐁티는 신체와 세계가 접촉하는 부분을 세계의 '**육체**'라고 불렀다.

신체가 있기에 우리는 세계의 육체와 만난다

내 눈이
세계를 볼 때
내 눈은
세계에 보여진다

내 신체가
대지를 밟을 때
내 신체는
대지에 받아들여진다

내 신체가 타자에 닿을 때
내 신체는 타자에게 만져진다

구조주의

▶235

의미 ···· 인간의 언행은 그가 속한 사회나 문화 구조에 의해 규정된다는 사상
구체적 예 ············ 레비스트로스, 롤랑 바르트(Roland Barthes), 전기 푸코
관련 ································· 이항대립(P318), 언어의 자의성(P244)

인간은 자유롭기에 주체적으로 행동하는 것이 중요하다고 사르트르는 생각했다. 레비스트로스는 달랐다.

주체적으로
행동하자!

사르트르

인간에게
주체성이
있을까?

레비스트로스

레비스트로스는 인간의 사고나 행동은 그 바탕에 있는 사회적·문화적 구조에 지배받는다고 생각했다. 그는 소쉬르의 언어학(언어의 자의성)을 인간사회에 적용해 그러한 사상을 끌어냈다.

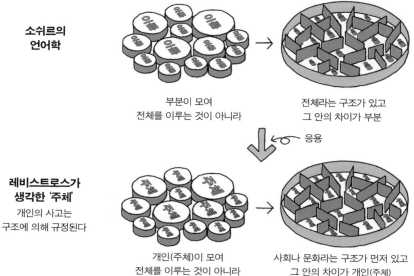

**소쉬르의
언어학**

부분이 모여
전체를 이루는 것이 아니라

전체라는 구조가 있고
그 안의 차이가 부분

응용

**레비스트로스가
생각한 '주체'**
개인의 사고는
구조에 의해 규정된다

개인(주체)이 모여
전체를 이루는 것이 아니라

사회나 문화라는 구조가 먼저 있고
그 안의 차이가 개인(주체)

이렇게 생각하면 인간의 주체성은 구조에 의해 규정된다. 레비스트로스는 주체성을 강조한 사르트르의 사상을 서양의 인간 중심적인 사상이라고 보고 비판했다.

레비스트로스는
미개 부족과
행동을 함께 하면서
인간과 사회구조의
관계를 조사했다

문화인류학자인 레비스트로스는 미개한 부족들과 함께 생활하며 인간의 행동을 규정하는 구조를 조사했다. 예를 들어 두 미개사회 사이에서 이뤄진 여성을 교환하는 풍습에는 근친혼 금지라는 인류 공통적인 구조를 볼 수 있다고 주장했다.

인간의 행동은 구조에 지배받는다.
한쪽(미개사회A)에서만 보면 그 사실을 깨닫지 못한다.
서양과 아시아 모두 여성이 신부로 가는 풍습이 있는데
그 진정한 의미를 의식하지 못한다

여성을 교환하는
풍습의 바탕에는
근친혼 금지가 있다

미개사회A

미개사회B

두 미개사회의 사람들은 서로 여성을 교환하는 풍습이 어떤 의미인지 몰랐다. 행동의 의미는 한쪽에서만 바라보면 알 수 없다. 사항은 항상 이항대립을 축으로 파악해야 한다고 레비스트로스는 말했다. 현상의 의미를 그 자체만이 아니라 그와 관계하는 사회나 문화의 **구조**에서 읽으려고 하는 사상을 '**구조주의**'라고 한다.

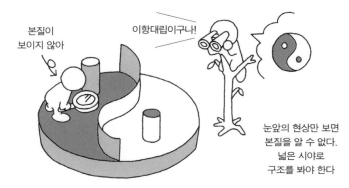

본질이
보이지 않아

이항대립이구나!

눈앞의 현상만 보면
본질을 알 수 없다.
넓은 시야로
구조를 봐야 한다

▶235

야생의 사고

의미	·················	문자가 없는 사회에 존재하는 의식되지 않은 논리
문헌	·················	레비스트로스 《야생의 사고》
관련	·················	앙가주망(P291), 구조주의(P298)
상대어	·················	길든 사고, 문명의 사고, 과학적 사고

사르트르는 주체적으로 사회에 참여해 역사를 진보시키고자 했다(앙가주망). 하지만 레비스트로스는 이 사상에 강하게 반대했다.

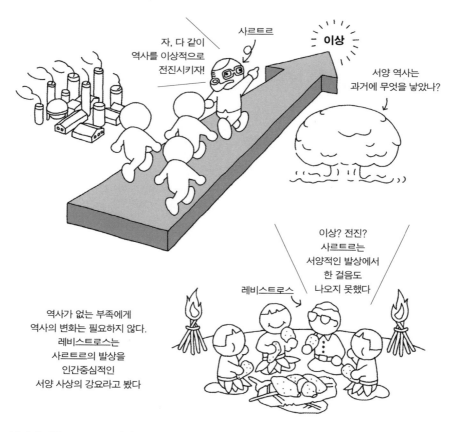

자, 다 같이 역사를 이상적으로 전진시키자!

사르트르

이상

서양 역사는 과거에 무엇을 낳았나?

이상? 전진? 사르트르는 서양적인 발상에서 한 걸음도 나오지 못했다

레비스트로스

역사가 없는 부족에게 역사의 변화는 필요하지 않다. 레비스트로스는 사르트르의 발상을 인간중심적인 서양 사상의 강요라고 봤다

역사가 없는 보로로족이나 카리에라족과 함께 생활한 문화인류학자 레비스트로스에게 '인간에 의해 역사가 올바른 방향으로 향한다'라는 사르트르의 주장은 인간중심적인 서양 사상의 강요로 보였다.

서양인이 설계도에 따라 계획적으로 사물을 만드는 것과 달리 미개인은 그 자리에서 구한 재료를 조합해 사용하는 '브리콜라쥬(Bricolage, 손재주)'로 사물을 만든다고 레비스트로스는 말했다. 브리콜라쥬는 유치한 발상이 아니다. 지구 환경이나 사회 안정을 유지하기 위한 지극히 논리적이며 합리적인 수단이다. 레비스트로스는 그들의 사고를 서양에 팽배한 **문명의 사고**(과학적 사고)와 대비해 '**야생의 사고**'라고 불렀다.

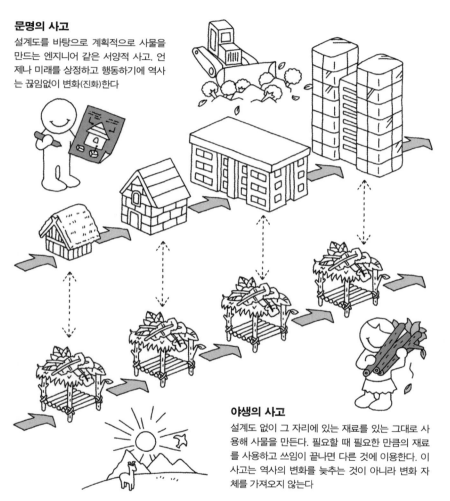

문명의 사고
설계도를 바탕으로 계획적으로 사물을 만드는 엔지니어 같은 서양적 사고. 언제나 미래를 상정하고 행동하기에 역사는 끊임없이 변화(진화)한다

야생의 사고
설계도 없이 그 자리에 있는 재료를 있는 그대로 사용해 사물을 만든다. 필요할 때 필요한 만큼의 재료를 사용하고 쓰임이 끝나면 다른 것에 이용한다. 이 사고는 역사의 변화를 늦추는 것이 아니라 변화 자체를 가져오지 않는다

문명의 사고는 핵무기를 만들고 심각하게 환경을 파괴했다. 야생의 사고가 브리콜라쥬의 발상을 통해 문명의 진보(역사)를 무의식적으로 거부한 것에는 분명 의미가 있다. 현상을 어떤 입장에서 일방적으로 보지 않고 구조적으로 생각하면 야생의 사고와 문명의 사고는 서로 보완해 나가는 사고임을 알 수 있다고 레비스트로스는 말했다.

리버럴리즘 Liberalism
자유주의

메모 ………… '자유주의'라고 단순히 번역하면 오해할 수 있으니 주의하자.
미국에서는 부의 재분배 등으로 경제적 약자를 구하고
복지 국가의 정책을 지지하는 입장을 리버럴리즘이라고 부른다

사회 전체의 행복을 위해 누군가가 희생해도 어쩔 수 없다고 생각하는 공리주의(P191)는
리버럴리즘을 주장하는 **롤스**가 보기에 옳지 않았다. 롤스는 공리주의의 약점을 극복하기
위해서 자신이 남자인지 여자인지, 백인인지 흑인인지, 몸이 건강한지 그렇지 않은지 등
자신이 놓인 상황을 모른다는 것이 전제인 **'무지의 베일'**을 다 함께 쓴 상태로 어떤 사회
를 만들면 좋을지 생각해야 한다고 말했다.

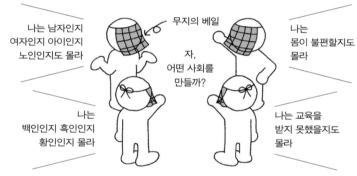

나는 남자인지
여자인지 아이인지
노인인지도 몰라

무지의 베일

자,
어떤 사회를
만들까?

나는
몸이 불편할지도
몰라

나는
백인인지 흑인인지
황인인지 몰라

나는 교육을
받지 못했을지도
몰라

자신이 어떤 상황인지 모른다는 것이 전제인
무지의 베일을 쓰고, 모두가 자존심을 지킬 수 있는
사회를 만들기 위해 이야기해 보자!

롤스는 그렇게 함으로써 사회 정의를 위한 세 가지 원리를 도출할 수 있다고 봤다. 그 첫
번째는 **기본적 자유의 원리**다. 원칙적으로 개인의 자유가 보장되어야 한다.

❶ 기본적 자유의 원리

양심, 사상, 언론의 자유가
보장되어야 한다

302

두 번째는 **기회균등의 원리**다. 비록 경제적인 차이가 있더라도 공정한 경쟁 사회는 평등하게 기회가 주어져야 한다.

❷ 기회균등의 원리

비록 격차가 생기더라도 경쟁의 자유가 보장되어야 한다

그러나 몸이 불편하거나 차별을 받는 상황이거나 풍족하지 못하다면 자유 경쟁에 참여하기 어렵다. 롤스는 경쟁으로 생기는 격차는 가장 불우한 자의 생활을 개선하기 위해 조정되어야 한다는 **격차 원리**를 마지막으로 제시했다.

❸ 격차 원리

부의 배분 방법을
다 함께
생각하자

경쟁에 따른 격차가
낳은 부

부의 조정

경쟁으로 생긴 격차는
가장 불우한 자의 생활을 개선하는 데 쓰여야 한다

▶239

리버테리어니즘 _{Libertarianism}
자유지상주의

의미 ·············· 개인의 정신적 자유와 경제적 자유를 최고로 존중하는 입장
구체적 예 ········ 노직, 하이에크(Friedrich Hayek), 프리드먼(Milton Friedman)
메모 ········· 네오리버럴리즘(Neo-liberalism, 신자유주의)과 많은 부분 겹친다

노직

노직은 롤스의 리버럴리즘(P302)을 비판했다. 그는 세금을 걷어 부를 재배분하면 국가 권력이 비대해진다고 생각했다. 국가는 어디까지나 폭력, 절도, 사기 등의 침략 행위를 방지하는 역할에 머무르는 최소 국가여야 한다고 그는 말했다. 그가 생각하는 이상적인 사회는 복지적 역할을 민간 서비스가 담당하는 사회였다. 이러한 사상을 '리버테리어니즘'이라고 한다.

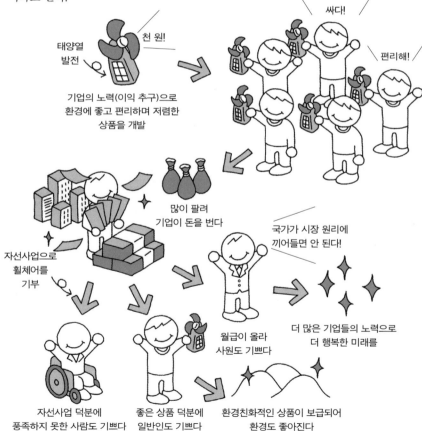

태양열
발전

천 원!

기업의 노력(이익 추구)으로
환경에 좋고 편리하며 저렴한
상품을 개발

싸다!

편리해!

많이 팔려
기업이 돈을 번다

국가가 시장 원리에
끼어들면 안 된다!

자선사업으로
휠체어를
기부

월급이 올라
사원도 기쁘다

더 많은 기업들의 노력으로
더 행복한 미래를

자선사업 덕분에
풍족하지 못한 사람도 기쁘다

좋은 상품 덕분에
일반인도 기쁘다

환경친화적인 상품이 보급되어
환경도 좋아진다

▶239

커뮤니테리어니즘 Communitarianism
공동체주의

의미 ·················	공동체의 도덕이나 가치를 존중하는 입장
구체적 예 ··················	매킨타이어(Alasdair MacIntyre), 샌델
메모 ··· 이 사상은	리버럴리즘(P302)과 리버테리어니즘(P304)을 모두 비판했다
관련 ·················	에토스(P066), 무지의 베일(P302)

자신들의 공동체(커뮤니티) 윤리나 습관(에토스)을 중요하게 생각하는 **샌델**의 사상을 '**커뮤니테리어니즘**'이라고 한다. 샌델은 리버럴리즘(P302)을 리버테리어니즘(P304)과 다른 방식으로 부정했다. 사람은 자란 환경이나 주변 동료의 영향을 받아 개성을 키운다. 개인 배후에 있는 이야기를 무시하고 '무지의 베일'로 정의 원리를 추구하는 롤스의 사상은 샌델이 보기에 추상적이었다.

나는 백인도 아니고
부유하지도 않지만
내가 태어난 땅과 동료를
정말 좋아해!

무지의 베일로
추상화할 수 없는 가치

자신이 속한 공동체의 윤리나 습관을
중요하게 생각하며 살아야 한다고 샌델은 주장했다.
개인의 정체성을 성장한 환경이나
함께 살아온 동료와 구분해서 생각할 수 없다

쓰레기 분리수거 규칙

청소 담당은 순서대로

신발 벗기 규칙

일본 대지진 피난소에서 피난민은 모두 자신이 속한 공동체의 규칙대로 행동했다.
샌델은 커뮤니테리어니즘의 정신을 피난소 사람들을 보고 깨달았다

▶237

포스트구조주의

의미	프랑스를 중심으로 구조주의(P299) 이후 등장한 사상 조류
구체적 예	데리다, 들뢰즈, 후기 푸코
메모	각 철학자와 사상가가 '포스트구조주의'라고 자부한 것은 아니다

데리다 등

서양 철학은 고대 그리스부터 **구조주의**에 이르기까지 사물을 '○○는 이렇게 되어 있다' 처럼 한 가지 양식으로 정의해 파악하려는 특징이 있다. 이러한 고정적인 견해를 반성하고 새로운 철학을 모색한 후기 **푸코, 데리다, 들뢰즈** 등의 사상을 **포스트구조주의**('구조주의 그다음'이라는 의미)'라고 한다.

306

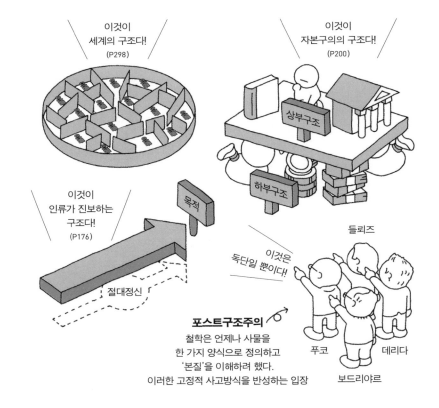

이것이
세계의 구조다!
(P298)

이것이
자본구의의 구조다!
(P200)

상부구조

하부구조

이것이
인류가 진보하는
구조다!
(P176)

목적

들뢰즈

이것은
독단일 뿐이다!

절대정신

포스트구조주의
철학은 언제나 사물을
한 가지 양식으로 정의하고
'본질'을 이해하려 했다.
이러한 고정적 사고방식을 반성하는 입장

푸코

데리다

보드리야르

포스트구조주의 사상에 공통으로 눈에 띄는 특징은 없으나 고정적 견해를 극복하려 한 점에서 유사성을 띤다.

리오타르

포스트모던

문헌 ································· 리오타르《포스트모던의 조건》
메모 ·················· 포스트모던은 원래 건축 분야에서 나온 용어였다.
합리성·기능성을 지향하는 모더니즘(근대주의)과 반대로
포스트모더니즘 건축은 장식성·다양성 회복을 주장했다

근대 사상은 헤겔이나 마르크스의 사상인 역사(P176), 유물사관(P203)처럼 인류 전체의
진보에 대해 생각했다. **리오타르**는 이것을 **커다란 이야기**라고 불렀다.

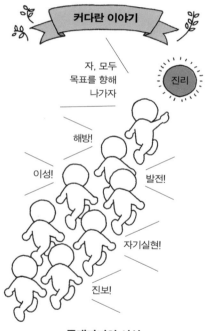

근대까지의 사상
근대에는 '과학기술이 발전하면
인류가 행복해진다'와 같은
'커다란 이야기'가 존재했다

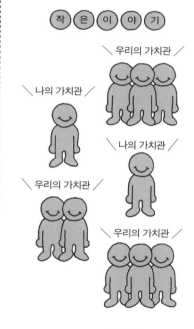

포스트모던의 사상
현대에는 '커다란 이야기'가 없다.
다양한 가치관을 인정하고
공존해야 한다

그러나 핵무기 개발이나 대규모 환경 파괴 등 근대 문명의 잘못이 확연히 밝혀진 오늘날
커다란 이야기의 시대는 끝났다. 현대는 무수한 가치관을 인정하고 공존하는 길을 모색
하는 시대다. 리오타르는 이러한 시대를 '**포스트모던**('근대 이후'라는 의미)'이라고 불렀다.

307

차이의 원리

문헌	보드리야르《소비의 사회》
관련	포스트모던(P307), 시뮬라크르(P310)
메모	보드리야르의 소비사회론은 마케팅에 많이 활용되었다

경제 성장을 이룬 선진국 소비사회에서 사람들은 상품(물건, 정보, 문화, 서비스 등도 포함)을 기능이 아닌 타자와의 차이를 만드는 기호(정보)로도 선택한다고 보드리야르는 지적했다.

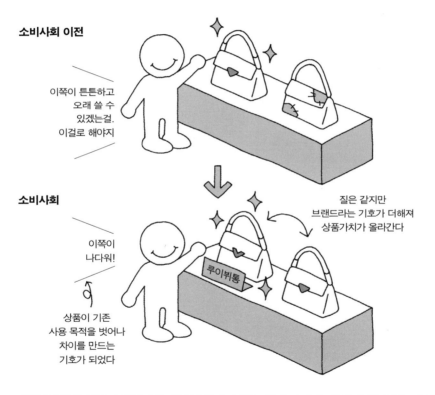

소비사회 이전

이쪽이 튼튼하고 오래 쓸 수 있겠는걸. 이걸로 해야지

소비사회

이쪽이 나다워!

상품이 기존 사용 목적을 벗어나 차이를 만드는 기호가 되었다

질은 같지만 브랜드라는 기호가 더해져 상품가치가 올라간다

루이뷔통

생활필수품의 보급이 끝났다고 상품이 팔리지 않는 것이 아니다. 그 후에 찾아오는 소비 사회에서는 상품의 역할이 기존 사용 목적에서 벗어나 자신의 개성이나 타자와의 차이를 드러내기 위한 기호로 변화한다. 소비사회는 다른 것과 약간 다른 상품을 끊임없이 생산해 소비욕구를 무한히 창출해낸다. 그리고 사람들은 그러한 구조에 휩쓸리게 된다. 보드리야르는 이러한 원리를 '**차이의 원리**'라고 표현했다.

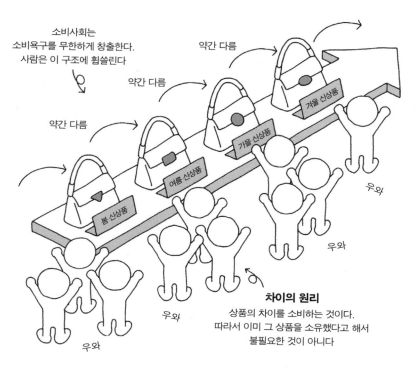

소비사회는
소비욕구를 무한하게 창출한다.
사람은 이 구조에 휩쓸린다

약간 다름

약간 다름

약간 다름

겨울 신상품

가을 신상품

여름 신상품

봄 신상품

우와

우와

우와

우와

차이의 원리
상품의 차이를 소비하는 것이다.
따라서 이미 그 상품을 소유했다고 해서
불필요한 것이 아니다

차이를 만드는 기호는 패션 브랜드는 물론이고 '건강에 좋은 상품', '희귀한 것', '유명인의 애장품', '빈티지', '회원제·소수제', '상품이 지닌 역사나 이야기' 등 다양하다. 소비사회에서 개인의 실체(P132)는 이러한 차이에 대한 욕망이다.

건강식품

무농약

아이돌이
입은 옷

PLATINUM
CARD

친환경
자동차

소수제

회원 전용
CLUB

소비사회에서
개인의 실체는
차이에 대한 욕망

고유번호

브랜드

현실 기능보다
차이를 만드는 기호가
중요하다

보드리야르

시뮬라크르 Simulacre

▶238

의미 ···	오리지널과 카피의 구별이 사라진다는 의미
문헌 ···	보드리야르《시뮬라시옹》
관련 ···	포스트모던(P307), 차이의 원리(P308)
메모 ···	프랑스어로 '모조품', '가짜'라는 뜻

기호란 오리지널을 대체하려고 오리지널을 모방한 것이다. 하지만 소비사회에서 오리지널보다 기호, 즉 **'모상**(模相)**'**이 더 중요(차이의 원리)해지면서 모상을 생산하는 것이 목적이 되었다. 보드리야르는 모든 현실이 다 모상된다고 예언했다.

오리지널이 없는 모상

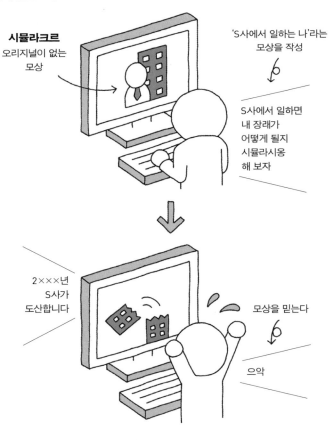

시뮬라크르
오리지널이 없는
모상

'S사에서 일하는 나'라는
모상을 작성

S사에서 일하면
내 장래가
어떻게 될지
시뮬라시옹
해 보자

2×××년
S사가
도산합니다

모상을 믿는다

으악

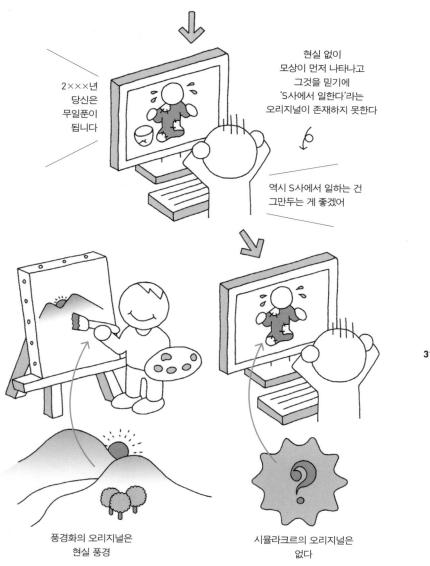

본래 모상에는 오리지널이 있다. 캔버스에 그린 풍경화의 오리지널은 현실 풍경이다. 하지만 컴퓨터로 그려낸 자신의 미래에 오리지널은 없다. **보드리야르**는 오리지널이 없는 모상을 '**시뮬라크르**', 시뮬라크르를 만들어내는 것을 '**시뮬라시옹**(Simulation)'이라고 불렀다. 오리지널이 존재하지 않는 이상, 그 모상은 실체(P132)가 된다. 보드리야르는 오리지널(현실)과 모상(비현실)이 구별되지 않는 오늘날의 상태를 '**하이퍼리얼**(Hyperreal, 파생실재)'이라고 불렀다.

에피스테메 Episteme

의미	시대별로 달라지는 지식의 틀
문헌	푸코《말과 사물》
관련	인간의 종언(P314)
메모	고대 그리스에서는 '학문적인 지식'을 의미

▶236

푸코

사람의 사고는 고대부터 연속적으로 진보한 것이 아니라 각 시대에 특유한 것이라고 푸코는 생각했다. 예를 들어 '광기'에 대한 생각은 근세 이전과 이후가 전혀 다르다.

중세(~16세기)의 '광기'

이 세상은 잘못되었어! 모두 눈을 때!

저 사람의 말을 들어보자. 어쩌면 천재일지도

중세에는 '광기'가 일반인이 헤아릴 수 없는 진리에 다가간 사상으로 받아들여졌다

중세(17세기) 이후의 '광기'

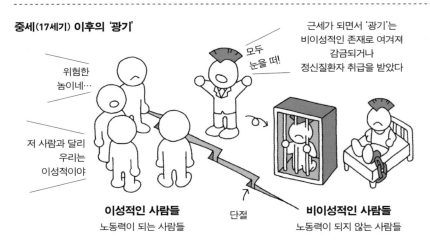

근세가 되면서 '광기'는 비이성적인 존재로 여겨져 감금되거나 정신질환자 취급을 받았다

모두 눈을 때!

위험한 놈이네…

저 사람과 달리 우리는 이성적이야

이성적인 사람들
노동력이 되는 사람들

단절

비이성적인 사람들
노동력이 되지 않는 사람들

중세에는 '광기'가 진리를 말하는 존재로 여겨지며 신성한 것으로 대우를 받으며 사람들과 공존했다. 하지만 근세 이후의 사회구조에서는 노동력이 되지 않는 '광기'를 철저하게 격리했다.

푸코는 이렇게 시대에 따라 달라지는 사람들의 사고를 '**에피스테메**'라고 불렀다. 그는 서양 사회를 16세기 이전, 17~18세기, 19세기 이후로 나누어 각각의 에피스테메를 고찰했다.

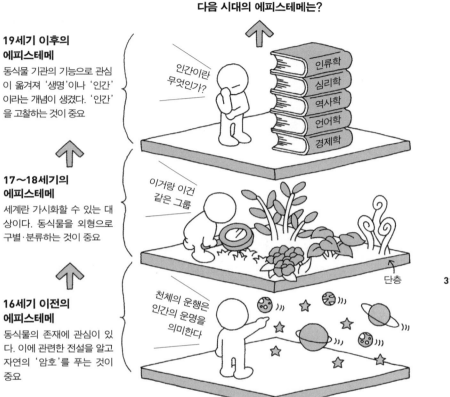

다음 시대의 에피스테메는?

19세기 이후의 에피스테메

동식물 기관의 기능으로 관심이 옮겨져 '생명'이나 '인간' 이라는 개념이 생겼다. '인간'을 고찰하는 것이 중요

인간이란 무엇인가?

인류학 / 심리학 / 역사학 / 언어학 / 경제학

17~18세기의 에피스테메

세계란 가시화할 수 있는 대상이다. 동식물을 외형으로 구별·분류하는 것이 중요

이거랑 이건 같은 그룹

단층

16세기 이전의 에피스테메

동식물의 존재에 관심이 있다. 이에 관련한 전설을 알고 자연의 '암호'를 푸는 것이 중요

천체의 운행은 인간의 운명을 의미한다

푸코는 중세 중국의 백과사전에 적힌 '동물' 항목을 읽었는데 의미를 전혀 이해할 수 없었다고 말했다. 이와 마찬가지로 에피스테메가 다른 미래 인류가 21세기 과학책을 읽으면 이해하지 못할지도 모른다.

중세 백과사전의 '동물' 항목은 '황제에게 속한 것', '미라가 된 것', '아까 병을 깨뜨린 것', '멀리서 보면 파리처럼 보이는 것', '젖을 먹는 돼지' 등 이해할 수 없게 분류했다

의미를 전혀 모르겠어

중세 백과사전

현대인

의미를 전혀 모르겠어

21세기 과학

미래인

에피스테메가 다른 미래인은 현대 과학책을 이해하지 못한다?

인간의 종언

문헌 ………………………………………………………… 푸코《말과 사물》
관련 ……………………………………… 에피스테메(P312), 구조주의(P299)
메모 ………… '인간'이라는 개념은 근대라는 에피스테메 속에서 탄생했다

푸코

푸코는 사람들의 사고나 감정은 각 시대의 에피스테메에 지배받는다고 생각했다. 그는 '인간'이라는 보편적인 가치도 고작해야 19세기에 탄생한 최근의 발명품일 뿐이라고 주장했다.

'인간'이 이뤄지기까지

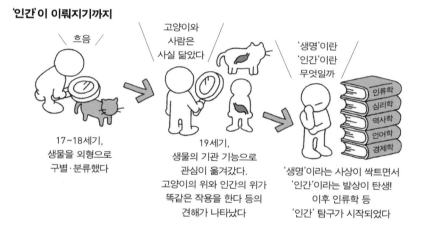

흐음

고양이와 사람은 사실 닮았다

'생명'이란 '인간'이란 무엇일까

인류학
심리학
역사학
언어학
경제학

17~18세기, 생물을 외형으로 구별·분류했다

19세기, 생물의 기관 기능으로 관심이 옮겨갔다. 고양이의 위와 인간의 위가 똑같은 작용을 한다 등의 견해가 나타났다

'생명'이라는 사상이 싹트면서 '인간'이라는 발상이 탄생! 이후 인류학 등 '인간' 탐구가 시작되었다

생물의 외형이 아니라 기관의 기능을 연구하기 시작한 것은 19세기에 들어서다. 그때부터 '생명'이라는 발상이 시작되고 발전하면서 '인간이란 무엇인가'에 대한 연구가 이뤄졌다고 푸코는 생각했다.

'인간'은 바닷가 모래 위에 그려놓은 얼굴처럼 종언할 것이다
by 푸코

철썩 철썩

유전공학의 진보로 인공적으로 생명을 만들어내는 현재, 푸코의 말대로 '인간'이라는 개념을 재고해야 한다
(P338)

그는 **인간의 종언**이 가깝다고 예언했다. '인간'은 자신의 의사에 따라 주체적으로 행동하는 것이 아니라 사회의 **구조**(구조주의)에 묶여 있다는 것이 점차 밝혀지고 있기 때문이다.

314

▶236

생 – 권력 bio - pouvoir

의미	사람들의 생에 개입해 관리하려는 근대적 권력
문헌	푸코《감시와 처벌》,《성의 역사》
상대어	죽음에 대한 권력
관련	팬옵티콘(P316)

푸코

민주주의 시대가 되면서 국왕이라는 절대적 권력자가 사라졌다. 이것을 두고 푸코는 민주주의 시대에는 절대권력을 대신한 보이지 않는 권력이 생겼을 뿐이라고 했다. 한때 권력은 사형의 공포로 지배했으나 민주주의가 만들어낸 권력은 사람들을 공포로 관리하지 않는다.

18세기 이전, 죽음에 대한 권력
절대적인 권력자가 사형의 공포를 행사함으로써 민중을 지배했다

19세기 이후, 생 – 권력
우리의 욕망이 만들어낸 눈에 보이지 않는 권력. 이것은 우리를 자본주의에 융합시키려고 끝없이 감시한다. 우리는 감시자면서 동시에 감시받는 대상이다.

군대에서 훈련을 받으면 심리적으로나 신체적으로 사회에 순종하게 된다

학교·직장·병원에서 모두가 눈을 번뜩이고 있다

공장이나 회사의 조례나 체조로 관리된다

민주 국가의 권력을 푸코는 '생 – 권력'이라고 불렀다. 이것은 학교나 직장 등 공동체가 있는 모든 곳에 존재하며 무의식적으로 우리를 사회에 적합하게 만들려고 심리적·신체적으로 훈련한다(팬옵티콘).

팬옵티콘 Panopticon

문헌	····································	푸코《감시와 처벌》
관련	····································	생-권력(P315)
메모	····································	팬옵티콘은 공리주의의 시조 벤담이 고안한 것이다.
		이것을 푸코가 권력론으로 재해석했다

푸코는 민주주의가 만들어낸 권력을 **생-권력**이라고 부르고 이것이 우리의 일반상식을 만든다고 생각했다. 그는 민주 국가를 '**팬옵티콘**'이라는 감옥에 비유했다. 이 감옥에 들어간 죄인은 누가 강요한 것도 아닌데 차츰 스스로 규율에 따른다.

팬옵티콘

316

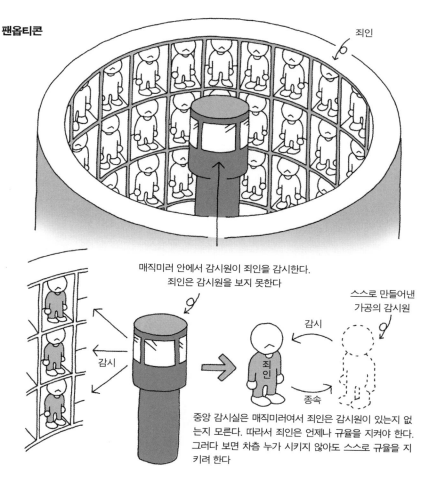

매직미러 안에서 감시원이 죄인을 감시한다.
죄인은 감시원을 보지 못한다

스스로 만들어낸
가공의 감시원

감시

종속

중앙 감시실은 매직미러여서 죄인은 감시원이 있는지 없는지 모른다. 따라서 죄인은 언제나 규율을 지켜야 한다. 그러다 보면 차츰 누가 시키지 않아도 스스로 규율을 지키려 한다

팬옵티콘 원리는 학교, 회사, 병원, 길거리 등 일상생활 어디에나 있다. 24시간 365일 감시하며 우리를 무의식적으로 사회 규범에 순종하는 자로 만든다.

팬옵티콘 효과

항상 감시받는다는 의식 때문에 적극적으로 규율을 지키려고 한다

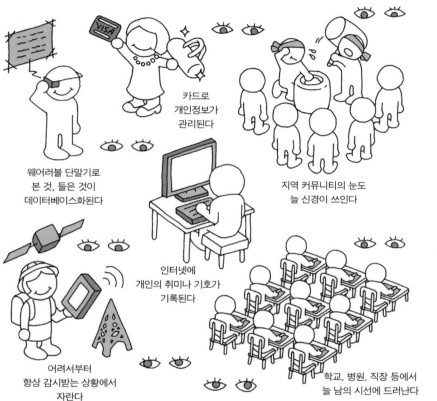

카드로
개인정보가
관리된다

웨어러블 단말기로
본 것, 들은 것이
데이터베이스화된다

지역 커뮤니티의 눈도
늘 신경이 쓰인다

인터넷에
개인의 취미나 기호가
기록된다

어려서부터
항상 감시받는 상황에서
자란다

학교, 병원, 직장 등에서
늘 남의 시선에 드러난다

일상의 팬옵티콘 효과 때문에 인간은 차츰 사회의 모순에 의문을 품지 못한다. 그리고 상식에서 벗어난 자를 **광인**이라고 부르며 집단에서 배제한다.

위험한 놈이다!

그건 잘못되었어!
눈을 떠!

데리다

▶237

이항대립

문헌 ············	데리다《글쓰기와 차이》,《목소리와 현상》,《그라마톨로지》
구체적 예 ··················	남/여, 서양/동양, 오리지널/모조
관련 ·····················	탈구축(P320), 차연(P322)

서양철학은 '선/악', '진/위', '주관/객관', '오리지널/모조', '서양/동양', '외부/내부'와 같이 앞의 것이 뒤의 것보다 우위에 있다고 생각하는 '**이항대립**'에 바탕을 두고 구축되었다고 **데리다**는 지적했다.

318

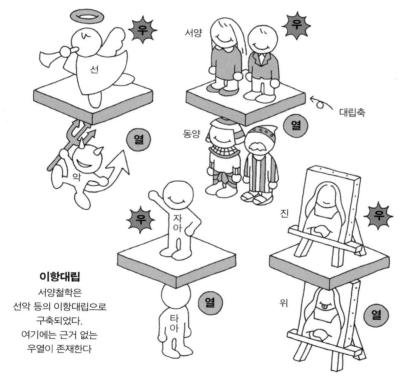

이항대립
서양철학은
선악 등의 이항대립으로
구축되었다.
여기에는 근거 없는
우열이 존재한다

이항대립의 우열은 서양인 특유의 '논리적인 것을 그 무엇보다 우선하는 사고', '눈앞에 있는 것을 신용하는 사고', '남성적인 것, 유럽을 우위라고 생각하는 사고', '세계는 목적을 지니고 나간다는 사고', '쓰는 언어보다 말하는 언어를 우선하는 사고'에 의해서 생긴다고 데리다는 말했다.

이러한 사고에는 근거가 전혀 없다. 데리다는 이항대립을 상정하고 그 관계에서 우열을 도출하는 것은 이질적인 것이나 약자를 배제하는 행위로 이어진다고 생각했다. 나치가 정권을 잡은 시기에 유대인이었던 그는 이항대립을 '독일인/유대인' 관계에 겹쳐 보았다. 그는 **탈구축**이라는 방법으로 대립축을 빼내 해체하려고 시도했다.

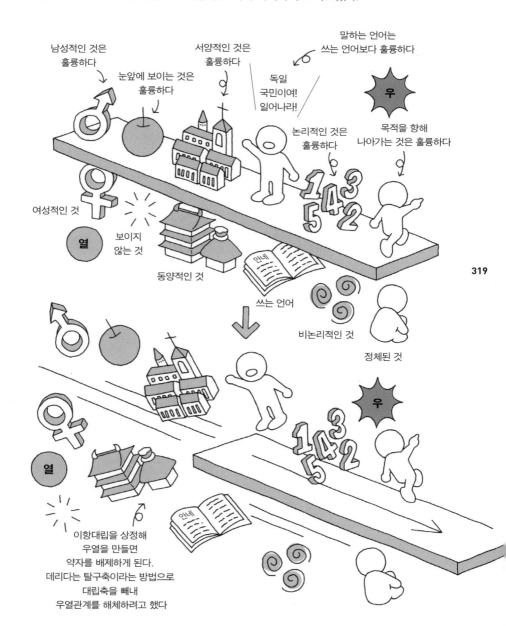

데리다

문헌 ·············· 데리다《글쓰기와 차이》,《목소리와 현상》,《그라마톨로지》
메모 ································· 탈구축은 문학비평이나 페미니즘 이론 등
다양한 분야에 영향을 미친다.

데리다는 서양철학이 '선/악', '주관/객관', '오리지널/모조', '강/약', '정상/이상', '남/여'
처럼 '우열'의 **이항대립**(P318)을 구축한다고 말했다. 사물을 이항대립으로 생각하는 것은
약자나 이질적인 것을 배제하는 행위라고 생각한 그는 이항대립의 해체를 시도했다. 이
를 **탈구축**'이라고 한다.

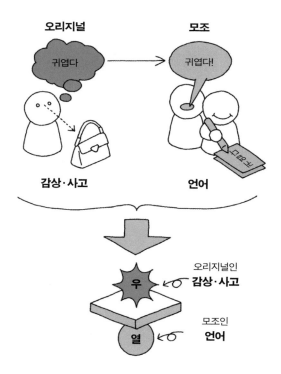

데리다의 탈구축 방법을 오리지널과 모조의 관계로 설명해 보자. 예를 들어 핸드백을 보
고 귀엽다는 **감상**(사고)을 지녔다면, 우리는 언어를 통해 '귀엽다'고 전달한다. 즉 **언어**는
감상을 모조한 것이다. 오리지널인 감상(사고)은 그것의 모조인 말보다 우위인 존재라고
할 수 있다.

그러나 데리다는 감상은 오리지널이 아니라고 생각했다. 왜냐하면 인간은 기존의 언어로 사고하기 때문이다. 언어는 자신이 만든 것이 아니다. 감상은 어디에서 보거나 들은 언어의 모조다. 이렇게 생각하면 오리지널과 모조의 관계가 뒤집힌다.

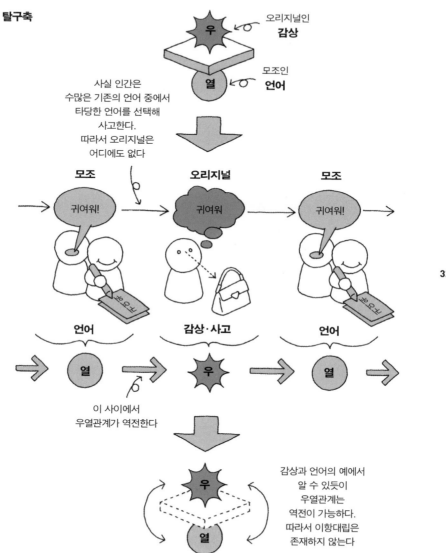

탈구축

오리지널인
감상

모조인
언어

사실 인간은
수많은 기존의 언어 중에서
타당한 언어를 선택해
사고한다.
따라서 오리지널은
어디에도 없다

모조   오리지널   모조

귀여워!   귀여워   귀여워!

언어   감상·사고   언어

이 사이에서
우열관계가 역전한다

감상과 언어의 예에서
알 수 있듯이
우열관계는
역전이 가능하다.
따라서 이항대립은
존재하지 않는다

이처럼 '우열'은 손쉽게 뒤집힐 가능성이 있다. 그는 사물을 이항대립으로 파악하는 위험성을 탈구축으로 설명했다.

데리다

문헌 ·· 데리다 《철학의 여백》
관련 ·· 이항대립(P318), 탈구축(P320)
메모 ···················· 프랑스어로는 'difference'며 '차이'와 '지연'이라는
두 가지 의미를 표현한 데리다의 조어

서양에서 문자(쓰는 언어)는 소리(말하는 언어)를 대리하기 위한 모조라고 생각했기에 소리가 문자보다 가치가 높다고 여긴다. 이것을 **'음성중심주의'**라고 한다.

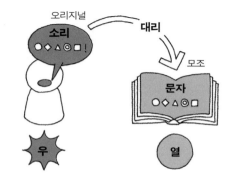

서양에서는 전통적으로 오리지널인 소리(말하는 언어)가
모조인 문자(쓰는 언어)보다 가치가 있다고 봤다

음성중심주의는 눈앞에 있는 것, 직접적인 것, 알기 쉬운 것을 최우선으로 하는 위험한 사고라고 데리다는 주장했다. 그는 알기 쉬운 직접적인 언어와 연기가 뒤섞인 연설로 사람들을 선동한 나치 정권과 음성중심주의를 같은 선상에서 보았다.

소크라테스는
문자로는 사상을 정확히
전달할 수 없기에
책을 한 권도
남기지 않았다

문자는 '죽은 언어'다.
반대로 소리는 생생하다

음성중심주의는
위험하다

소크라테스

데리다

데리다는 문자를 소리의 정확한 모조가 아니라고 보았다. 소리가 문자로 변환하면서 동적인 존재에서 정적인 존재로 형상이 바뀌기 때문이다. 또한 변환할 때까지의 시간적 어긋남도 있다. 소리와 문자는 일치하지 않는다. **데리다**는 소리→문자와 같이 오리지널과 모조가 **차이**를 **포함**한 상태로 변화하는 것을 '**차연**'이라고 불렀다. 문자와 소리가 일치하지 않는 이상 문자는 소리의 대리가 아니므로 2개를 동등하게 다뤄야 한다고 그는 주장했다.

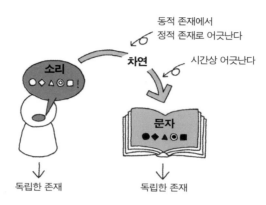

문자는 소리의 대리가 아니다.
양자는 독립한 존재며
동등한 가치가 있다고 데리다는 생각했다

또한 데리다는 소리가 절대 오리지널이 아니라고 생각했다. 인간은 자신이 아는 언어 중에서 타당한 것을 골라 사고하기 때문이다. 지금까지 어딘가에서 본 문자가 차연되어 소리가 되었을 가능성도 충분히 있다. 데리다에게 사물은 오리지널→모조→오리지널→모조로 영원히 차연된다. 여기에 우열은 없다.

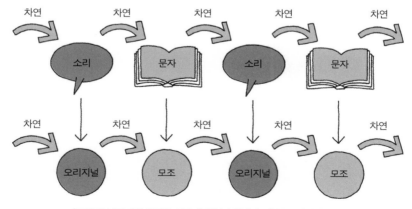

'오리지널/모조'에 우열은 없다. '정상/이상', '강/약' 등도 마찬가지다

▶236

들뢰즈

트리 Tree | 리좀 Rhizome

문헌 ·· 들뢰즈와 가타리《천 개의 고원》
메모 ······· 지바 마사야(千葉雅也)는 리좀으로 대표되는 '접속, 들뢰즈'보다는
'단속적 들뢰즈'라는 측면에 주목했다

들뢰즈와 가타리(Félix Guattari)는 서양의 사고가 계통도로 대표되듯이 한 가지의 절대적인 것에서 전개한다는 사고방식에 매달려 있다고 생각했다. 이것을 '**트리**(수목)'에 비유하며 한 가지 체계에 포함되지 않는 것을 때때로 배제하는 사상이라고 주장했다. 트리에 대항하는 발상으로 그들은 '**리좀**(뿌리)'을 제창했다.

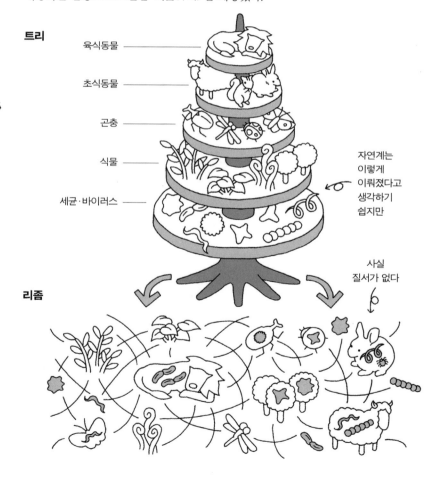

트리

육식동물
초식동물
곤충
식물
세균·바이러스

자연계는
이렇게
이뤄졌다고
생각하기
쉽지만

사실
질서가 없다

리좀

트리와 달리 리좀은 시작도 끝도 없다. 망 형태의 도주선을 지니고 종횡무진 펼쳐진다. 리좀의 이미지로 사물을 파악하면 헤겔의 변증법(P174)처럼 서로 다른 사상을 통일해가는 것이 아니라 차이를 차이 그대로 인정하는 발상을 할 수 있다고 들뢰즈와 가타리는 생각했다.

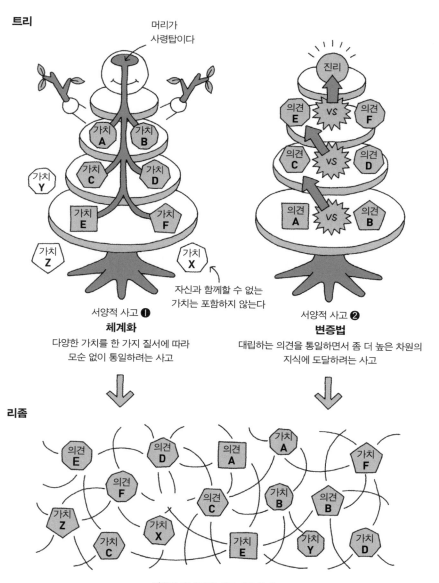

트리

머리가
사령탑이다

가치
A

가치
B

가치
C

가치
D

가치
Y

가치
E

가치
F

가치
Z

가치
X

자신과 함께할 수 없는
가치는 포함하지 않는다

서양적 사고 ❶
체계화
다양한 가치를 한 가지 질서에 따라
모순 없이 통일하려는 사고

진리

의견
E

VS

의견
F

의견
C

VS

의견
D

의견
A

VS

의견
B

서양적 사고 ❷
변증법
대립하는 의견을 통일하면서 좀 더 높은 차원의
지식에 도달하려는 사고

리좀

의견
E

의견
D

의견
A

가치
A

가치
F

의견
F

가치
Z

의견
C

가치
B

의견
B

가치
Y

가치
X

가치
C

가치
E

가치
D

리좀을 이미지해 사고해야 한다.
그러면 다양한 가치를 자신 안에서 통일하는 것이 아니라
차이를 차이 그대로 받아들일 수 있다

들뢰즈

스키조 Schizophrenia | 파라노 Paranoia

문헌 ···························· 들뢰즈와 가타리 《안티 오이디푸스》
관련 ···························· 트리 | 리좀(P324), 노마드(P328)
메모 ···························· 원래 스키조프레니아와 파라노이아인데
주로 스키조와 파라노라고 불린다

들뢰즈와 가타리는 끊임없이 증식하며 사방으로 퍼지는 분자와 같은 이미지로 욕망을 파악했다. 이렇게 증식하며 퍼지는 힘이 세계를 움직이는 원동력이다. 그들은 욕망에 따라서 움직이는 이 세계를 '욕망기계'라고 불렀다. 욕망기계에는 인간도 포함된다. 그리고 우리 신체의 모든 기관도 무의식적으로 움직인다.

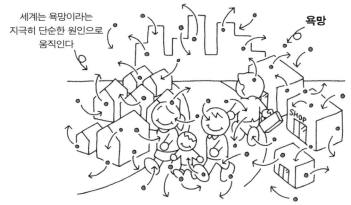

세계는 욕망이라는
지극히 단순한 원인으로
움직인다

욕망

세계는 사방팔방으로 퍼지는 욕망을 원동력으로 움직인다.
하지만 사회가 그것을 억압하고 체계화하려고 한다

본래 인간은 욕망이 흐르는 대로 움직여야 한다. 하지만 부모나 사회의 억압 장치가 작동해서 확산하는 분자의 에너지를 한 방향으로 통일하려고 한다. 이렇게 정체성이 완성된다.

본래 인간은
욕망이 흐르는 대로
움직여야 한다.
이 상태를
기관 없는 신체
라고 한다

뇌를
사령탑으로
삼아 욕망을
트리화

정체성의
탄생

부모나 사회의
억압 장치가 작동해
스스로
욕망을 체계화한다

일단 정체성이 완성되면 사회적 역할에 매여 타인의 평가를 신경 쓰며 수많은 속박을 짊어지고 살아간다. 이러한 상태를 '**파라노이아**(편집증)'라고 한다. 줄여서 '**파라노**'는 수많은 것을 자신의 가치 기준 영역에 쓸어 담으려고 한다. 이래서는 새로운 가치를 낳을 수 없다.

파라노이아

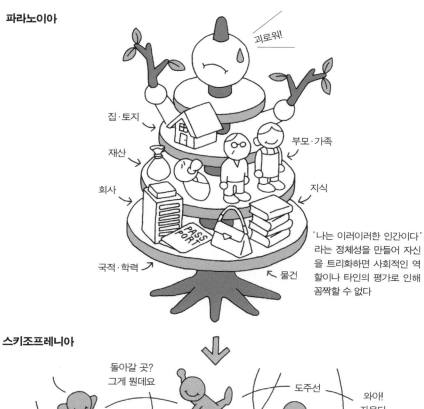

스키조프레니아

반대로 자신의 인격이나 정체성을 지니지 않는 입장을 '**스키조프레니아**(분열증)'라고 한다. 줄여서 '**스키조**'는 욕망이 흐르는 대로 순간을 즐긴다. 또 다양한 가치를 거부하지 않고 받아들인다. 들뢰즈와 가타리는 스키조적인 삶(노마드)을 이상적이라고 봤다.

들뢰즈

노마드 Nomad

문헌 ·· 들뢰즈와 가타리《천 개의 고원》
관련 ·· 트리 | 리좀(P324), 스키조 | 파라노(P326)
메모 ··································《천 개의 고원》에서 노마드가 '전쟁기계'가 되어
억압적인 국가에 대항하는 전망이 그려진다.

우리는 안주하기 좋아하고 재산을 쌓아 인생을 충만하게 만들려고 한다. 하지만 **들뢰즈**와 **가타리**는 이러한 삶을 사회적 역할이나 타인의 평가에 매여 수많은 속박을 짊어진 삶이라고 했다. 안주는 결국 자신과 다른 사상을 받아들이지 않으려고 한다. 그래서 다양한 것을 자신의 가치관에 따라 해석하는 파라노이아가 되고 만다.

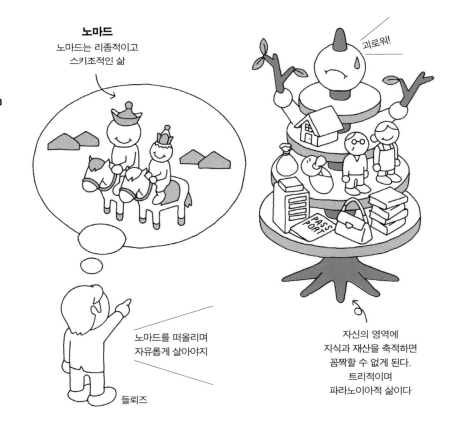

노마드
노마드는 리좀적이고
스키조적인 삶

괴로워!

노마드를 떠올리며
자유롭게 살아야지

들뢰즈

자신의 영역에
지식과 재산을 축적하면
꼼짝할 수 없게 된다.
트리적이며
파라노이아적 삶이다

트리적인 파라노이아에서 자유롭기 위해서 그들은 '**노마드**(유목민)'의 삶에 착안했다.

한곳에 머무르지 않고 항상 다종다양한 가치영역을 리좀적이며 스키조적으로 횡단하는 것이 노마드의 삶이다. 들뢰즈와 가타리는 노마드를 떠올리며 살아갈 것을 제안했다.

여행을 좋아하는 것과
노마드적 삶은 다르다

단순히 여행을 좋아한다(트리·파라노적)

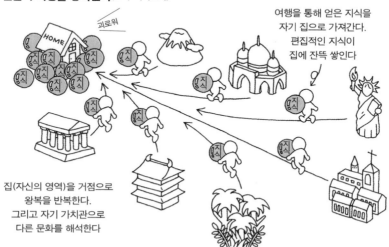

여행을 통해 얻은 지식을
자기 집으로 가져간다.
편집적인 지식이
집에 잔뜩 쌓인다

집(자신의 영역)을 거점으로
왕복을 반복한다.
그리고 자기 가치관으로
다른 문화를 해석한다

노마드적 삶(리좀·스키조적)

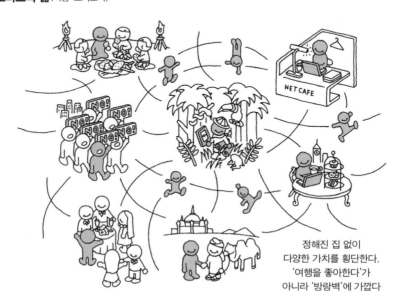

정해진 집 없이
다양한 가치를 횡단한다.
'여행을 좋아한다'가
아니라 '방랑벽'에 가깝다

페미니즘 Feminism

의미 ·························· 남성 지배적 사회를 비판하고
여성의 자기결정권을 주장하는 사상·운동
메모 ·························· 근대 민주주의는 남성에게만 참정권이 있는 등
남성 중심적 민주주의에서 출발했다

보부아르

페미니즘은 남성이 지배하는 세계에 이의를 제기하며 남녀가 '평등한 사회'를 만들려는 사상이자 운동이다. 보통 제1기, 제2기, 제3기로 나뉜다.

제1기
19세기~1960년대
여성이 남성과 법적으로
동등한 지위를 가진다.
구체적인 권리 획득을 위한
운동이 전개되었다

제2기
1960~1970년대
무의식적으로 남은
남녀차별이 가시화되었다

제3기
1970년대~
동성애나 성전환 등
섹스(선천적인 성별)와
젠더(P331)에 억압되지 않고
자기다운 삶을 모색한다

젠더는 여자고 섹스는 남자,
젠더는 남자고 섹스는 여자 등도
가능한 시대로 진입

▶240

젠더 Gender

의미 ·································· 사회적·문화적으로 형성된 성별

메모 ·················· 젠더 연구는 선천적이고 본질적이라고 여겨진 성별이
사회적·역사적으로 만들어진 것임을 제시했다

젠더는 사회적·문화적·역사적으로 인간에게 후천적으로 만들어진 '성 차이'를 말한다. 생물학적 성 차이인 '섹스'와 구별된다.

섹스
생물학적 성 차이,
자연계에 선천적으로 존재한다고
여겨졌다

젠더
사회적·문화적 성 차이,
선천적인 성질이 아니라
사회적으로 만들어졌다

여성은 육아·살림을 잘한다

여성은 상냥하다

여성은 감정적이다

숨은 의미
여성은 사회에 나오면 안 된다

숨은 의미
여성은 남성에게 순종해야 한다

숨은 의미
여성은 논리적이지 않다

젠더에는 '여성은 사회에 나오면 안 된다'와 같은 숨은 의미가 포함된다. 더구나 남성에게 유리하게 이뤄져 있다. 버틀러는 생물학적인 성인 섹스도 사회적으로 만들어진 젠더라고 생각했기에 동성애와 성전환도 지지했다.

오리엔탈리즘 Orientalism

의미	⋯⋯⋯⋯⋯⋯⋯⋯⋯	서양이 동양을 제멋대로 이미지한 것
문헌	⋯⋯⋯⋯⋯⋯⋯⋯⋯	사이드《오리엔탈리즘》
메모	⋯⋯⋯⋯⋯⋯⋯⋯⋯	오리엔탈리즘을 극복하려면
		다문화주의가 필요하다고 사이드는 생각했다

사이드

근대 서양 사회에서 본 비서양 사회는 정체 모를 **타자**(P268)였다.

그래서 서양은 비서양 사회를 뭉뚱그려 '동양'이라고 칭하고 '태만', '감정적(비논리적)', '엑조틱(Exotic, 비근대화)', '신비적(불가사의)', '자신을 객관적으로 볼 수 없다' 등의 이미지로 파악하려고 했다.

서양이 만든 이 이미지는 동양에 대한 바른 해석으로 여겨졌다. 영화나 소설은 물론이고 객관적인 학문인 경제학이나 사회학에서도 '동양'을 같은 이미지로 파악했다.

동양인의
뇌 구조
=
불가사의

학문·문학·예술 등을 통해
동양의 엑조틱한 이미지가
널리 퍼졌다

한편 동양과는 정반대로 논리적이며 옳은 세계를 이해하는 존재로서 '서양'이라는 단어를 사용했다. 자신들의 올바른 지식을 근대화에 뒤처진 동양에 가르쳐야 한다는 서양 우위 사상이 서양의 식민지 지배를 정당화했다고 사이드는 주장했다.

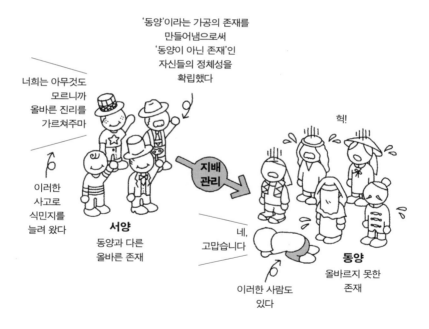

'동양'이라는 가공의 존재를
만들어냄으로써
'동양이 아닌 존재'인
자신들의 정체성을
확립했다

너희는 아무것도
모르니까
올바른 진리를
가르쳐주마

이러한
사고로
식민지를
늘려 왔다

서양
동양과 다른
올바른 존재

지배
관리

네,
고맙습니다

이러한 사람도
있다

헉!

동양
올바르지 못한
존재

사이드는 서양이 동양에 대해 지닌 이러한 표면적인 이해를 '**오리엔탈리즘**'이라고 부르며 비판했다. '동양'인 일본도 서양적 근대화에 적극적으로 나서서 근대화하지 않은 아시아 여러 나라를 식민지로 삼은 과거가 있다.

제국

의미	국경을 뛰어넘은 네트워크 형태의 주권
문헌	네그리와 하트 《제국》
관련	멀티튜드(P336)
메모	미국이나 중국 등 구체적인 국가를 말하는 것이 아니다

네그리

네그리와 마이클 하트(Michael Hardt)는 전 세계를 지배하는 새로운 **권력**으로서 '**제국**'의 출현을 주장했다. 한때 제국은 로마제국이나 대영제국, 또는 비유적 표현인 '미국제국'처럼 중심이 되는 국왕이나 국가가 영토를 확대해가는 권력구조였다.

예전 제국

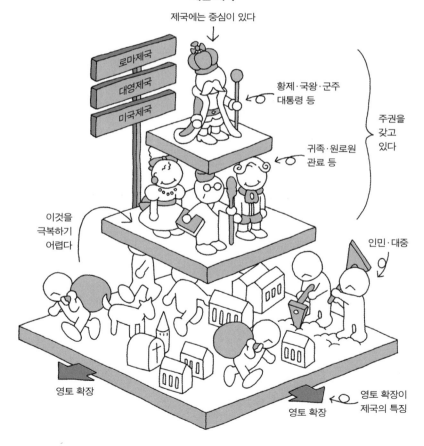

제국에는 중심이 있다

로마제국
대영제국
미국제국

황제·국왕·군주
대통령 등

주권을
갖고
있다

귀족·원로원
관료 등

이것을
극복하기
어렵다

인민·대중

영토 확장

영토 확장

영토 확장이
제국의 특징

통신기술과 수송기술의 진보와 함께 지구상에 나타난 제국도 있다. 이 제국은 자본주의 아래에서 미국 정부와 다국적기업, G20, WEF(세계경제포럼) 등 국경을 뛰어넘어 네트워크상으로 복잡하게 연결된 권력 시스템을 말한다. 중심이 없고 영토 확장도 필요하지 않다. 이 제국에서 핵무기를 소유한 미국의 역할은 막대하다. 하지만 미국도 이 시스템에 따라야 하므로 '미국＝제국'은 성립하지 않는다.

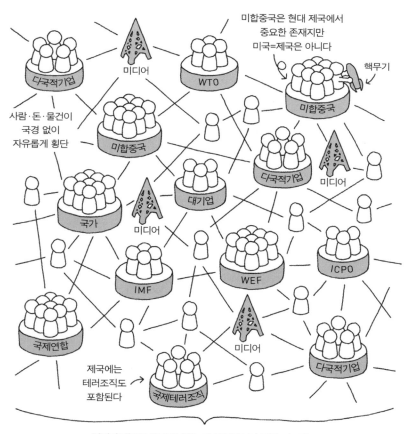

현대의 제국

제국은 주권 중심도 아니고 영토도 없는 네트워크상 연결된 권력 시스템. 다양한 곳에서 우리를 관리하고 육성한다

미합중국은 현대 제국에서 중요한 존재지만 미국=제국은 아니다

핵무기

미디어

다국적기업

사람·돈·물건이 국경 없이 자유롭게 횡단

WTO

미합중국

미합중국

다국적기업

미디어

국가

대기업

미디어

IMF

WEF

ICPO

국제연합

미디어

제국에는 테러조직도 포함된다

국제테러조직

다국적기업

현대의 제국은 우리의 욕망, 즉 자본주의가 만든 시스템

제국은 세부적인 일상생활까지 침투해 우리를 전방적으로 자본주의에 순응시키기 위해 관리·육성한다고 네그리와 하트는 주장했다. 이에 대항하는 것이 **멀티튜드**다.

멀티튜드 Multitude

의미	글로벌 민주주의를 추진하는 군중적인 주체
문헌	네그리와 하트《다중》
관련	제국(P334)
메모	프롤레타리아트(Proletariat, 무산계급)의 현대적 개념이라고 볼 수 있다

네그리

네그리와 하트는 지구 상에 네트워크 형태의 권력인 제국이 출현했다고 주장했다. 제국은 우리를 자본주의에 순응하는 인간으로 키우기 위해 온갖 곳에서 관리·육성한다. 하지만 제국이 네트워크 형태라면 이 시스템을 역이용해 민중도 네트워크 상태로 연결해 제국에 대항할 수 있다고 네그리와 하트는 생각했다.

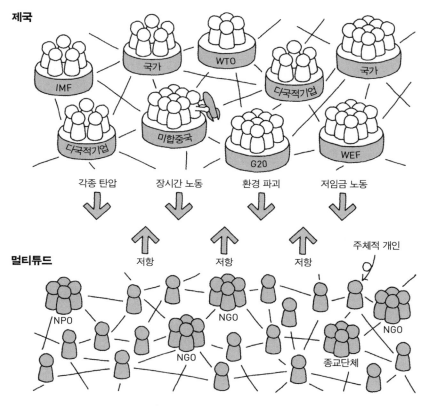

제국이 네트워크 형태로 이뤄지므로
이 시스템을 이용해 민중도 네트워크 형태로 결탁하면 저항할 수 있다

네그리와 하트는 국가나 자본주의 지배를 받는 모든 인간을 '**멀티튜드**(다중)'라고 부르며 권력에 저항하는 힘이 될 수 있다고 봤다. 이것은 마르크스가 주장한 폭력혁명을 일으키는 노동자계급(P195)과 다르다. 주부, 학생, 이민자, 노인, 성 소수자, 자본가, 회사원, 전문가, 저널리스트 등 다양한 인간들이 자신의 특기 분야를 통해 네트워크 형태로 연결되고 때때로 모여 토론하고 자본주의의 모순을 하나하나 해결하려는 힘이 멀티튜드다.

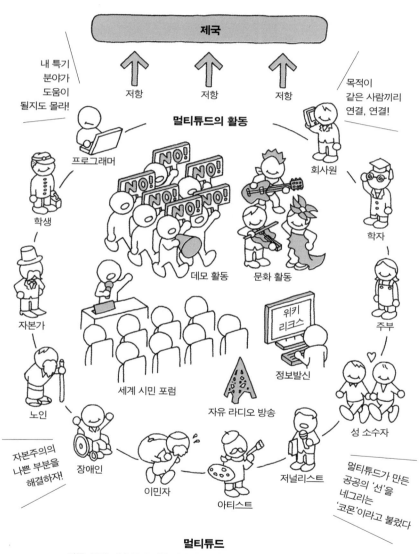

멀티튜드
인종·국적·계층을 초월한 다양한 사람들이 네트워크 형태로 결탁하면
제국, 즉 자본주의의 모순에 대항할 수 있다고 생각했다

생명윤리 | 환경윤리

현대는 유전자기술이나 의료기술 진보로 인간의 생사를 조절할 수 있게 되었다. 환경 파괴나 오염으로 지구 환경도 변화하고 있다. 기존의 '인간', '가족', '자유', '죽음' 등의 개념을 새롭게 생각해 볼 시기가 왔다.

유전자 조작

클론기술로 인간을 만들어낼 수 있다. 아이를 원하지만 갖지 못하는 부부, 아이를 사고나 병으로 잃은 부부의 문제를 해결할 수 있다. 하지만 이것이 윤리적으로 과연 옳을까?

부모와 똑같은 유전자 조직을 지닌 아이를 만들 수 있다

나는 클론

클론과 인간의 차이는 뭘까?

출생 전 진단

출산 전 태아가 건강한지 미리 알아볼 수 있다. 인간이 인간을 의도적으로 선택해도 괜찮을까?

인공지능·인공장기

인공인체를 지닌 사이보그와 인공지능으로 감정을 느끼는 안드로이드, 이 둘의 차이점은?

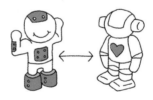

대리모 출산

아이를 갖지 못하는 부모라도 대리 출산을 통해 아이를 얻을 수 있다.
태어난 아이에게는 부모가 최대 5명일 수 있다. '가족'의 개념을 다시 생각해야 할까?

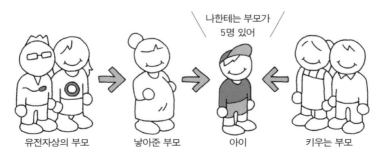

나한테는 부모가 5명 있어

유전자상의 부모   낳아준 부모   아이   키우는 부모

맞춤아기·인공수정

수정란 단계에서 유전자를 조작하거나 우수한 정자를 구입해 계획으로 우수한 아이를 만든다. 우수한 아이란 '지금 환경'에 적합한 아이라는 뜻이다. 만약 환경이 변해 '지금 환경'이 아니게 된다면?

장기이식

장기이식도 가능해졌다. 이것은 사람이 사람에게 할 수 있는 숭고한 행위일까? 아니면 사람의 몸을 교체 가능한 사물로 보는 비인간적인 행위일까? 내 신체는 내 것이니까 장기를 자유롭게 팔아도 될까?

존엄사·뇌사

의료기술의 진보로 인간이 더 오래 살 수 있게 되었다. 최후는 어떻게 맞아야 할까? 또 뇌사라는 새로운 기준이 생겼는데, 죽음의 개념은 무엇일까?

자연의 생존권

척추동물은 고통이나 공포를 느끼는 생물이다. 인간의 사사로운 이익을 위해 생물의 '살' 권리를 침해해도 괜찮을까?

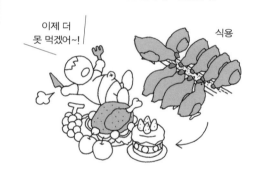

이제 더 못 먹겠어~!

식용

339

세대 간 윤리·지구 유한주의

더워서 죽을 것 같지만 에어컨은 '약'으로 틀자

현대인

우리에게 자연을 남겨줘서 고마워!

미래인

유한한 지구환경을 지키기 위해 우리는 자유를 제한해야 한다. 이제 자유를 추구하는 시대는 끝났을까? 아니면 아직 우리가 모르는 자유가 더 있을까?

'내가 보는 사과의 색과 형태는 다른 사람이 보는 사과의 색, 형태와 다를지 몰라. 서로 다른 상태인데 말이 통하는 것뿐일지도.', '애초에 이 세계는 전부 꿈일지도 몰라.' 누구나 한 번쯤 생각해 봤을 이러한 수수께끼를 어떻게든 해결하고 싶었다. 조부가 독서가였기에 마침 생가 벽에는 프랑스어와 독일어로 쓰인 정체 모를 외국서적이나 노랗게 빛바랜 파라핀 종이에 싸인 철학서가 가득했다. 어느 날 그 책들에 수수께끼의 답이 있을지도 모른다는 생각이 들었다. '주관과 객관'이라는 문제에 도전한 지의 거장들이 셀 수 없이 많았다. 데카르트는 주관과 객관은 일치한다고 말했다. 그 이유는 '신이 그렇게 시켰으니까.' 반대로 흄은 객관적인 세계의 실재를 부정했다. 칸트는 인간의 주관과 물자체의 모습은 일치하지 않지만 인간의 주관은 일치한다고 생각했다. 헤겔은 이른바 변증법을 통해 주관과 객관을 일치시킬 수 있다고 주장했다. 그리고 후설은 사람이 왜 주관 밖에 세계가 실재한다고 믿는지 그 근거를 찾으려고 했다. 이러한 사상과 만났을 때 내가 느낀 경탄을 가시화하고 싶다는 생각으로 이 책을 쓰게 되었다.

철학·사상·교양·사회과학 분야를 중심으로 많은 서적을 집필한 사이토 데츠야 선생님이 잘못된 해석을 하나하나 꼼꼼히 지적해주며 이 책을 감수해줬다. 이 책을 완성할 수 있었던 것은 전부 사이토 선생님 덕분이다. 이 자리를 빌려 깊은 감사의 말을 전한다. 또 출판할 기회를 준 프레지던트사의 나카지마 아이 씨에게도 진심으로 마음을 표한다.

이 책을 읽은 여러분이 단 하나라도 새로운 발견과 놀라움을 얻었으면 기쁘겠다.

다나카 마사토

참고문헌　※원전은 제외하고, 무작위로 작성했다.

버트런드 러셀, 《철학이란 무엇인가(Problems of Philosophy)》, 지쿠마학예문고
카를 야스퍼스, 《철학입문(Einführung in die Philosophie)》, 신초문고
프랑수아 샤틀레, 《그리스 철학(서양철학의 지)(Histoire de la philosophie)》, 하쿠스이샤
프랑수아 샤틀레, 《중세의 철학(서양철학의 지)(Histoire de la philosophie)》, 하쿠스이샤
프랑수아 샤틀레, 《근대 세계의 철학(서양철학의 지)(Histoire de la philosophie)》, 하쿠스이샤
프랑수아 샤틀레, 《계몽시대의 철학(서양철학의 지)(Histoire de la philosophie)》, 하쿠스이샤
프랑수아 샤틀레, 《철학과 역사(서양철학의 지)(Histoire de la philosophie)》, 하쿠스이샤
프랑수아 샤틀레, 《산업사회의 철학(서양철학의 지)(Histoire de la philosophie)》, 하쿠스이샤
프랑수아 샤틀레, 《인간과학의 철학(서양철학의 지)(Histoire de la philosophie)》, 하쿠스이샤
프랑수아 샤틀레, 《20세기의 철학(서양철학의 지)(Histoire de la philosophie)》, 하쿠스이샤
디오게네스 라에르티오스, 《그리스철학자열전(The Lives and Opinions of Eminent Philosphers)〈상〉, 〈중〉, 〈하〉》, 이와나미문고
클라우스 리젠후버, 《서양고대·중세 철학사(西洋古代·中世哲學史)》, 헤이본샤
토마스 네이글, 《이 모든 것의 철학적 의미는(What Does It All Mean?: A Very Short Introduction to Philosophy)》, 쇼와도
피에트로 엠마누엘레, 《이 철학자를 보자 – 명언으로 보는 서양철학자(Cogito Ergo Sum)》, 주코문고
요슈타인 가아더, 《소피의 세계》, NHK출판

히로마쓰 와타루, 《이와나미 철학·사상사전(岩波哲学·思想事典)》, 이와나미서점
기다 겐 외, 《현상학사전(縮刷版 現象学事典)》, 고분도
사상의 과학연구회, 《신판 철학·논리용어사전(新版 哲学·論理用語事典)》, 산이치서방
이키마쓰 게이조 외, 《개념과 역사를 알자 – 서양철학소사전(概念と歴史がわかる 西洋哲学小事典)》, 지쿠마학예문고
기다 겐, 《철학키워드사전(哲学キ-ワ-ド事典)》, 신쇼칸
도미니크 폴셰이드, 《연표로 읽는 철학·사상소사전(Les grandes dates de la philosophie antique et médiévale' Les grandes dates de la philosophie classique, moderne et contemporaine)》, 하쿠스이샤
야마모토 다카시 외, 《철학원전자료집(哲学原典資料集)》, 도쿄대학출판회
아소 다카시 외, 《원전에 의한 철학의 역사(原典による哲学の歴史)》, 고론샤
나가이 히토시 외, 《사전·철학의 나무(事典·哲学の木)》, 고단샤
이마무라 히토시, 《현대사상을 읽는 사전(現代思想を読む事典)》, 고단샤현대신서
윌 버킹엄, 《철학의 책((The)philosophy book)》, 산세이도

오모다 소노에, 《사회계약론 – 홉스, 흄, 루소, 롤스(社会契約論－ホッブズ,ヒューム,ルソー,ロールズ)》, 지쿠마신서
이시카와 후미야스, 《칸트 입문(カント入門)》, 지쿠마신서
구마노 스미히코, 《칸트 – 세계의 한계를 경험하는 것은 가능할까(カント－世界の限界を経験することは可能か)》 NHK출판
하세가와 히로시, 《새로운 헤겔(新しいヘーゲル)》, 고단샤
하세가와 히로시, 《헤겔 정신현상학 입문(ヘーゲル『精神現象学』入門)》, 고단샤선서
가네코 다케조, 《헤겔의 정신현상학(ヘーゲルの精神現象学)》, 지쿠마학예문고
이키마쓰 게이조, 《사회사상의 역사 – 헤겔·마르크스·베버(社会思想の歴史－ヘーゲル·マルクス·ウェーバー)》, 이와나미현대문고
오카와 마사히코, 《마르크스 – 지금 공산주의를 산다는 것은?(マルクス－いま,コミュニズムを生きるとは？)》, NHK출판
이마무라 히토시, 《마르크스 입문(マルクス入門)》, 지쿠마신서
우오즈 이쿠오, 《프래그머티즘의 사상(プラグマティズムの思想)》, 지쿠마학예문고
다케다 세이지, 《현상학 입문(現象学入門)》, NHK북스
다케다 세이지, 《처음 배우는 현상학(はじめての現象学)》, 가이초샤
기다 겐, 《하이데거의 사상(ハイデガ-の思想)》, 이와나미신서

우치다 다쓰루, 《레비나스와 사랑의 현상학(レヴィナスと愛の現象学)》, 분슌문고

나가이 히토시, 《이것이 니체다(これがニーチェだ)》, 고단샤현대신서

도마쓰 아키나리, 《도해로 배우다! 니체의 사상(図解でわかる！ニーチェの考え方)》, 주케이문고

묘키 히로유키, 《프로이트 입문(フロイト入門)》, 지쿠마신서

노야 시게키, 《비트겐슈타인 논리철학 논고를 읽다(ウィトゲンシュタイン『論理哲学論考』を読む)》, 지쿠마학예문고

나가이 히토시, 《비트겐슈타인 입문(ウィトゲンシュタイン入門)》, 지쿠마신서

와타나베 고조, 《레비스트로스(レヴィ＝ストロース)》, 고단샤

하시즈메 다이사부로, 《처음 배우는 구조주의(はじめての構造主義)》, 고단샤현대신서

우치다 다쓰루, 《자면서 배우는 구조주의(寝ながら学べる構造主義)》, 분슌신서

간자키 시게루, 《푸코－타자처럼 생각하고 살기 위해서(フーコー他のように考え,そして生きるために)》, NHK출판

누키 시게토, 《푸코－주체라는 꿈: 생 권력(フーコー─主体という夢:生の権力)》, 세토샤

나카야마 겐, 《푸코 입문(フーコー入門)》, 지쿠마신서

도다야마 가즈히사, 《과학철학의 모험－과학의 목적과 방법을 살피다(科学哲学の冒険ーサイエンスの目的と方法をさぐる)》, NHK북스

사이토 요시미치, 《데리다－왜 탈구축이 정의인가(デリダーなぜ「脱=構築」は正義なのか)》, NHK출판

이마무라 히토시 외, 《현대사상의 원류(現代思想の源流)》, 고단샤

구메 히로시, 《현대 프랑스철학(現代フランス哲学)》, 신요샤

도다야마 가즈히사, 《철학입문(哲学入門)》, 지쿠마신서

기다 겐, 《나의 철학입문(私の哲学入門)》, 고단샤학술문고

기다 겐, 《반철학입문(反哲学入門)》, 신초문고

기다 겐, 《반철학사(反哲学史)》, 고단샤학술문고

누키 시게토, 《도감·표준 철학사(図説·標準 哲学史)》, 신쇼칸

누키 시게토, 《도해잡학 철학(図解雑学 哲学)》, 나쓰메샤

미키 기요시, 《철학입문(哲学入門)》, 이와나미신서

다케다 세이지, 《나를 알기 위한 철학입문(自分を知るための哲学入門)》, 지쿠마서방

다케다 세이지, 《현대사상의 모험(現代思想の冒険)》, 지쿠마학예문고

고사카 슈헤이, 《현대철학과 굴뚝청소(そうだったのか現代思想)》, 고단샤+α 문고

고사카 슈헤이, 《도해잡학 현대사상(図解雑学 現代思想)》, 나쓰메샤

구마노 스미히코, 《서양철학사－고대부터 중세로(西洋哲学史ー古代から中世へ)》, 《서양철학사－근대부터 현대로(西洋哲学史ー近代から現代へ)》, 이와나미신서

이마미치 도모노부, 《서양철학사(西洋哲学史)》, 고단샤학술문고

나카마사 마사키 외, 《현대사상입문(現代思想入門)》, PHP연구소

호리카와 데쓰, 《세계를 바꾼 철학자들(世界を変えた哲学者たち)》, 가도카와소피아문고

호리카와 데쓰, 《역사를 움직인 철학자들(歴史を動かした哲学者たち)》, 가도카와소피아문고

하타케야마 소우, 《생각하는 힘을 키우는 철학하다!(考える力が身につく 哲学入門)》, 주케이출판

야무차, 《사상 최강 철학입문(史上最強の哲学入門)》, 매거진·매거진

다키모토 유키토, 《철학으로 자신을 만들다－철학자 19인의 방법(哲学で自分をつくる 19人の哲学者の方法)》, 도쿄서적

이와타 야스오, 《유럽 사상사 산책(ヨーロッパの思想入門)》, 이와나미주니어신서

야마모토 마코토, 《철학의 기초(哲学の基礎)》, 호쿠주출판

오기노 히로유키, 《철학의 원풍경(哲学の原風景)》, NHK라이브러리

고스다 겐, 《재미있게 이해한다－도해 세계의 철학·사상(面白いほどよくわかる 図解 世界の哲学·思想)》, 일본문예사

야마타케 신지, 《잘 보인다! 정말 이해하기 쉬운 철학(フシギなくらい見えてくる！本当にわかる哲学)》, 일본실업출판사

오카모토 유이치로, 《잘 보인다! 정말 이해하기 쉬운 현대사상(フシギなくらい見えてくる！本当にわかる現代思想)》, 일본실업출판사

고우다 레츠, 《간단 명쾌한 철학(手にとるように哲学がわかる本)》, 간키출판

하타노 마사루, 《재미있게 이해하다! 철학의 책(面白いほどよくわかる! 哲学の本)》, 세이토샤
사와베 유우지, 《가장 쉬운 철학의 책(いちばんやさしい哲学の本)》, 사이즈샤
오가와 히토시, 《철학용어사전(超訳「哲学用語」事典)》, PHP문고
요시오카 유우지, 《세상의 모든 생각(必ずわかる!「○○(マルマル)主義」事典)》, PHP문고
고등학교 공민과, 《윤리(倫理)》 교과서 도쿄서적/시미즈서원/야마카와출판사/스켄출판
고데라 사토시, 《윤리용어집(倫理用語集)》, 야마카와출판사

344

색 인

347

349

351

1분 **철학 사전**

1판 1쇄 인쇄 2024년 9월 30일
1판 1쇄 발행 2024년 10월 11일

지은이 다나카 마사토
옮긴이 이소담

발행인 양원석 **책임편집** 김희현
디자인 이경민 **영업마케팅** 윤우성, 박소정, 이현주, 정다은, 백승원

펴낸 곳 ㈜ 알에이치코리아
주소 서울시 금천구 가산디지털2로 53, 20층 (가산동, 한라시그마밸리)
편집문의 02-6443-8846   **도서문의** 02-6443-8800
홈페이지 http://rhk.co.kr
등록 2004년 1월 15일 제2-3726호

ISBN 978-89-255-7454-7 (03100)

※ 이 책은 ㈜알에이치코리아가 저작권자와의 계약에 따라 발행한 것이므로
　　본사의 서면 허락 없이는 어떠한 형태나 수단으로도 이 책의 내용을 이용하지 못합니다.

※ 잘못된 책은 구입하신 서점에서 바꾸어 드립니다.

※ 책값은 뒤표지에 있습니다.

※ 이 책은 2016년 출간된 《일러스트 철학사전》의 개정판입니다.